중국을 움직이는 기업들 1

중국 동북3성 편

동북의 새로운 부흥 동북진흥전략

중국을 움직이는 기업들 1

중국 동북3성 편

동북의 새로운 부흥 동북진흥전략

박종상 · 김준영 지음

㈜탄탄글로벌네트워크

학자원

'중국을 움직이는 기업들 시리즈'를 출판하며

글로벌 정치와 경제의 중심으로 떠오르는 중국. 시시각각 변화, 발전하는 중국 비즈니스 환경은 당대 최고의 이슈라 할 수 있습니다. 지금 중국에서는 전통 산업이 위축되는 동시에 신흥 분야가 새롭게 발전하고 있고, 과거 경제성장을 견인한 기업은 쇠퇴하고, 새로운 관점과 기술로 중무장한 기업이 부상하고 있습니다. 한국의 대중국 비즈니스에 있어 전략적이고, 능동적인 대응이 무엇보다 중요한 시점입니다. (주)탄탄글로벌네트워크는 변화하는 중국에 대한 깊은 관심과 분석 능력을 토대로, 한국 기업인 및 연구자들의 중국 협력 방안을 강구하는 데 좋은 지침서를 제시하고자 합니다.

역동적으로 발전하는 중국 기업은 변화하는 중국, 발전하는 중국을 견인하는 그 핵심 주체입니다. (주)탄탄글로벌네트워크는 그 첫 번째 작업으로 중국 경제의 첨병인 중국 기업들을 살펴보겠습니다.

중국기업의 굴기(崛起)는 우리 가까이 와있는 현실이자 도전입니다. 다만, 이 여건을 잘 이해하고 활용하는 것이 중국 비즈니스 성공의 중요한 조건일 것입니다. '중국을 움직이는 기업들 시리즈'는 한국 소비자, 투자자 및 연구자들에게도 중국 기업 이해의 길잡이가 될 것입니다.

변화, 발전하는 중국경제에 능동적으로 대응하는 것이 중국 비즈니스 종사자들에게 무엇보다 중요한 순간입니다. 아무쪼록 한국 소비자들께서 (주)탄탄글로벌네트워크와 함께 더 나은 미래를 향해 전진하시길 기원하겠습니다. 또한, '중국을 움직이는 기업들 시리즈'를 통해 중국 비즈니스 성공의 조건을 갖추시길 바랍니다. 감사합니다.

2018년 1월

(주)탄탄글로벌네트워크 대표이사

김 준 영

차 례

제3장 중국 동북의 미래 경제, 한국은 어떻게 대응해야 할 것인가

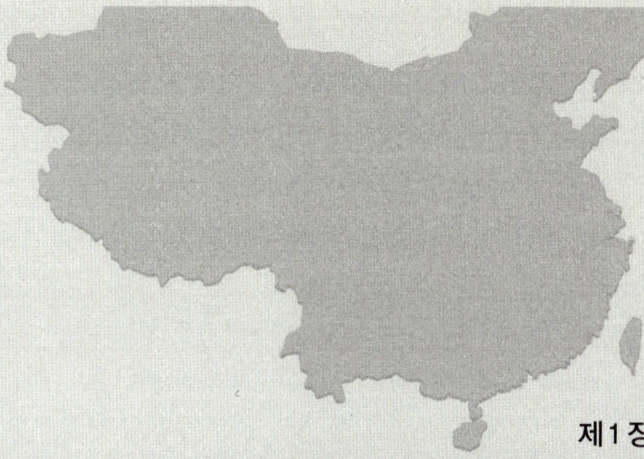

제1장

중국 동북 경제의 이해

1. 중국 동북 입문
2. 동북지역 각 성(省)별 개황
3. 동북 경제의 어제와 오늘
4. 신(新)동북진흥전략이란 무엇인가
5. 동북, 새로운 전진을 할 것인가

Introduction

중국은 중화민족의 부흥(中華民族復興)이라는 큰 목표를 향해 전진하고 있다. 중국의 각 지역은 베이징(중앙정부)과의 긴밀한 협의를 통해 지역별경제발전 전략을 수립하고 중화부흥의 목표를 실현하고 있으며, 랴오닝성, 지린성, 헤이룽장성의 동북 3성(省)이 추진하고 있는 동북진흥전략 또한 베이징과의 협의를 통해 추진되고 있는 경제발전 전략이다.

개방개혁 이후 중국은 눈부신 경제 발전을 구가하고 있으나, 동북의 경제발전은 상대적으로 저조한 편이었다. 이러한 배경에는 중국 동북지역이 갖고 있는 체제(體制)의 경직화, 시장경제에 대한 이해부족, 구조조정의 실패, 자원 의존형 산업의 경쟁력 약화 등을 그 요인으로 꼽아볼 수 있다. 즉, 과거 경쟁력을 갖고 있던 동북 기업들의 경쟁력이 최근 몇 년간 저하되면서 동북경제의 비활성화'가 고정화된 것이다.

이를 타개하기 위해 추진되고 있는 동북진흥전략(東北振興戰略)은 동북지역의 경제발전을 위한 자구적인 계획이라기보다는 중앙정부에 의해 추진되고 있는 전략이다. 본서 '제1장 동북경제의 이해'에서는 동북경제의 과거와 현재 그리고 미래에 대해 고찰해 볼 것이다. 중국 동북에 대한 개괄적인 소개와 함께 근대, 신중국 이후 동북 경제의 어제와 오늘을 살펴보고, 신(新)동북진흥정책을 통해 동북이 그리는 지역발전의 비전(vision)을 모색해 볼 것이다.

1. 중국 동북 입문

중국 동북(東北)지역(이하 '동북')은 중국 동북부 지역의 3성(省)인 랴오닝(遼寧)·지린(吉林)·헤이룽장(黑龍江)을 통칭하는 지리적, 행정적 개념이다. 지리적으로 한반도 북부인 북한, 러시아 극동 지역과 접해있고, 몽골, 일본까지 포함하면 동북아의 지정학적 중심지역이기도 하다.

각 성별 면적은 랴오닝성 14.6만㎢, 지린성 18.7만㎢, 헤이룽장성 45.4만㎢을 이루어져 있고, 동북3성 전체 면적은 78.7만㎢이며, 중국 전체의 8.2%를 차지하고 있다. 인구는 랴오닝성 4,390만 명, 지린성 2,751만 명, 헤이룽장성 3,835만 명이고, 동북3성의 총 인구는 1억 974만 명으로 중국 전체 인구의 8%를 차지한다.

자료: image.baidu.com 토대로 저자 편집

동북 지역은 역사적으로 우리 민족과 밀접하게 연관되어 있다. 고대에는 고조선이 우리 민족의 기틀을 닦았고, 고구려와 발해가 이 지역을 기반으로 광활한 대륙을 향해 영토를 확장했다. 반면, 통일신라, 고려, 조선시대에는 북방민족의 근거지로서, 때로는 한반도의 왕조들을 공격하거나, 또 때로는 동맹과 협력을 취했던 이민족의 공간이었다. 청나라 시기에는 지배민족인 만주족의 성스러운 지역으로서 봉금지역으로 지정되었다.[1]

근대시기 동북은 격동의 역사를 품고 있다. 중국 군벌세력이 웅거한 가운데, 일본 제국주의의 중국 대륙 침략을 위한 교두보로 활용되기도 하였다. 또한, 한편으로는 동북 혹은 만주라고 불리는 동시에 한반도 유민이 압록강과 두만강을 건너 개척한 간도(서간도, 북간도, 동간도 등)라 불리기도 하였다. 이후 일제 강점기에는 만주국으로, 한국전쟁 시기에는 중국 인민해방군 사령부와 군대가 주둔하던 지역이기도 하였다.

수교 이후 한국의 동북으로의 진출

92년 한·중 수교 이후 한국과 중국의 교류와 협력이 양적, 질적으로 늘어나면서 중국 동북은 다시금 한국인 진출의 주요 무대가 되었다. 조선족이 집단 거주하고 있는 연변조선족자치주를 포함한 한민족 교포의 최대 거주지이자 한국과 지리적으로 가까운 편이라 한국인의 진출이 타지역에 비해 상대적으로 용이하였다. 또한, 동북을 통해 한반도 북부 경계에 서 있는 백두산으로 향하는 관광객이 빠르게 증가하면서 한국인의 사회문화적인

1 '만주'의 어원(語原)에 관해서는 다양한 학설이 있다. 청조 초기에 여진족이 스스로 쓰기 시작한 민족 이름이었다가 그들의 주거지 명칭으로 바뀌어 사용되었다는 해석이 있다. 즉, 만주가 지역 명칭으로 사용되면서, 적용 범주가 초기에는 요서(遼西)와 요동(遼東) 지방에 국한되었으나, 점차 만주 전 지역을 가리키는 용어로 확대되었다는 해석이 있다. (네이버 지식백과, 만주[滿洲], 한국민족문화대백과, 한국학중앙연구원)

교류는 한층 늘어났고, 이에 따라 경제 협력 역시 차츰 늘어났다.

미래 동북아, 유라시아 협력의 공간, 동북

최근 한국에서는 다시금 동북에 대한 관점이 사뭇 달라지고 있다. 관점 변화의 동기는 동북의 지리적 중요성 때문이다. 비록 한국은 북한으로 인해 육로를 통한 대륙으로의 이동이 불가능하긴 하나, 동북아와 중국 대륙, 그리고 그 너머 유라시아로의 진출을 위한 교두보로서 동북에 대한 중요성이 다시금 대두되고 있다.[2]

근래 중국 동북 역시 국제협력을 통한 경제발전에 보다 박차를 가하고 있다는 점을 주목할 필요가 있다. 중국 동북 역시 자구적인 경제발전의 한계를 느끼면서 대외개방을 더욱 확대하고, 대외 경제협력을 통한 발전을 강구하고 있다는 것이다.

특히 중국 동북지역을 중심으로 하는 경제권역의 형성과 발전은 중국에 제한되는 것이 아니라 남북한, 러시아, 몽골, 일본 등과의 협력을 전제로 하고 있어, 한국에게는 북방경제협력을 추진하는 데 있어 매우 중요한 기회가 될 수 있을 것이다.

---

2 2016년 5월 27일, 한국 정부는 중국 정부와 각각 추진 중인 '유라시아 이니셔티브', '일대일로 전략'을 중국 동북 3성을 중심으로 연계하는 것에 합의하였다. 유라시아 이니셔티브는 한국 정부가 제시한 한반도와 유라시아 대륙의 초광역 경제협력 구상이다. 일대일로 전략은 시진핑 주석이 제시한 중국과 주변 국가를 경제적·사회문화적으로 연계하는 대전략으로써, 중국을 중심으로 아시아, 유럽을 하나의 경제권으로 묶는 초광역개발계획이다. 일대일로의 '일대(一带)'는 '육상 실크로드 경제벨트'이고, '일로(一路)'는 '21세기 해상실크로드'이다. 참고: 韓中, 동북3성 중심 일대일로-유라시아 이니셔티브 연계 강화, 연합뉴스, 16.05.27

2. 동북지역 각 성(省)별 개황

❶ 랴오닝성

랴오닝성은 동북 3성 중에서 경제가 가장 발달한 성(省)으로서, 1960~70년대 중국 중화학공업을 위시한 경제발전을 선도한 지역이다. 현재는 동북진흥전략의 성과를 가늠하는 핵심 지역이라 할 수 있다. 한편, 동북3성 중 유일하게 바다와 접해있어, 타 동북 지역에 비해 해상을 통한 교역이 훨씬 손쉬운 편이다. 중국 대륙과 동북 및 한반도, 그리고 유라시아로의 전개까지 철도로 연결되는 구간을 갖고 있는 지리적 요충지이기도 하다.

신중국 이전 랴오닝성은 랴오동(遼東)과 랴오시(遼西)의 나누어져 있었으나, 1954년 행정구역이 합병되면서 현재의 랴오닝성으로 획정되었다. 성도(省都)는 선양이고, 14개 지급시(地级市, 선양·다롄·안산·푸순·번시·단둥·진저우·잉커우·푸신·랴오양·티에링·차오양·판진·후루다오)와 17개의 현급시(縣级市), 27개 현(縣) 및 56개구(區)로 이루어져 있다. 선양과 다롄은 동북 내 가장 경제가 발달한 지역이고, 다롄항은 세계7위의 물동량을 기록하는 대형 항구도시이다.

자료: image.baidu.com 토대로 저자 편집

랴오닝성의 성도 선양(瀋陽)은 동북의 최대 경제중심지로서 선양경제구를 신설하는 등 다양한 외자유치 노력을 기울여 왔다. 이에 따라 한국의 롯데, SK, LG, CJ, 만도 등 많은 기업이 선양에 진출하였고, 선양이외에도 랴오닝성은 다롄, 잉커우 지역에 자유무역지구를 설치하는 등 지방정부 차원에서의 자구적인 외자 유치 정책을 추진해왔다.

한편, 랴오닝성은 자연자원을 이용한 산업 비중이 비교적 큰 편이다. 타 동북 지역들과 더불어 랴오닝 역시 중국의 주요 농업생산지역이다. 또한, 광물자원이 비교적 풍부한 편이라, 마그네사이트, 붕석, 금강석, 철 등은 중국 내 가장 큰 비중을 차지하고 있다. 반면, 후술하겠으나, 자원의존형 경제발전구조를 타파하여, 업그레이드된 경제산업구조 재편이 당면과제이기도 하다.

❷ 지린성

지린성은 랴오닝성과 헤이룽장성의 가운데 위치하여 동북의 중부에 위치해있다. 창춘은 선양, 다롄, 하얼빈 등 동북 내 타 지역 거점도시로의 이동이 용이하고, 성(省) 내 동남부에 위치한 연변(延邊)조선족자치주와도 고속철도로 연결되어 동북의 교통 요충지라 할 수 있다. 한편 지린성은 러시아 극동 지역 및 북한과 국경을 맞대고 있어, 이 지역과의 교통물류 인프라를 개선하여 해양으로의 출로를 확보하고자 하고 있다.

지린성은 성도인 창춘을 비롯하여, 8개 지급시(창춘 · 지린 · 통화 · 쓰핑 · 쑹위안 · 바이청 · 바이산 · 랴오위안)와 1개 자치주(연변조선족자치주), 현급시 20개, 현 18개, 자치현 3개, 구 19개 등 60개의 현 · 시 · 구로 이루어져 있다. 특히, 중국 내 유일하게 행정자치주 형태의 조선족자치주를 보유하고 있고,[3] 북한과의 긴밀한 관계는 물론이고, 국경에 백두산(중국명

3 한국과 중국 연변조선족자치주의 경제협력 현황과 향후 발전방안에 대한 연구는 임수호외(2017)

장백산)이 위치하고 있어 한반도와의 정서적 유대감이 가까운 지역이다.

자료: image.baidu.com 토대로 저자 편집

지린성은 자동차·석유화학·식품가공·장비제조 분야 등 4대 주축 산업으로 경제발전을 달성하였고, 백두산 관광이 활성화되면서 연변을 중심으로 한 관광업, 외식업 등 서비스업이 발전하고 있는 상황이다. 다만, 동북 지역 내 상대적으로 경제가 가장 낙후된 지역으로서, 동북에서도 내륙에 위치하여 대외개방이 더디게 이루어진 상황을 타개하기 위해 창지투 전략 등을 통해 러시아 극동, 북한 동해 등 해양으로의 출로 확보를 위해 부단히 노력하고 있다.

❸ 헤이룽장성

헤이룽장성은 중국의 동북부 끝에 위치해 있고, 면적은 중국 전체의 4.9%(성 면적 45만㎢으로 중국 전체 6위, 한반도 2.05배)를 차지하고 있다. 러시아 극동 및 동시베리아 지역과 긴 국경을 맞대고 있고, 과거 중·소 분쟁의 긴장이 최고조에 오른 지역이기도 한 지역으로, 중국에서 러시아와의 관계가 중요한 지역이다.

을 참고할 것.

성도는 하얼빈이고, 11개의 지급시(치치하얼 · 무단장 · 자무스 · 다칭 · 지시 · 쐉야산 · 이춘 · 치타이허 · 허강 · 헤이허 · 수이화)와 자연지구인 다싱안링 1개로 구성되어 있다. 랴오닝성이나 지린성이 모두 49개 소수민족으로 이루어진 데 비해 헤이룽장은 54개의 민족이 생활하고 있어, 한층 다양한 민족으로 구성되어 있는 편이다. 헤이룽장성에도 신중국 이전 한민족이 강제, 반강제적으로 이주하면서 이루어진 우리민족의 집성촌이 형성되어 있다.

헤이룽장성은 중국의 대표적인 곡물식량 생산기지로서 송화(松花)평원과 산장(三江)평원 등 광대한 곡창지대를 토대로 농업이 발달한 지역이다. 4대 곡물식량인 쌀 1,1619만 톤, 옥수수 3,298.5만 톤, 밀 71만 톤, 대두 410만 톤 등을 생산하였다(13년 기준). 한편, 다칭 유전을 위시한 중국 최대 석유생산 지역 중 한 지역으로서, 석유매장량 100~150억톤, 천연가스 매장량 1,000㎥를 보유하고 있고, 각종 광물 자원이 풍부한 지역으로서 석유화학공업이 발달한 편이다. 아울러 임업, 수리, 생태 등 여타 자연자원 역시 풍부하게 보유하고 있다.

자료: image.baidu.com 토대로 저자 편집

3. 동북 경제의 어제와 오늘

❶ 동북 개발사(史) 개황

가. 근현대 : 동북 경제의 어제

동북의 경제발전 역사는 19세기말부터 본격적으로 진행되었다. 동북지역은 만주족의 발원지로서 청나라는 만주족의 문화를 보호하기 위해 동북지역을 봉금(封禁)하면서 성장이 사실상 멈추게 되었다, 그러나 아편전쟁 이후 중국 주변국을 중심으로 하는 국제환경이 변하면서, 봉금정책이 해제되었고, 이후 허베이, 산둥 등 중국[4] 내에서와 이웃하고 있는 조선의 유민 등이 유입되면서 점차 동북개발사(史)가 시작되었다.

새로운 꿈과 욕망, 근대 만주개발의 동력으로

근대 중국 동북지역은 만주를 둘러싸고 여러 세력이 각자의 새로운 발전을 위한 꿈과 이를 위한 다양한 시도가 이루어졌던 일종의 '꿈과 욕망'이 혼재된 공간이었다.

동북군벌의 세력화

19세기 말에서 20세기 중반까지 장쭤린(張作霖)·장쉐량(張學良)의 동북군벌은 황량한 동북지역에 근대적인 통치 시스템을 도입하여 운용하였다. 랴오닝성 출신의 장쭤린은 동북 지역에 웅거한 마적단이었으나, 중화민

---

4 중국 동북지역(만주)이 청 왕조의 영토로 편입된 것은 1644년 명 왕조가 멸망한 이후부터이다. 산해관(山海關)을 넘어 베이징에 도읍을 정한 이후에는 만주는 봉금지역이었다. 다만, 아편전쟁 이후 청의 통제가 약화되고, 산둥, 허난 등 중북부 지역의 기근이 발생하면서, 이들 지역의 인구를 대량으로 만주로 이주시켰다(闖關東, 촹관동, 허베이(河北)·산둥(山東)지역의 인구가 둥베이(東北)지역으로 이주하는 현상을 가리킴). 참고자료: 김영신(2011)

국 수립 이후 펑톈(奉天)을 거점으로 펑톈 독군(督軍), 성장(省長)을 겸임하게 되었다. 소위 펑톈군(이후 동북군으로 지칭)이라는 동북 최초의 근대적인 군대 집단에 기반하여 행정, 사법 체계를 갖추어가기 시작하였다.[5]

또한, 이 시기부터 동북군벌세력에 의해 은행 등 금융인프라, 학교 등 교육인프라를 비롯한 철도, 도로 등 경제사회 인프라가 건설되면서 본격적인 동북개발이 시작되었다. 은본위제에 기초한 만주 지역의 독자적인 통화를 발행하였고, 세제를 징수하였다. 또한, 동북 최초의 고등교육기관인 '동북대학(東北大學)' 등을 설립하여 인재들을 양성하고자 하였다. 바야흐로 초기 동북개발의 해가 떠오르는 것이었다.

조선이주민들의 동북 개척

조선과 청나라 간의 전면전인 1636년 병자호란[6] 이후 종전조약에 따라 전쟁포로를 중심으로 하는 조선인의 집단이주가 있었으나, 동북지역을 개척하기 위한 본격적인 이주는 구한말 어지러운 국내 정세를 피해 압록강과 두만강을 넘어온 평안도, 함경도계 조선 유민들이 한반도와 중국의 국경 지역으로 이주하여 동북(만주)을 개척하면서 시작되었다. 19세기 중후반부터 조선 이주민들은 초기에는 창바이, 린장, 지안, 통화, 환런 등 압록강 접경지역을 중심으로 정착하였다. 1881년 청 왕조가 지린성의 남황위장(현재 연변지역)지역의 봉금을 해제하면서, 현재의 연변 룽징과 옌

5 청왕조는 1907년 펑톈(奉天), 지린(吉林), 헤이룽장(黑龍江) 3개의 행성으로 재규획하였다.

6 청 왕조 수립 전후 조선인의 중국 동북 이주 : 청 왕조 수립 이전 후금 시기, 병자호란에 의해 많은 조선인들이 중국 동북지역으로 강제로 끌려왔다. 이들 중 대표적인 인물이 소현세자(1612—1645)이고, 당시 선양에 체류하였다. 다수의 조선인 포로와 군민들은 당시 중국 동북에 정착하였다가 청 왕조가 관내(산하이관 서쪽, 즉, 중국 대륙)로 진입하면서 함께 대륙으로 건너갔다. 이들 중 무공을 세운 이도 있고, 청 왕조의 고위 관직을 역임한 이도 있었다. 1628년부터 동북지역은 청 왕조와 조선 양국간 강도회맹을 맺으며 국경을 넘는 것을 엄격히 제한하였다. 〈중국조선족력사독본〉

지, 훈춘 등 두만강 유역으로 거주지가 확대되었고, 이후 차츰 헤이룽장까지 집단 부락이 형성되었다.

조선 이주민들은 동북 지역에 벼농사를 보급하면서 동북 농업개발의 기반을 마련하였다. 과거 동북에서는 수수, 콩, 조와 같은 밭농사가 주종을 이루었으나, 수전농업 방식의 벼농사는 뿌리를 내리지 못하고 있었다. 그러나 조선이주민들이 압록강, 두만강, 송화강 유역 및 동북의 각종 하천 지역에 자리를 잡고, 벼농사를 짓기 시작하였다.

조선이주민들의 벼농사 보급은 동북 근대 농업 발전의 큰 기여를 한 것으로 평가받고 있다.[7] ① 벼농사가 보급되면서 동북의 밭농사 위주의 농업구조를 다양화한 것, ② 기존에 황무지였던 소택지나 습지가 경작지로 전환되어 알곡수확량이 늘었고, 이에 따라 재정수입 역시 증대된 것, ③ 동북의 식생활을 개선한 것, ④ 기존 남방의 입쌀 유입이 멈추고, 동북 입쌀의 해외수출까지 가능해진 것, ⑤ 동북인들의 영양상태가 개선된 것 등을 꼽아볼 수 있다.

러시아의 극동 진출

제정 러시아에게 있어 동북, 즉 만주지역은 아시아는 물론 태평양 지역을 진출하는 데 핵심 교두보 지역이라 할 수 있다.[8] 이에 제정 러시아는 19세기 중반부터 아무르강(중국 헤이룽장)변의 하바로프스크를 거점으로 극동 진출을 본격화하였다. 이러한 가운데 동진정책을 전개하면서, 청 왕조를 압박하여 베이징 조약을 통해 청나라로부터 만주 일부(현재 연해주와 헤이룽장 일부)를 할양받았다. 이후 청일전쟁의 결과에 대해 러시아는 삼국간섭을 통해 일본의 중국 및 동북 진출을 견제하였고, 모스코바

7 중국조선족력사독본, 심영숙, 2016.

8 중국 동북지역과 환동해지역의 관계성, 2017, 경희대학교 출판문화원.

에서 블라디보스토크까지 만주를 관통하는 동청철도(東淸鐵路) 부설권을 확보하였다. 다만, 러·일 전쟁이후, 만주에서 일본의 영향력이 확대되면서 결과적으로 제정 러시아의 동진 정책은 실패로 돌아갔다.

한편, 신중국 수립 이후, 동북은 중국과 소련의 갈등과 협력이 공존하는 공간이었다. 제2차 세계대전 막바지부터 소련은 만주와 그 너머의 한반도에 대한 지정학적 이익을 확보하고자 하였다. 일제 패망 이후, 소련은 만주 일부 지역에 대한 통제권을 확보하였고, 한반도 북측 지역에 대한 통치권한을 갖게 되었다. 또한, 중국공산당의 중국 통일 이후, 중소동맹관계에 기반해 소련의 우호적인 정책이 이어졌다. 동북지역에는 소련에서 수입된 중화학공업 및 군수공업 설비 등이 입지하였고, 초기 동북경제의 발전이 중국 경제 전반을 견인하는 계기가 되기도 하였다.

그러나 몽골과의 변경문제가 발생하였고, 1960년대 중후반부터는 중·소 갈등이 격화되었다. 당시 중국 내에서는 문화대혁명으로 인해 급진적으로 좌경화되고, 이에 중국 공산당은 후루시초프 등 소련 지도부를 비판하였으며, 대외적으로는 전바오섬(珍寶島)을 둘러싼 양국의 군사적 충돌이 발생하면서 갈등은 최고조에 이르렀다. 이후 중국이 개혁개방에 착수하고, 냉전이 종료되는 가운데 중·러 협력이 다시 논의되고 있는 상황이다.

일제의 만주 침략

제국주의 후발주자인 일제가 본격적으로 제국주의적 행보를 보이면서 한반도 통제권을 확보하는 동시에 중국 대륙 진출을 위한 거점 지역으로써 만주지역을 주목하였다. 청일전쟁, 러일전쟁을 거치면서 한반도에 대한 통제권을 강화한 일본은 남만주 철도 부설권 등 각종 이권을 확보하면서 만주 진출을 강화하였다. 동북군벌의 장쭤린과 우호 관계를 유지하면서 만주 내 영향력을 강화하던 일본은 장쭤린을 제거하고, 이후 1931년 9.18 만주사변을 일으키며 본격적인 만주 침략에 착수하였다.

특히, 만주는 일제에게 있어 중요한 포석이 되는 지역이었다. 1910년 한일합병이 이루어진 이후 일제는 본격적으로 중국 침략을 준비하였고, 동남아에 대한 영향력을 강화하면서 일제를 중심으로 한 대동아공영권이라는 패권적 아시아 지역질서 구축에 심혈을 기울였다. 이러한 맥락에서 만주는 아시아 지역 내 일제의 패권적 통치 체제를 구축하고, 중국 내륙으로의 원활한 침략을 위해 지리적으로 최적의 위치였다.

일제가 주도한 괴뢰국인 만주국(1932년 3월 1일 수립)은 그 정점에 있다고 할 수 있었다. 일제의 관동군과 만주국의 입법, 행정, 사법이 융합된 일종의 군국주의형 정치체제로서 일제 군대의 영향력 하에 국가운영 작동 메커니즘을 구축하였다. 즉, 만주국은 중국 대륙 침략을 효과적으로 지원하고, 영향력을 확대하는 데 일제의 중요한 정치적 수단이었다.

만주국과 함께 만주개발사에는 '남만주철도주식회사(만철)'의 존재가 있었다. 일제의 대동아공영권은 만주와 한반도, 일본 본국 및 동남아까지 유기적으로 결합되어 하나의 체제로서 작동하는 것이다. 따라서 각 지역에 있는 물자를 원활하게 운송하기 위한 철도, 도로, 교량 등 근대적인 인프라가 대폭 개선할 필요가 있었고 이 과정에서 '만철'은 핵심적인 역할을 수행하였다. 또한, 중화학공업, 기계공업 등 만주의 중요 산업을 배치, 운영하였고, 아울러 문화나 스포츠 등을 동북에 보급하여 일종의 일제식(式) 만주개발 역사를 창출하였다.[9] 다만, 일제가 패망하면서 일제가 주도하는 만주 개발에는 종지부가 찍혔다.

9 고바야시 히데오 지음, 임성모 옮김. 2004. 만철: 일본 제국의 싱크탱크.

나. 신중국 이후: 동북의 약진과 쇠퇴

신중국 수립 이후, 중국 공산당은 동북지역을 구소련의 중공업 우선 성장전략을 수용하는 공간으로 활용하였다. 동북은 소련과 접해있었고, 천연자원이 풍부하여 중화학공업이 발전하기에 양호한 입지라 할 수 있었다. 중국 서북, 서남 지역과 함께 동북은 국가의 집중적인 투자와 보호하에 중국 최대 공업기지로 성장하였고, 동부 연해지역보다 발달하였다.[10] 이에 따라 동북의 중화학공업은 1960~70년 중국 경제발전을 견인하였고, 랴오닝성은 공화국의 장자(長子)라고 불리울 정도로 위상이 높았다. 이 당시 중화학공업 육성 과정에서 설립된 많은 국영·국유기업들이 현재도 동북 경제를 움직이는 주축 역할을 하고 있다.

당시 설립된 동북3성의 대표적인 중화학공업 기업은 다칭(大慶)과 판진(盘錦)의 유전을 바탕으로 하는 중국석유 다칭유한회사(大慶油田有限責任公司), 다롄석화(大連石化), 진화화공(錦化化工), 지린화공(吉林化工) 등이 있다. 또한, 안산(鞍山)철강과 번시(本溪)철강 역시 중국의 철강산업 중 대표 기업들이고, 창춘의 이치자동차, 중국 제일중형기계그룹, 선양 중형기계그룹들도 대표적이다.

개혁개방, 그러나 동북 경제는 수렁 속으로

중국이 1978년 이후 개혁개방에 착수하면서, 동부 연해 지역 중심으로 개혁조치가 집중되었으나, 이는 중화학공업 중심의 동북경제에는 침체를 의미하였다. 사실 이미 60년대 초 중·소 분쟁을 거치고, 이후 70~80년대 소련을 위시한 사회주의권의 몰락과 함께 동북 중화학 공업기지는 중국 경제발전의 견인차 역할을 점차 상실해가고 있었다. 동북 경제가 수

10 가령, 50년대 초중반, 중국 중앙정부의 대(對)동북3성 투자액은 전국 투자액의 1/2에 달하였음.

렁에 빠지면서 '동북현상(東北現象)'이 대두되었다.[11] 무엇보다 이러한 과정에서 동북 중화학산업의 국영·국유기업들의 문제가 크게 대두되었다. 이들 동북의 국유기업들은 개혁개방에 있어 능동적으로 대응하지 못하고, 경영악화 및 적자문제가 지속되었다.

동북 국유기업들의 문제는 몇 가지 측면에서 살펴볼 수 있다.[12]

① 노후 공업기지의 규모가 비대하여, 기존 설비나 기술에 대한 재투자 비용이 크고, 이로 인해 노후화된 설비, 기술이 그대로 유지되는 경우가 많았다.

② 대다수 기업들이 자원 의존형으로 운영되면서, 동북의 주요 자원이 크게 소모되었다. 대형 국유기업으로 인해 도시화 수준이 높고, 도시 인구가 많은 편이라, 이로 인해 중국 정부와 기업의 부담이 상당히 큰 편이었다.

③ 국유기업에 관료주의가 팽배하다 보니 내부에서 기업 혁신, 창업 정신 등을 발휘하기가 어려웠다.

종합하면, 동북 국영·국유기업과 이로 인한 동북 지역 전반이 자체적으로 개혁을 추진할 유인과 동력이 낮았고, 이로 인한 경제사회전반의 활력도 계속 악화되어 갔다.

90년대에 들어서면서 낙후된 동북경제를 개선해야한다는 인식이 대두되었고, 2000년대에 본격적인 개혁조치가 하달되었다. 1991년 주룽지(朱鎔基) 총리는 동북경제의 최대 핵심지역인 랴오닝성을 대상으로 일련의 개혁조치를 취하긴 했으나, 이는 근본적인 개선을 갖고 오기 어려웠

11 동북현상은 중국 동북 국영기업의 경영악화와 심각한 적자문제를 의미함.

12 KIEP 베이징사무소, 2003, "중국 동북노후공업기지 발전전략의 기본방향과 향후 전망" 참고.

다.[13] 2002년 제16기 중국 공산당 전국 대표대회를 기점으로 중국 중앙 정부는 동북 경제 재건이 필수 과업으로 인식되었다. 2003년 중국공산당 중앙위원회와 국무원은 공동으로 '동북 지역 등 노후공업기지 진흥전략에 대한 약간의 의견(關于實施東北地區等老工業基地振興战略的若干意見)(이하 동북진흥전략)'을 계획하여 개혁과 개방을 통한 본격적인 동북경제 발전에 박차를 가하기 시작하였다.

다. 동북진흥전략

동북진흥전략이 처음 추진되던 당시 중국 중앙정부는 동북의 국유기업을 포함한 경제사회 전반에 걸쳐 포괄적인 개혁을 핵심목표로 설정하였다. 특히, 국유기업에 대한 개혁에 주안점을 두면서, 개혁의 성공을 통해 자연스레 민간이 성장하고, 이렇게 성장한 민간이 전반적인 경제발전을 견인할 수 있도록 하는 것을 개혁의 전체적인 방향으로 설정한 것이었다. 이러한 방향을 토대로 일련의 기본원칙을 수립하였다.

첫째, 개혁개방을 통해 산업구조 조정에 주력하고자 시도하였다. 특히, 현 공업기지의 설비 갱신에는 큰 규모의 자금이 소요될 것인 바, 정부에서 이를 지원하는 것에는 한계가 있었기 때문이다.

둘째, 시장 메커니즘에 기반한 개혁을 추진하고, 정부의 개입을 명확하게 하고자 하였다. 즉, 정부의 역할을 최소화하고, 민간경제 활성화 및 외자유치를 통한 발전을 꾀한 것이라 할 수 있다.

셋째, 공업기지의 업그레이드를 추진하고, 산업구조의 합리화 및 고도화를 촉진하고자 하였다. 기술 수준을 높이고, 기존 공업기지에서도

13 중국 정부는 1998년 10차 5개년 계획(2001~2005)수립 당시부터 이미 동북 노후공업기지 문제 해결에 대한 심도 있는 논의를 진행하였으나, 이 문제에 대한 지도부내 시각 차이로 인해 2000년대 초반 본격적인 개혁개방 조치가 시행되었음. 참고: KIEP 북경사무소(2003).

비교우위의 산업을 업그레이드하는 것에 주력할 것임을 의미하였다.

넷째, 사회전반의 조화로운 발전을 병행하도록 하였다. 이는 곧 서비스 산업의 발전을 독려하고, 인프라를 한층 개선할 것임을 가리키는 것이었다.

다섯째, 국영·국유기업들의 자구적인 개혁노력을 우선시하고, 정부는 꼭 필요한 부분에서만 개입하고자 하였다.

여섯째, 형식적인 개혁보다는 실질적인 개혁성과를 중시하였다.

이러한 동북진흥전략의 기본원칙에 기반하여 중국 중앙정부는 수차례에 걸쳐 세부정책 패키지를 제시하였다. 제시된 각각의 정책안은 전체적인 전략 기조를 유지하는 가운데 새롭게 도입한 개념을 적용한 세부정책들로 포함되어져 있었다. 또한, 최근으로 올수록 동북진흥전략을 통한 향후 방향에 대해 보다 명확하게 제시되는 특징을 보이고 있다.

【표 1】 동북진흥 관련 주요 정책

문건명	발표년월	기관	주요내용
동북지역 노후공업기지 진흥정책에 관한 약간의 의견	2003. 10	국무원	– 동북진흥에 관한 첫 국가급 정책 – ▲경제체제 개혁 ▲제조업 업그레이드 ▲자원형 도시의 전환 ▲대외개방 확대 ▲인프라 건설 등 동북진흥정책의 기본 방향과 내용을 제시
동북 노후공업기지의 대외개방 확대 실시에 관한 의견	2005. 6	국무원	– 동북진흥을 위한 대외개방의 중요성을 강조 – ▲투자환경 개선 ▲서비스분야 개방 확대 ▲외자참여 격려 ▲주변국과의 협력 강화 ▲외자이용의 질과 수준 향상 및 해외진출 가속화 등을 구체적으로 언급
동북지역 진흥 종합계획	2007. 8	국무원	– 2011년까지의 정책 구체화, 중대 사안의 경우 2020년까지 장기정책 구체화 – 지역 범주도 동북 3성뿐만 아니라 네이멍구자치구 동북지역까지 포괄하는 동부지구(3성1구)로 확대 – 지역 간 및 도농 간 조화로운 발전을 새롭게 강조

동북진흥정책 진일보 실시에 관한 약간의 의견	2009. 9	국무원	– 동북진흥의 보다 근본적인 모순을 해결하고 발전을 가속화할 것을 제시 – 과거의 문건들에 비해 자주혁신과 민생개선을 강조
동북진흥 12·5 계획	2012.3	발전개혁위원회	– 각 분야에 대해 12·5기간 구체적인 목표와 정책 제시 – ▲경제체제 개혁 ▲산업구조 조정 ▲대외개방 심화 ▲ 자원형 도시의 전환 ▲인프라 건설 등
동북진흥 지지를 위한 중요정책에 관한 약간의 의견	2014.4	국무원	– 동북지역 지원을 위한 정책 제시, 과거 문건들에 비해 시장경제의 활성화 및 혁신을 중시 – 국유기업개혁에서 중앙과 지방 부문이 분리되어 제시
동북 노후 공업기지 혁신·창업 발전을 위한 경쟁우위 강화에 관한 실시의견	2015.6	발전개혁위원회, 과기부, 인사부 등	– 과학기술 발전을 경제활성화 도모 – 동북노후기지 혁신·창업을 위한 5개 방면 22개 조치를 제시
동북지역 노후 공업기지 전면 진흥에 관한 약간의 의견	2016.4	국무원	– 2020년까지 동북지역의 산업 고도화, 정보화, 도시화 등 주요 개혁 추진 – 2030년까지 동북지역의 전면적 진흥을 실현
동북지역 노후공업기지 진흥 3개년 실시방안	2016.8	발전개혁위원회	– 2016년부터 2018년까지 3년간 127개의 중대 프로젝트와 137개의 중점 임무를 추진 – 연도별로 프로젝트가 세분화
동북지역 경제 안정발전에 관한 약간의 중요 조치에 관한 의견	2016.11	국무원	– 4월 발표된 「동북지역 노후 공업기지 전면 진흥에 관한 약간의 의견」의 세부적·구체적 조치 – 단기간의 실현 가능성 중시하고, 4개 방면의 14개 주요 과제를 제시
동북진흥 13·5 규획	2016.12	발전개혁위원회	– 11개 방면의 39개 주요목표가 제시 – ▲국유기업 개혁 ▲첨단제조업 및 신산업 발전 ▲민영경제 발전 등을 중시

자료: 김부용 외(2013)와 이현태 외(2017) 참고하여 저자 수정보완

동북진흥전략, 과연 성공했는가

동북진흥전략은 2017년 현재까지 약 15년에 걸쳐 지속적으로 추진되어 오기는 하나 개혁성과에 대해서는 평가가 엇갈리고 있다. 우선, 동북진흥전략이 비교적 성공적으로 추진되었다는 입장에서는 2013년도까지 전국 평균을 상회한 동북3성의 경제성장률을 근거로 제시한다. 2004년부터 2013년까지 동북 3성의 평균 GDP 성장률은 약 12.4%로, 중국 전체 평균인 10.3% 보다 약 2.1% 포인트 높은 수준이다. 세부적으로 살펴보면, 소비, 투자, 무역, 외국인직접투자 등에서도 전반적으로 전국 수준보다 증가율이 높은 편이었다.[14] 다만, 경제성장에서 인프라 건설 투자가 중심이 된 고정자산투자 비중이 상대적으로 높은 편이라 이는 2015년 이후 과잉투자, 공급 현상이 빚어지는 원인이 되기도 하였다.

그림 1. 동북3성 GDP 성장률 동향(중국 전체 평균과 비교)

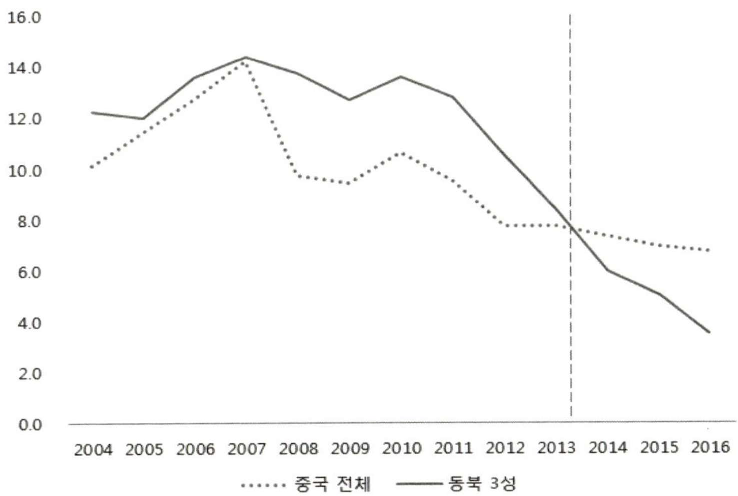

자료: 中國統計局

14 김부용 · 임민경, 2013.

반면, 동북의 민간경제 비중은 과거보다 진일보된 것으로 평가받고 있다. 과거 동북경제에서 큰 비중을 차지하였던 국유기업이 동북진흥전략 추진이후 상대적으로 감소한 반면, 민간부문의 비중은 한층 확대되었다. 동북진흥전략을 통해 비공유제부문(민간부문)의 경제성장 비중이 2005년 36%에서 2010년 54%로 확대되었다.[15] 또한, 공업총생산액에서 국유기업의 비중이 2003년 67.5%에서 2011년 36.9%로 크게 감소하여 이 역시 중국 전체에 비해 상대적으로 빠른 속도로 개혁이 추진되었다고 평가받고 있다.[16]

아울러 동북의 교통, 도시 인프라 역시 개선되었다. 동북진흥전략과 함께, 2000년대 후반부터 랴오닝성의 랴오닝 연해경제벨트, 지린성의 창지투 개발계획, 헤이룽장성의 헤이룽장 변경개발계획이 함께 추진되면서 대외개방 수준이 한층 제고되었다(표 1 참고). 동북 3성의 각 성(省)내 인프라가 개선되었음은 물론 다롄, 잉커우 등 동북의 주요 항구와 공항, 세관 시설 등을 비롯한 단둥, 훈춘 등 대북한, 대러시아와의 상호연계성을 강화한 철도, 도로, 교량 등 교통인프라가 지속적으로 건설되었다.

【표 2】 동북 3성의 국가급 지역개발계획(2000년대 후반~)

	랴오닝 연해경제벨트	창지투 개발계획	헤이룽장변경개발계획
비준 시기	2009.7.	2009.8.	2013.8.
계획 기간	2009~2020	2009~2020	2013~2020
공간 범위	다롄, 단둥, 진저우, 잉커우, 판진, 후루다오 등 6개 연해도시	지린성 창춘시·지린시 일부지역, 연변	헤이룽장성 전체 행정지역과 네이멍구 자치구의 후룬베이얼시
면적	5만 6,500	약 3만	70만
인구	1,800	770	—

15 國家發展改革委, 2012.

16 김부용·임민경, 2013

		랴오닝 연해경제벨트	창지투 개발계획	헤이룽장변경개발계획
개발 구도 (공간 배치)		다롄을 핵심으로, 다롄·잉커우·판진을 주축으로, 보하이와 황해 지역을 양날개로 하는 지역개발 추진 (1핵-1축-2 날개구조)	훈춘을 개방 창구로, 옌지·룽징·투먼을 선도 지역으로, 창춘·지린을 추진동력으로 하는 지역개발 추진	국경지역을 선봉지대로, 철도연선지역을 배후지대로, 기타 지역을 선도구로 지역개발 추진
목표 (2020년)	GRDP	2012년 대비 2배 증대	2008년 대비 4배 증대	1인당 평균 GRDP 85,500위안
	도시화율	70	-	65
주요 내용		·다롄 동북아국제해운센터 건설 및 역량 강화 ·연해경제벨트의 전체 서비스 수준과 기능 제고 등	·창지투선도구 건설을 통한 창지투 지역 통합 ·창지투와 국내지역 연계 ·두만강유역국제협력	·러시아 및 동북아 국경 개방에 대해 중요 교두보 및 거점 구축

자료: 이문형외b(2015), p.70, 단위: ㎢, 만명, %

중앙 관리의 대형 동북 국유기업 개혁 지연

한편, 동북진흥전략이 성공적으로 추진되지 않았다는 의견 역시 상존하고 있다. 가장 큰 문제는 실제 중앙에서 관리하는 동북의 국유기업은 개혁이 원활하게 이루어지지 못했다는 점이다. 현재 동북에 소재한 중앙 국유기업은 모두 3,180개 기업으로서, 총 자산 4억6천만 위안에 달하는 큰 규모이다. 이중 1,751개 기업이 랴오닝성에 입지해 있고, 지린의 경우, 세수의 70%가 국영기업과 연결되어 있다. 동북의 국유기업 비중은 전국 평균 10%를 훌쩍 상회하는 50% 가까이 육박하여 중앙 국유기업의 비대화 문제는 여전히 동북진흥전략의 핵심 과제이다. 또한, 이로 인해 산업구조가 (노후)중공업으로 단순한 편이고, 소유제 방식 역시 단일하여 민영경제가 발전할 수 있는 공간이 협소하다. 아울러 중앙 국유기업은 규모와 외형적인 성장에만 치중하는 경향이 있어 실질적인 개혁조치가 번번이 무산되고 있는 것이다. 가령, 중앙국유기업인 안산철강과 동북 지방 국유기업인 번시철강 합병의 경우, 각각 관할 소관이 달라 합병을 발표 후에도 실제로는 지연이 되고 있다.

국유기업의 개혁이 지속되면서 형식상으로는 개혁조치이나 실제 현장에서 별다른 변화 없이 진행되는 경우 역시 비일비재하다. 예를 들어, 개혁 목표를 동북 국유기업의 규모 축소로 설정한다고 할지라도, 개혁조치의 실제 적용을 조직 및 인원 감축보다는 생산량 축소에 목표를 둘 경우, 실질적인 개혁 작업보다는, 작업 가동률을 낮추는 요식 행위에 머물 수 있기 때문이다.

또 다른 문제는 중국 특유의 관치문화로 인해 동북진흥전략이 가속을 붙기 어렵다는 점이다. 동북이 인재 유출이 심각한 상황임에도 불구하고, 정부 관리들은 그대로 유지되고 있다는 점에서 동북 관치문화의 강고함을 알 수 있다. 더욱이 관치문화 내에 형성된 일종의 폐쇄적 패거리 문화(圈子文化)가 자리 잡고 있어 외부나 외지인이 내부로 진입하는 것은 더욱 어렵다고 할 수 있다.

산업 구조조정이나 민간부문의 활성화 역시 기대에 못 미친다는 평가가 있다. 당초 기존의 중화학공업을 업그레이드하고, 전략적으로 신흥산업을 육성하는 동시에 서비스업의 발전을 꾀하고자 하였다. 그러나 동북진흥정책이 장기간 추진되었음에도 불구하고 산업 비중 변화는 크지 않은 편이다.

그림 2. 동북지역의 산업구조

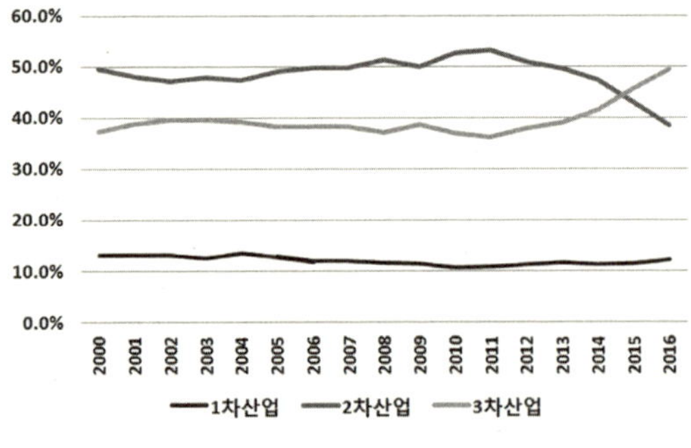

특히, 기존 비교우위에 있는 중화학 공업의 업그레이드가 지연되면서, 이러한 2차 산업 중심의 경제구조에서 벗어나기 어려웠다. 중국의 발달한 타지역에 비해 서비스업 역시 상대적으로 발전수준이 뒤져 있는 상황이고, 고학력의 노동가능 인구들 역시 중국 내 발달한 지역으로 이주가 지속되었다. 기존 국유기업 주도의 2차 산업 중심의 산업구조 변화가 더디게 진행되면서 결과적으로 민간부문 확대 역시 성과가 크지 않았다.

한층 진일보한 대외개방이 필요

대외개방 부문 역시 중국 전체와 비교할 경우, 아직 낮은 수준에 머물러 있다고 할 수 있다. 중국 전체 무역액에서 동북지역의 비중은 3~5%에 불과하고, 대외개방도는 15.4%에 머물러 있어, 중국 평균 대외개방도인 48.4%에 크게 못 미치고 있다(이현태 외, 2017). 해외의 대(對)동북 투자 역시 타 지역에 비해 크지 않은 상황이고, 동북 특유의 폐쇄적인 행정시스템과 내부 결속 문화로 인해 외국의 투자 여건이 크게 개선되지 않았다.

동북진흥전략, 절반의 성공, 앞으로의 과제는

지난 15년 가까이 추진되어 온 동북진흥전략을 성공 혹은 실패 한쪽으로 단정 지어 평가하기는 어려운 상황이다. 장기간 중국 전체 경제의 성장 속도 보다 동북 경제가 상대적으로 높은 수준을 구가하면서 과거 낙후된 경제 상황을 일정 수준 극복하고, 다수 국유기업을 개혁한 것은 분명 성과라 할 수 있겠다. 그러나 2013년을 기점으로 동북 경제가 급격하게 악화되었고, 2015년은 중국 전체에서 가장 낮은 경제성장률을 기록하는 등 '신동북현상(新東北現象)'이 발생하였다. 특히, 동북경제의 핵심이라 할 수 있는 중앙 국유기업들에 대한 개혁과 이를 통한 산업 업그레이드, 신흥산업 및 서비스산업 육성 등 일련의 핵심 목표들에 대한 달성 수준이 기대에 못 미치고 있는 상황이 주지의 사실이다. 오늘의 동북경제 상황을 보고 판단할 경우, 동북진흥전략은 절반의 성공에 불과하다고 할 수 있다.

결론적으로 동북진흥전략이 진정으로 성공하기 위해서는 결국 중앙 국유기업에 대한 개혁과 이를 통한 산업 구조조정이 선순환적으로 잘 이루어져야할 것이다. 특히, 국유기업의 운영 구조에서 대내외에 한층 확대할 수 있는 유인을 제공하여, 민간의 진입 동기를 높이는 실질적인 조치가 필요할 것으로 판단된다. 다행히 동북진흥전략은 여전히 현재진행 중인 대전략이고, 이제 중국 정부는 그간의 공과를 토대로 한층 업그레이드된 동북진흥전략 추진을 예정하고 있다.

4. 신(新)동북진흥전략이란 무엇인가

신(新)동북진흥전략(이하 '신전략')은 기존에 추진되어온 전략이 한계에 봉착했다는 판단 하에, 재차 동북의 경제성장 동력을 발휘하기 위해 마련된 일련의 심화된 개혁개방 조치라고 할 수 있다.

2013년 동북 경제가 추락하는 소위, 신동북현상(新東北現象)이 발생하면서, 중국 중앙에서도 이를 한층 예의주시하였고, 시진핑 주석, 리커창 총리가 잇달아 동북을 방문하고, 동북 경제의 중요성을 역설하였다. 2016년 '동북진흥 13.5 규획(東北振興十三五規劃)'을 비롯한 일련의 동북진흥전략 관련 새로운 조치들이 2018년 1월 현재까지도 연이어 제시되고 있다.

중국 국무원발표 〈동북진흥 13·5 규획〉 상세내용 및 평가

1. 평가

○ 중국 국가발전개혁위원회는'동북진흥 13·5 규획'(이하 '규획')을 중국 13차 5개년 경제개발계획 기간인 2016—2020년간 동북지역은 동 규획을 바탕으로 경제발전을 추진해 나갈 예정임.

– 2016.12.19. 동북지역(랴오닝성, 지린성, 헤이룽장성, 내몽고자치구) 및 해당 기관(동북진흥 노공업영도소조, 공상총국, 지식산권국, 관광국 등)에 공표하였다.

– 동 규획은 ▲국유기업 개혁, ▲신흥산업 창조, ▲농업현대화, ▲균형적 지역발전, ▲대외개방 강화, ▲지역인프라 확대 건설, ▲생태보호 등 총 12장으로 구성되어 있으며, 동북지역의 경제진흥을 목표로 2020년까지의 경제발전 계획을 거시적 관점에서 담고 있는바, 미시 내용은 각 해당 성(省) 및 도시별로 지역 특성에 맞는 전략이 추후 발표될 것으로 전망됨.

○ 규획 중에는 ▲주민평균수입이 2010년 대비 2배 성장(동북3성 2010년 평균1인 소득은 15,893위안), ▲노동생산율 6.2%성장, ▲연구개발비 비중 2.1% 확대(2015년 1.3%), ▲1만 명당 발명특허를 6.9건(2010년3.6건) 등의 경제발전 목표를 설정하고 있으나, 각 성 및 도시의 GDP 성장률에 대해서는 직접 언급하지 않고 있어, 동 규획이 동북3성의 경제발전 전략에 있어 상당히 포괄적이고 거시적인 관점에서 수립된 계획임을 알 수 있음.

※ 동북진흥 13.5 규획내 경제지표(목표치)는 동북지역의 전체적인 경제실력과 정책효과를 고려하여 계획된 것으로 분석되는바, 동북지역의 탁월한 경제발전을 계획하기 보다는 중국 경제발전의 평균수준에 도달하는 것을 목표로 발전전략과 산업구조조정 등이 추진될 것으로 예상됨.

– 13.5 기간 내의 경제 발전전략은 구체적 성과도출에 초점을 맞추기 보다는 2020년 이후 동북지역의 산업발전 기반조성에 주안점 맞춤

2. 산업별 발전 전략

(국유기업 개혁)

○ 규획은 총12장 중 제1장에서부터 국유기업의 개혁을 가장 먼저 언급하면서 민영경제의 개혁 동참 유도를 강조하고 있으며, 이는 국유기업 구조조정 및 국유자본의 우수기업 집중 투자 등을 통한 산업구조의 변화가 동북지역의 경제 발전을 위해 가장 선행적으로 해결되어야할 과제임을 보여주고 있음.

– 국유기업의 구조조정 방법으로 혼합소유제경제(混合所有制經濟)[17]를 제시하고 있는바, 이는 국유기업이 독식하던 국가 인프라 건설 등의 시장구조를 국영과 민영기업이 함께 점유할 수 있도록 양분하는 것으로, 이를 위해 13.5기간 동안 민영자본의 시장참여와 운영을 확대하는 매커니즘 구축이 적극 추진될 것으로 전망됨.

ㅇ 국유기업은 경영방식(합자, 합작, 매각) 및 주식제도(주식상장, 우리사주 등)의 다양한 시장모델 도입을 통해 지금까지 독점하던 국영기업의 시장을 외부로 확대 개방하는 개혁을 추진할 것인바, 민영 확대를 위한 중점 프로젝트로 추진 중인 랴오닝성 선양경제구, 헤이룽장성 현대농업시범구, 지린성의 농촌금융종합시범제 등의 추진 성과가 이러한 정책효과를 가름하는 핵심적 지표가 될 것으로 전망됨.

(신흥산업 발전)

ㅇ 규획은 장비제조업 등 전통적인 우세를 지켜오던 동북지역의 산업이 구조전환을 통해 새로운 신흥산업으로 전환되고 새롭게 육성되어야 한다고 강조하고 있으며, 이를 위한 정부의 지원이 확대될 것으로 설명하고 있음.

– 이 과정에서 정부는 과학기술에 근거한 기업혁신과 창업 활성화를 적극 지원할 예정이며, 선양 재료과학실험실, 지린 생태기지연구원, 하얼빈 로봇산업, 내몽고 신재료기술원 등 지역별 산업 클러스터를 통해 창업그룹을 형성하고, 정부는 신용담보, 무담보 등을 통해 신산업을 지원할 계획임.

(현대농업)

ㅇ 동북지역은 중국 식량 공급의 중요 기지인바, 현재 보유하고 있는 농업의 우세에 현대기술이 융합된 현대농업화를 13.5 기간 내 더욱 공고히 할 계획임.

– 1.2.3차 산업과의 유기적 융합으로 농업시장을 확대하고, 옥수수, 대두, 쌀 등의 농업생산력을 지속 제고하여, 동북지역을 중국 식량공급의 안정적인 기지로 육성할 계획임.

(대외개방 및 관광산업)

ㅇ 규획은 동북지역의 특성인 변경, 해양, 역사를 활용한 관광산업의 발전을 강조하고 있음.

ㅇ ▲랴오닝성 단둥과 지린성 훈춘, 투먼 등 지역의 변경관광 산업, ▲고구려(랴오닝성 환런, 지린성 지안 등), 발해(헤이룽장성 무단장), 요, 금, 원, 청 시기의 역사노선을 문화관광 노선으로 확대 개발하는 전략을 추진 중에 있어, 랴오닝성과 지린성내 소재한 우리민족과 연관성이 있는 지역 및 북한과 접하고 있는 압록강, 두만강 지역이 중북간 협력차원에서 관광자원으로 활용될 수 있을 것으로 관찰됨.

– 창춘신구는 동북아 국제내륙항, 공항 및 두만강 지역 협력개발을 모색하고 있어, 기존의 훈춘경제합작구 등이 활용된 두만강 지역 프로젝트에 더하여 북한과의 협력 추진에 또 다른 모멘텀이 될 가능성

○ 소수민족 거주지와 변경지역에서는 흥변부민을 통해 지역경제 균형 발전정책이 추진되는바, 랴오닝성 단둥의 변민호시구와 지린성 연변지역(훈춘, 허룽)에서는 관광협력을 위한 출입국 정책, 중북 관광협력 등이 지역경제 발전 차원에서 추진될 수 있을 것으로 보임.

※ 흥변부민(興邊富民) : 중국의 변경지역 개발전략으로 특수성에 맞는 변경지역을 발전시켜 지역주민의 경제상황을 부유하게 하는 전략

3. 협력 플랫폼 구축

○ 규획은 13·5기간 지역 간 및 주변국과의 협력을 통한 발전을 강조하고 있는바, ▲랴오닝성은 한국, 일본, 독일(제조산업단지 조성)과의 협력이 ▲지린성은 변경국가(북한, 러시아)와의 협력이 ▲헤이룽장성은 러시아, 몽골과의 협력이 강조되고 있음.

특히 랴오닝성 다롄에 한·중·일 순환경제(재활용 경제) 시범기지 건설을 직접 언급하고 있으며, ▲중국–동북아 박람회, ▲중러박람회, ▲중몽박람회, ▲중러몽 경제무역합작상담회 등 대형 행사를 통한 국제플랫폼 구축을 지원하고 있는바, 이러한 국제협력 무대는 동북지역 내 한–중 협력의 중요한 플랫폼으로 활용할 수 있을 것으로 평가됨.

〈동북진흥 13·5 규획〉을 중심으로 기존 동북진흥전략(대표 전략은 〈동북진흥 12·5 규획(東北振興十二五規劃)〉, 이하 '구전략')과 비교해본다면, 신전략은 국유기업 개혁과 산업구조 조정 및 업그레이드를 통한 경제시스템 전반의 변화 방향에 대해 보다 구체적으로 제시하고 있다는 점을 주목할 수 있다. 몇 가지 특징을 살펴보도록 하자.

첫째, 신전략은 구전략에 비해 정부와 국유기업의 영역을 줄이는 동시에 민간 영역을 확대하려는 계획을 보다 명확하게 제시하고 있다. 신

17 혼합소유제경제(混合所有制經濟) : 국가가 중앙 또는 지방의 국영기업을 통해 독점하던 기업 및 시장을 국가와 민영이 함께 소유하고 점유하는 혼합형 형태의 소유경제.

전략에서는 정부 차원에서는 각종 행정관리 절차를 간소화 하는 동시에 관리감독시스템을 강화하고자 한다. 이는 구전략에서는 제시되지 않은 부분으로써, 기존 중앙 및 동북 지역정부 당국의 관료주의적인 행정문화로 인해 개혁동력이 약화된다는 판단에 따른 조치로 파악된다. 또한, 신전략에서 국유기업 개혁과 민간경제(民營經濟)확대라는 긴밀하게 연관된 두 과제에 대해 보다 명확하게 제시했다는 점 역시 구전략에 비해 진일보한 부분이라 할 수 있다.

또 다른 특징은 국유기업 개혁에서의 혼합소유제 방식 도입의 필요성을 강조하고 있다. 기존에 중국 정부가 주도하는 재정 투입의 국유기업 개혁이나 인프라 개발이 주종을 이루었다면, 신전략은 민간 투자의 여력을 한층 제고하고자 한다. 가령, 주식제를 도입하여 국유기업의 지배구조 개선에 착수하고, 국유기업 개혁 과정에서 민간 자본의 지분투자 등을 허용하는 방식으로 추진하고 있다. 또한, 동북진흥기금을 조성하여, 개혁 조치에 필요한 재원을 마련하면서, 이 과정에서 민간 재원의 유입을 독려하고 있는 조치 역시 함께 참고해 볼 수 있다.

한편, 신전략에서는 민관협력(Public-Private-Partnership, 이하 PPP)을 독려하고 있다는 점 역시 주목해볼 수 있다. 그간 인프라 사업에 정부 재정투입과 국유기업의 자재 공급, 건설 프로젝트 참여 등이 주도했다면, 중국 중앙정부는 2014년 하반기부터 본격적으로 PPP방식을 활용하여 민간자본의 유입을 독려하는 기조를 견지하고 있다. 동북 지방정부 차원에서도 PPP 모델 도입 의지가 강한데, 이는 지방정부의 부채 증가 수준을 줄이는 한편, 민간 부문의 활성화를 의도하는 것이기도 하다. 비록, 동북지방정부 차원에서 PPP모델을 적극 활용하여, 추진할 수 있는지 여부는 좀 더 신중하게 판단해 볼 문제이긴 하나, 그럼에도 신전략에서는 PPP모델 도입의 중요성을 시사하고 있다.

신전략은 구전략보다 산업 업그레이드의 중요성과 방향성을 한층 강조하고 있다는 점 역시 주목할 특징이다. 기존의 특정 산업과 국유기업에 대한 개혁을 명시함으로서, 구전략보다 개혁 대상을 구체화된 것이 특징 중 하나이다. 가령, 룽메이그룹(龍煤集團), 지메이그룹(吉煤集團), 푸광그룹(阜礦集團) 등 석탄 과잉 생산 기업에 대해 구조조정을 주문하는 등 과거보다 한층 구체적인 지시를 담고 있다. 또한, 동시에 첨단 장비제조업, 기술장비 제조업, 선진적인 농업생산기지 등 산업 업그레이드 방향을 구체적으로 밝힘으로써 산업 구조조정의 방향성을 보다 명확히 하고 있다. 가령, 신전략에서는 장비제조업 분야의 산업 업그레이드 분야로 전력, 항공우주, 철도교통, 스마트제조업, 농업장비 등 세부 분야에서 향후 중점 상품과 이를 위한 동북 각 지역에 특정 산업기지를 제시하였다.

한편, 신전략은 중국 경제와 관련된 최신의 새로운 개념들을 반영하고 있다. 우선, 2016년부터 화두가 되었던 공급측 개혁을 동북개혁 조치의 중요한 개념으로 제시하고 있다. 중앙정부에서 중국 전역의 과잉생산, 과잉투자, 과잉설비 문제에 대해 공급측개혁(供給側改革)[18]을 강하게 추진하고 있는 만큼 동북의 중화학 공업기업은 개혁의 핵심 대상이고, 이들은 개혁과 함께 업그레이드 방향이 동시에 논의될 것이다. 또한, 중국제조2025(中國制造2025)[19], 인터넷플러스(互聯網+)[20] 등 최신의 산업 발전방향을 포함했다는 점 역시 눈여겨 볼 점이다.

신전략은 구전략보다 한층 적극적으로 동북 내 연계, 동북과 국내 타

18 공급측 개혁 : 공급측 개혁은 중국 경제발전을 위한 운용방식을 기존 수요측면에서 공급측면으로 전환하는 개혁 조치를 가리킴. 과잉생산설비 감축, 부동산 재고 해소, 레버리지율 감축, 기업의 원가 절감, 유효공급 확대 등을 핵심 목표로 제시하였음.

19 중국제조2025 : 중국이 2025년까지 제조업 선진화를 추진하는 중장기 산업발전전략으로 2025년에는 세계적인 제조업 선진국으로 부상하는 목표를 갖고 있음.

20 인터넷플러스 : 전산업에 걸쳐 인터넷을 비롯한 각종 ICT 기술을 접목하는 신산업 전략을 지칭함. 창업, 제조업, 농업, 금융 분야 등에 활용

지역과의 연계를 강조하고 있다. 이를 위해 동북 내 도로, 철도, 공항, 해운 등 인프라 시설을 대폭 개선하여 지역 내, 지역 간, 국외와의 연계성을 강화해 나갈 것이다. 또한, 이러한 인프라 정비를 기반으로 동북 내 다롄~하얼빈의 경제발전 주축을 완성하여, 랴오닝, 선양 경제구와 창지투, 동부경제발전축 등 중형 경제발전 축까지 통합하는 계획을 제시하고 있다(그림 3 참고). 동북에서 중국 대륙으로 진입하는 관문인 베이징–텐진–허베이 지역 역시 지역경제의 통합적 발전을 위해 징진지일체화(京津冀一體化)[21] 전략을 추진 중이다. 이에 징진지 지역과 주축지역과 연결시켜 중국 내륙과 동북의 연계성을 강화할 계획인 것이다.

그림 3. 중국 동북 주요 발전축

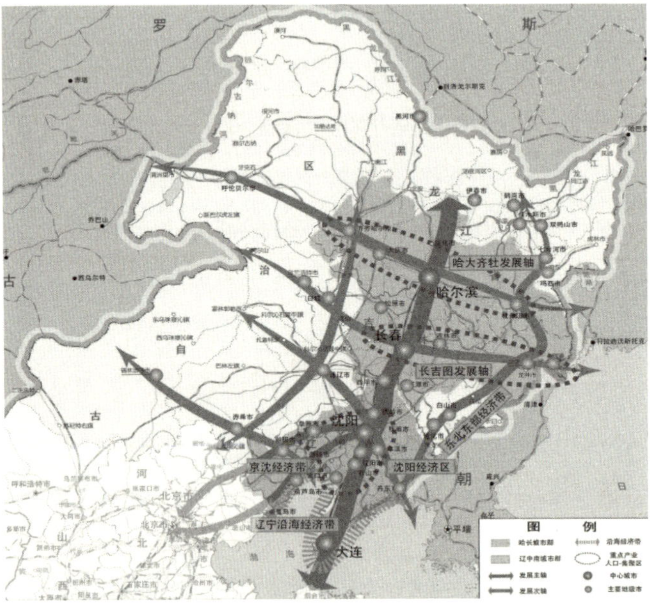

자료: 東北振興十三五規劃(2016)

---

21 징진지일체화(京津冀一體化) : 징진지 협동발전 전략은 비대해진 베이징(京)의 각종 행정기능을 텐진(津), 허베이(冀) 등 주변 지역으로 이전하여, 지역간 기능을 분담하고, 이를 통해 지역발전을 달성하는 지역개발전략임. 행정기능 이외에도 텐진과 허베이로 베이징의 일부 산업기능을 이전하고 역내 일체화된 교통네트워크를 구축하는 구상이 병행되고 있음.

신전략에서는 구전략과 대외개방의 방향성이 달라진 것이 큰 특징이다. 구전략이 동북의 연해지역으로의 개방, 동북아의 중심축으로서의 부상 등을 목표로 추진되었다면, 신전략에서는 일대일로(一帶一路)구상에 부응하여 동북의 북향(北向)으로의 발전을 독려할 계획이다.[22] 신전략은 일대일로 구상의 6대 경제회랑 중 하나인 '중·몽·러 경제회랑(中蒙俄經濟走廊)[23]'을 구축하는 과정에서 대(對)몽골, 대(對)러시아 도로, 철도, 항공, 항구, 통상구 등 각종 인프라 건설을 계획하고 있다. 구전략이 동북아 경제협력을 위한 동북 내 각 주요 지점의 기능적인 역할에 주목하였다면, 신전략은 일대일로 구상을 통해 동북 각 거점의 유라시아 대륙으로의 합류를 위한 기능을 강조하고 있다.

끝으로 신전략의 대외개방 세부 정책 중 외국과 공동 국제산업단지 건설 정책이 새롭게 제시되었다. 구전략에서는 '인진라이(引進來)'의 FDI, '조우추취(走出去)'의 ODI 등 기본적인 대외개방 전략을 독려하는 기조에서의 다소 모호한 정책 방향을 제시하였다. 신전략에서는 보다 이러한 대내외 투자 활성화 및 선진기술 습득 강화를 위한 구체적인 플랫폼 구축에 주안점을 두었다.

동북 내 각 지역별 국제산업단지를 조성할 정책을 수립하였다. 가령, 독일과의 첨단 기술 제조업 협력을 위한 중(국)·독(일)첨단 장비 제조업 산업단지(선양)는 이미 추진 단계에 진입한 상황이다. 이 정책이 외국의 단순 투자가 아닌 고급 기술이 수반된 투자를 유도한다는 점에서 신전략의 산업 업그레이드 기조에도 부응하는 측면을 살펴볼 수 있다. 가령,

---

22 다만, 일대일로 구상 하에서 중국 동북—한국의 경제협력 성과는 그다지 크지 않은 편으로 판단되고 있다. 한국 정부가 신북방정책과 중국 일대일로 구상의 융합 지점을 중국 동북으로 고려하고 있는 만큼, 동북 경제에 대한 면밀한 이해가 필요할 것이다. 참고: 김준영·이현태(2017)

23 중·몽·러 경제회랑 : 중·몽·러 경제회랑은 중국의 일대일로 전략, 몽골의 초원의 길 이니셔티브, 러시아의 유라시아 경제연합 추진 과정에서 3국의 합의 끝에 추진되는 교통물류망 구축을 통한 경제사회 벨트를 의미함.

창춘 중·한 국제합작시범구는 한국과 중국의 보다 심화된 경제협력의 플랫폼으로 활용하기 위해 조성되었다. 전자상거래, ICT 기술 접목 등 보다 고도화된 산업 협력의 공간으로 활용하고자 하며, 중국 동북에서도 국제협력의 새로운 모델로서 시도해 보고 있다.

5. 동북, 새로운 전진을 할 것인가

신전략은 분명 구전략에 비해 보다 명쾌하게 동북 경제의 발전상을 제시하고 있다. 정부와 국유기업 등 관(官)의 권한과 책임을 전반적으로 줄이는 동시에 민간 부문의 발전을 독려한다. 어떻게 이를 추진할 것인가?

우선, 국유기업에 대한 보다 엄정한 개혁 작업에 착수할 것이다. 결국 중앙 국유기업에 대한 개혁이 핵심인데, 중국 중앙정부에서 동북경제의 부흥을 위해 보다 집중적인 개혁조치를 취할 것으로 전망된다.

전통 산업의 구조조정과 업그레이드를 추진하고, 이 과정에서 민간에서 한층 자유롭게 참여할 수 있도록 하고, 산업 업그레이드는 보다 고부가가치의 상품 생산을 지향하면서 인터넷 등 새로운 기술을 접목할 것이다. 또한, 동북을 중심으로 전방위적인 지역 연계를 강화하여 발전 동력을 배가하고, 국제산업단지를 조성하여 외국의 자본과 고급기술을 유치할 것이다.

신전략, 과연 성공할 것인가

신전략이 제시된 지 이제 1년을 넘는 현재 상황에서 그 추진 성과에 대해 평가하기는 아직 성급하다. 다만, 제시된 전략과 정책 내용만 놓고 볼 경우, 혹자는 신전략이 구전략에 구체화되긴 했으나 전체 기조에서는 별반 차이가 없다고 평가하고 있다. 또한, 신전략이 여러 이상적인 정책들을 보다 구체화된 형태로 제시하긴 했으나, 실제 성공할지는 과거 경험에 비추어볼 경우, 회의적이라는 견해도 있다.

분명한 점은 동북진흥전략은 아직도 현재진행중인 전략이라는 점이다. 중요한 것은 결국 중앙 국유기업에 대한 진정성 있는 개혁을 추진하는 동시에 구조조정 이후, 각 기업이 보다 발전된 산업으로 자연스럽게 연결되는 것이 핵심일 것이다. 결국 성공여부는 중국 정부의 실제 개혁 집행의지에 달려있을 것이다. 그리고 만약 신전략이 성공적으로 추진된다면, 동북은 새로운 발전의 공간으로 부상할 것이다.

제 2 장

동북진흥을 이끄는 30대 기업

- 안강주식회사
- 선양지황주식회사
- 양신송로봇자동화주식회사
- 동환그룹주식회사
- 동베이제약그룹주식회사
- 선양진산에너지주식회사
- 하이항투자그룹주식회사
- 롄메이량즈주식회사
- 다롄화루이중공그룹주식회사
- 푸순특수강주식회사
- 창바이산뤄여우주식회사
- 창춘이치푸웨이자동차부품주식회사
- 지린화웨이전자주식회사
- 지린야타이그룹주식회사
- 창춘어우야그룹주식회사
- 지린화셴주식회사
- 창춘고신기술산업그룹주식회사
- 중강국제공정기술주식회사
- 지린선린공업주식회사
- 지린고속도로주식회사
- 항톈커지홀딩그룹주식회사
- 헤이룽장베이다황농업주식회사
- 하얼빈공조주식회사
- 다칭화커주식회사
- 완샹더농주식회사
- 하얼빈동안자동차동리주식회사
- 무단장형펑즈예주식회사
- 자통타이어주식회사
- 둥팡그룹주식회사
- 하야오그룹주식회사

Introduction

본 장 「동북진흥을 이끄는 30대 기업」에서는 향후 동북진흥전략을 선도할 것으로 판단되는 30대 기업을 선정하여 분석하였다.

먼저 기업의 설립 배경과 시기를 살펴보고, 재무제표(財務諸表)를 살펴보았다. 최근 2 3년간 각 기업의 매출총이익 및 기업의 주력 상품들을 제시하고, 동일 업종 내 중국 경쟁기업 리스트(list)를 작성하여, 현재시점에서 기업 경쟁력을 평가할 수 있도록 하였다.

당해 연도의 재무제표를 14개 항목에 따라 작성하였기 때문에 기업의 규모, 현금유동, 부채관계 등을 통해 기업경영 현황을 파악하고, 당해 연도의 분기별 현황을 분석함으로서, 기업의 경영 전반을 점검할 수 있는 근거를 제시하고자 하였다.

다음은 기업의 지배구조 관점에서 지분 소유에 따른 최대 지배관계를 밝히고, 숨겨져 있던 보이지 않는 최종지배와의 관계를 파악하고자 하였으며, 기업의 주요 경영진들을 분석하여, 기업의 거버넌스 구조에 대해 파악하고자 노력하였다.

마지막으로 기업의 중단기전 전망을 통해 향후 동북의 기업이 시장에서 어떻게 살아남아 동북의 경제 활력을 이끄는 동북진흥을 계속할 수 있을지에 대한 전망을 담았다.

이 부분은 기업의 객관적인 자료와 지배체제의 특성 등을 고려하여 중장기적 시각에서 전망된 것으로, 우리기업의 ▲동북지역 진출, ▲동북기업과의 협력, ▲자본 및 기술 투자 등에 있어 가장 핵심적인 판단 근거가 될 수 있을 것으로 생각한다.

1
안강주식회사 鞍鋼股份有限公司

◉ 기업 기본 개요

기업명	안강주식회사 鞍鋼股份有限公司 Angang Steel Company Limited
산업 분야	철강 생산, 판매, 유통
소재지	선양에서 82㎞ 거리 • 중국 랴오닝성 안산시 철서구 안강공장구(우편번호 114021) • 中國 遼寧省 鞍山市 鐵西區 鐵西區 鞍鋼廠區(郵編 114021)
종업원 수 (2016년말)	37,363명 (▲母회사 36,364, ▲子회사999, ▲기술직원 36,364명)
산업 랭킹 (2017년 3월)	중국 보통철강 업계 총자산 순위 4위
기업 홈페이지	http://www.ansteel.com.cn
대표 연락처	86-0412-6753535

◉ 기업 발전 과정

랴오닝성 안산시는 선양시의 경제광역권으로서, 안산시 진입 입구에 말안장(馬鞍)과 같은 봉우리가 산(山)을 이루고 있는 데서 안산(鞍山)의 이름이 유래하였다. 안산은 35종류의 광물자원을 보유하고 있는데, 특히 철광 매장량은 100억 톤에 달하고 있어 이를 바탕으로 안산철강그룹과 철강산업 벨트가 형성되었다고 할 수 있다.

1. 안강그룹의 설립 과정

【일제의 산업벨트 확보】

○ 일본은 러일전쟁(1904년) 후 러시아와 맺은 포츠머스 조약(1905년)에 따라, 러시아가 관할하던 남만주철도(창춘에서 다롄까지의 철도)권을 넘겨받고, 랴오동반도의 뤼순(旅順)과 다롄(大連)을 조차지(租借地)로 삼았으며, 남만주철도주식회사(南滿洲鐵道株式會社)를 설립(1906년)하여 만주지역(동북3성)의 경제적 진출을 위한 본거지를 확보한다.

○ 만철 총재 중촌웅차랑(中村雄次郎)은 1909년 8월 안산시의 탐광(探鑛) 작업을 통해 10여 곳의 광산을 발견하고, 안산시가 보유하고 있는 철강자원의 산업활용을 위해 청나라 봉천교섭사(奉天交涉司) 우충한(于冲漢)과 봉천만철공소(奉天滿鐵公所, 만철 봉천지역 기관) 겸전미조(謙田彌助) 소장(所長)의 이름으로 「중일 합판진흥 철광무한공사(中日合辦振興鐵鑛無限公司)」의 설립을 합의하고, 1916년 7월 만철이 자본금 14만 엔(일화)을 전액 투자하여, 중일 합판진흥 철광무한공사(中日合辦振興鐵鑛無限公司) 총국을 봉천(선양)에 설립하고, 안산시의 채광권을 확보한다.

【만철의 안산제철소 설립】

○ 만철은 1916년 일본정부로부터 안산제철소 설립을 비준 받고, 팔전우태랑(八田鬱太郎)를 초대소장으로 선임, 1918년 5월 15일 안산제철소(鞍山製鐵所)를 설립하였으며, 1919년 3월 코크스공장, 4월 29일 1호 용광로가 가동되었다.

【만철의 소화제강소 설립】

○ 만철은 조선 신의주에 설립하기로 하였던 소화제강소(昭和製鋼所)를

1933년 6월 안산에 설립(투자액 1억 엔)하여 안산제철소를 합병하고, 오당탁웅(五堂卓雄)이 초대 사장으로 취임하면서 소화제강소 경영(당시 직접고용인원 3900명)이 시작되었고, 1940년 12월 7일에는 중일 합판진흥철광무한공사를 합병한다.

○ 소화제강소는 만주지역 군비산업 확대의 영향을 받으며 채광, 선광, 제련, 압연 등에서 급속한 발전을 보이기 시작하였고, 1941년부터는 ▲철 250만 톤, ▲강정(鋼錠)(steel ingot) 130만 톤, ▲강재(鋼材)75만 톤의 생산능력을 갖추기 시작(당시 일본 철 생산능력의 28.4% 비중)하였으며, 1943년에는 ▲철 130만 톤, ▲강(鋼)84.3만 톤, ▲강재(鋼材) 49.5만 톤을 생산하여 연 최고 생산량을 기록한다.

※ 1935년부터 일제가 만주에서 철수하는 1945년까지 안산에서의 누적생산량은 철 905.6만 톤, ▲강 547.4만 톤, ▲강재 327.8만 톤에 달하였다.

○ 중국은 일제가 남겨놓은 소화제강소를 기반으로 하여 1948년 안산강철공사를 성립하고, 1949년 7월 9일부터 생산을 시작하여 현재에 이른다.

2. 현재 생산규모

○ 안산철강은 '중국 철강산업의 요람지'라고 하는 별칭을 갖고 있을 만큼 중국 철강산업 발전을 이끈 기업으로서, 1949년부터 2014년까지 누적 생산량은 철 5.09억 톤, 강 5.11억 톤, 강재 4.01억 톤이며, 세금납부액은 1,695.22억 위안에 이른다.

○ 현재 안산(鞍山), 영구시(營口市) 바위취안신구(鲅魚圈新區), 차오양(朝陽) 등 3개 생산 공장에서 700개 종류 25,000 규격의 철강 상품을 생산하고 있으며, 연간 ▲철(鐵) 16,000만 톤, ▲강(鋼) 1600만 톤, ▲강재(鋼材) 1500만 톤의 종합 생산 능력을 갖추고 있다. 특히 2008년부터 생산

을 시작한 발해만의 바위취안신구 공장은 저탄녹색제조를 통한 친환경 철강제조의 중요한 생산기지가 되고 있으며, 세계 최대 규격의 55000㎜의 보드 압연을 생산하고 있다.

○ 안강은 채광, 선광, 제련, 제강, 압연 제철(製鐵), 제강(製鋼), 강철압연 등 종합 기술을 기본으로 내화(耐火), 운수, 기계, 야금(冶金). 건설, 설계, 자동화 등으로 산업 영역을 확대하고 있다.

– ▲열간 압력판은 냉각압연판, 아연도금판, ▲채도판은 냉각실리콘판, 중량레일, 무봉강관, 형재(型材), 건재 등 완제품을 생산하며, ▲ISO 9002 품질시스템, ▲9개국 선박사의 선박용강 품질, ▲API 석유관 품질. ▲영국 로우스컴퍼니의 CE 표준인정서(건축재료), ▲IS14000 환경관리 체계와 OSHMS 전문 안전 건강관리시스템 등의 기술을 인정받고 글로벌 경쟁력을 제고 중에 있다.

○ 국무원 국유자산감독관리위원회(國務院國有資産監督管理委員會)은 2010년 5월 안산강철그룹과 판강그룹을 구조조정하면서 현재의 안강그룹회사(안강)를 탄생시켰고, 2017년 1월 25일 안산강철그룹유한회사로 변환 등기하였다.

【구조조정과 글로벌 전략】

○ 현재 안강은 철강업계의 과잉생산에 따른 구조조정과 친환경 산업으로의 산업전환을 안강이 직면한 가장 큰 문제로 생각하고 있으며, 이에 따라 안강은 산업 구도변화(내륙에서 연해로, 중국에서 세계로), 수출확대(상품 다양화 및 기술수출), 기술혁신(핵심기술과 선도기술을 중심)을 통해 국제화 전략과 기술발전 전략을 추진 중에 있다.

○ 안강은 한국 현대상선, 벨기에 BAKAERT, 영국 VESUVIUS, 미국 GE 사 등과 전략적 협력을 추진 중에 있고, 호주의 채굴 회사 Gindalbie Metals의 지분 36.28%(최대주주), 이탈리아 웨이자뤄(維加諾)사의 지분 60% 소유하

고 있으며, 영국 스탄커(斯担科)그룹과 스페인에 철강 판매 합자회사를 미국 강발전(鋼發展)회사와 미국에 철강 공장을 경영 중에 있다.

◉ 기업 경영 현황

1. 안강그룹은 1997년 12월 안강주식회사(鞍鋼股份有限公司)를 선전증시와 홍콩증시에 상장하였다.

○ 안강그룹은 ▲안강주식회사(鞍鋼股份有限公司)/ 다롄 화야롄자동 유한회사(大連華冶聯自動有限公司)/ 안산 지동시멘트 유한책임회사(鞍山冀東水泥有限責任公司)/ 잉커우 안강수업 유한회사(营口市鞍鋼水業有限公司)의 주식 50% 이상을 소유한 지주회사이며, ▲안강 광업회사(礦業)/ 안강 국제경제무역회사(國際經濟貿易)/ 안강 재무유한책임(财務有限責任)/ 안강 자동화(自動化) 회사/ 안강 내화재료(耐火材料)회사/ 안강 설계연구원(設計研究院)/ 안강 부동산관리(房産物業) 회사/ 차오양 강철회사(朝陽鋼鐵)의 지분 100%를 소유하고 있다.

2. 안강주식회사 최근 2년 주요 재무제표

❶ 2016년

항목	연말	연초
유동자산	20,129,576,434.13	18,599,700,456.00
비유동자산	4,618,807,308.84	3,689,936,723.27
유동부채	18,220,547,125.96	14,088,888,070.06
비유동부채	5,753,807,301.28	5,941,461,800.71
매출액	6,243,792,555.67	638,900,760.01
매출원가	7,770,764,374.14	7,183,782,764.20
경상이익	-1,490,531,941.90	-752,530,283.87

항목	연말	연초
순이익	-1,437,441,786.58	-639,874,048.28
영업활동현금유입	4,334,112,417.90	3,978,348,520.50
영업활동현금유출	6,269,797,585.46	6,839,422,485.62
영업활동현금유출입순이익	-1,935,685,167.56	-2,861,073,965.12

단위 : 위안(RMB)

❷ 2015년

항목	연말	연초
유동자산	23,595	26,624
비유동자산	65,001	64,667
유동부채	43,004	36,751
비유동부채	1,911	6,344
매출액	52,759	74,046
매출원가	570,27	73,154
영업이익	-3,873	1,565
경상이익	-3,763	1,579
순이익	-4,600	924
영업활동현금유입	47,986	65,234
영업활동현금유출	42,849	63,097
영업활동현금유출입순이익	5,137	2,137

단위 : 백만위안

3. 안강주식회사 경영 현황

❶ 기업 주요 인사

○ 야오린(姚林) 동사장(董事長)

※ ▲베이징과기대학(北京科技大學) 기계전자공정 전공, 박사, ▲1988년 안강그룹 입사, ▲냉간압연공장장, ▲안강주식회사 총경리, ▲안강그룹 부총경리, 당상무위원, ▲판강그룹 동사장 등 역임

○ 왕이동(王義棟) 총경리(總經理)(월급 26.61만 위안)

○ 리종우(李忠武) 부총경리(월급 17.3만 위안)

○ 마렌(馬蓮) 재무총감(財務總監)(월급 25.43만 위안)

❷ 기업총자산 / 기업부채(2016년) : 880.69억 위안 / 427.81억 위안

❸ 주식발행 현황

○ 주식상장 시기 : 1997년 12월 선전증시와 홍콩증시에 상장

○ 총발행 주 : 72.35억 주

(발행가 3.9위안/2017.5.2 현재 1주당 가격 5.38 위안)

○ 유통주 : 61.49억 주

○ 최대주주 : 안산강철그룹유한회사(62.7%)

※ 실제로는 국무원국유자산감독관리위원회(國務院國有資產監督管理委員會)가 지배

❹ 안강주식회사와 최종 지배주주와의 관계도

국무원국유자산감독관리위원회
(國務院國有資產監督管理委員會)

⇓ 100% 소유

안강그룹회사
(鞍鋼集團公司)

⇓ 100% 소유

안산철강그룹유한회사
(鞍山鐵鋼集團公司有限公司)

⇓ 67.29% 소유

안강주식회사
(鞍鋼股份有限公司)

❺ 최근 2년간 매출

가. 2016년

○ 매출총이익 : 577.42억 위안

○ 매출총이익률(gross profit ratio to sales) : 13.31%

○ 매출총이익 판매상품별 구분

 — ▲냉간압연 박판 계열 44.70%, ▲열간압연 박판계열 38.50%, ▲중후판 16.79%

○ 매출총이익 판매지별 구분

 — 중국국내 : 90.59% / 대외수출 : 9.41%

나. 2015년

○ 매출총이익 : 526.86억 위안

○ 매출총이익률(gross profit ratio to sales) : 6.24%

○ 매출총이익 판매상품별 구분

 — ▲냉간압연 박판 계열 42.75%, ▲열간압연 박판계열38.62%, ▲중후판18.63%

○ 매출총이익 판매지별 구분

 — 중국국내 : 85.93% / 대외수출 : 14.07%

4. 거시 전망

○ 강재, 금속제품을 생산 개발하는 중국의 대표적인 철광자원 그룹이며, 국무원이 추진 중인 동북진흥정책의 기반기업으로서, 동북지역의 전략적인 경제발전 추진에 따라 철강 등의 수요에 있어 크게 수혜를 받을 것으로 전망된다.

○ 국무원 국유자산감독관리위원회의 감독을 받고 있어 구조조정 시기에는 별다른 변동은 없을 것이나, 구조조정을 마친 이후 큰 폭의 변동이 예상된다.

2
선양지창주식회사 瀋陽機床股份有限公司

◉ 기업 기본 개요

기업명	선양지창주식회사 瀋陽機床股份有限公司 SHENGYANG MACHINE TOOL. CO. LTD
산업 분야	• 선반, 설비, 중장비, 중장비부품, 스마트공장 등 제조생산 / 금속, 기계 가공 • 기계 판매, 유통, 임대, 무역 등
소재지	(선양역에서 약 20㎞) • 중국 랴오닝성 선양시 경제기술개발구 개발대로 17갑 1호(우편번호110142) • 中國 遼寧省 瀋陽市 經濟技術開發區 開發大路17甲1號(郵編110142)
종업원 수 (2016년말)	12,385만 명(▲母회사 8,412, ▲子회사3,973)
산업 랭킹 (2017년 3월)	중국 선반제작 업계 총자산 순위 1위
기업 홈페이지	http://www.smtcl.com
대표 연락처	86-024-25190865(Fax 25190877)

◉ 기업 발전 과정

1. 설립 과정

【합병을 통한 선반 최대기업 탄생】

○ 선양지창(瀋陽機床) 주식회사는 선양시경제체제개혁위원회가 1993년 5월 선양에 소재하고 있던 ▲선양디이지창창(瀋陽第一機床廠), ▲중제요

우이창(中捷友誼廠), ▲선양디산창(瀋陽第三廠), ▲랴오닝정미이창(遼寧精密儀廠) 등 4개의 선반(旋盤) 공업 제작사를 통합하여 선양에 설립한 중국최대 규모의 종합 선반, 설비 제작사이다.

【합병 전 모태기업에 대하여】

■ 중제요우이창(中捷友誼廠)

- 선양지창의 모태기업이 되는 중제요우이창(中捷友誼廠)은 1933년 일제 만주국 시절 총과 대포를 주로 생산한 일본만주공작기계주식회사(日本滿洲工作機械株式會社)를 전신으로 중국정부에 의해 설립되었다. 종전과 함께 만주공작기계주식회사를 국유화한 중국정부는 회사명을 선양디얼지촹창(瀋陽第二機床廠)으로 변경하고, 회사를 운영하였으며, 제1차 5개년경제발전계획(1953~1957년)의 156개 중점 프로젝트에 중제요우이창을 포함하여 정부주도로 적극 육성하였다.
- 이후 체포슬로바키아와 기술 협력을 강화하였고, 체코해방 15주년을 기념하는 1960년 5월 4일 양국은 이를 기념하기 위해 회사명을 중제(중국·체코)인민요우이공창(中捷人民友誼廠)으로 이름을 변경하였고, 80년에 다시 중제요우이창(中捷友誼廠)으로 변경하였다.
- 중제요우이창은 1950년대 중국최초의 수평식 보링머신(boring machine)과 레이디얼 드릴링머신(radial drilling machine)을 생산하면서 신중국 초기 기계공업발전의 중요한 역할을 한 것으로 평가받고 있다.
- 중제요의창에서 1955년부터 9년을 근무한 저우자화(鄒家華) 공장장이 이후 국무원에 입성하여 공업과 국방 관련 산업의 부서를 이끌었고, 중국 개혁개방 초기인 1991년부터 1995년까지 국무원 부총리를 역임한 사실은 중제요우이창의 공업적 기반의 중요성을 잘 설

명해 주고 있다고 할 수 있다.

■선양 디이지창창(瀋陽第一機床廠)

○ 일제 만주국 시절인 1935년 설립된 미쓰비시기계주식회사(三菱機器株式會社)를 중국정부가 국유와 하여 1953년 선양디이지창창(瀋陽第一機床廠)으로 사명을 변경하였다.

○ 중국정부는 1953년 당시 6,113만 위안을 직접 투자하여 공장의 기술력을 제고하였으며, 이후 소련의 관리와 기술을 받아들여 선반 C620-1을 생산하는데, 이는 중국의 기술로 최초 생산된 공업선반으로 기록되어 있다. 1955년 2,800대 선반제작 생산 능력을 갖추었으며, 1966년에는 경운기, 자동차, 석유관 등의 제품을 포함하여 연간 5,000대의 생산 능력을 갖추었다.

○ 이후 일본, 독일과 기술 합자를 통해 발전을 거듭하였으며, 1993년 S1-MAZAKQT-30N 자동화 선반을 생산하였다.

【중국 공업기술 선도】

○ 4개 선반 제작사의 합병을 통해 1993년 새롭게 탄생한 선양지촹주식회사는 1996년 구조조정을 마치고, 장쩌민(江澤民) 국가주석이 1999년 8월 14일 선양지촹을 방문하는 등 중앙의 전폭적인 지원 아래 발전 하였으며, 2000년 5월, 전자동화 선반 월 생산 100대를 넘으면서, 중국공업의 새로운 역사를 기록한 것으로 평가된다.

○ 자산규모는 2007년 백억 위안, 2015년 200억 위안을 넘었고, 유인우주선 선저우6호(神舟6號) 제작 프로젝트 직접 참여 등을 통해 최신 기술을 인정받았으며, 중국 공업발전을 주도한 「중국 10대 창조기업」으로 선정되기도 하였다.

○ 고성장을 멈추고 뉴노멀 상태로 진입한 중국의 경제상태 아래에서 기업 조직 관리, 국영경영방식, 경쟁업체 출현 등으로 장비제조업 분야의 성장이 저하되면서 최근 몇 년부터 적자경영을 하고 있다.

○ 기업 구조조정과 함께 「중국제조 2025」, 「인터넷 플러스」 등의 정책을 통해 신제조업의 생산성 향상을 추진 중이며, ▲부품산업 다양화, ▲생산공정 스마트화, ▲서비스 다원화를 통해 새로운 발전을 추진 중이다.

◉ 기업 경영 현황

1. 지주회사

선양지창주식회사는 1996년 7월 18일 선양지창(瀋陽機床) 선전증시에 상장되었었으며, ▲선양제일선반공장(瀋陽第一機床廠), ▲중제선반유한회사(中捷機床有限公司), ▲선이선반공장(沈一車床廠), ▲중제보링머신공장(中捷鑽鏜床廠), ▲선이시스자동화선반(瀋一希斯數控機床)사업부, ▲중제리스(中捷立式)가공센터사업부, ▲청타오(成套)설비유한책임회사, ▲레이저(激光)기술사업부, ▲페이디아(菲迪亞)자동화선반유한회사 등 9개 회사의 지분 50% 이상을 소유하고 있다.

2. 선양지창주식회사 주요 재무제표

❶ 최근 3년 주요지표 대비

단위 : 위안(RMB)

항목	2016년	2015년	전년대비 증감	2014년
매출총이익	6,243,792,555.67	6,383,900,760.01	-2.19%	7814,944,029.43
상장주식 주주순이윤	-1,403,329,308.89	-638,033,996.16	-119.95%	25,578,595.12

항목	2016년	2015년	전년대비 증감	2014년
영업활동현금유출입순이익	1935685167.56	2861073965.12	-110.70	-64579681.52
총자산	24,798,383,742.97	22,289,637,179.27	11.26%	201,46,087,495.39

❷ 2016년 주요 재무제표

단위 : 위안(RMB)

항목	연말	연초
유동자산	20,129,576,434.13	18,599,700,456.00
비유동자산	4,618,807,308.84	3,689,936,723.27
유동부채	18,220,547,125.96	14,088,888,070.06
비유동부채	5,753,807,301.28	5,941,461,800.71
매출액	6,243,792,555.67	638,900,760.01
매출원가	7,770,764,374.14	7,183,782,764.20
경상이익	-1,490,531,941.90	-752,530,283.87
순이익	-1,437,441,786.58	-639,874,048.28
영업활동현금유입	4,334,112,417.90	3,978,348,520.50
영업활동현금유출	6,269,797,585.46	6,839,422,485.62
영업활동현금유출입순이익	-1,935,685,167.56	-2,861,073,965.12

❸ 2016년 분기별 재무제표 현황

단위 : 위안(RMB)

항목	1분기	2분기	3분기	4분기
매출총이익	1,638,517,669.16	1,507,174,292.28	1,159,966,077.51	1,938,134,516.72
경영활동현금유출입순이익	-696,536,939.60	-596,525,510.40	-358,779,751.04	-283,842,966.52

❹ 주요상품의 매출총이익

단위 : 위안(RMB)

상품명	영업수입	영업이윤	매출총이익률
자동선반기계 (數控機床)	4,716,350,200.67	-1,151,632,257.94	23.09%
	전년대비 -0.07%	전년대비 -94.21%	전년대비 -3.68

3. 주요임원 및 최근2년 영업이익

❶ 기업 주요 인사

○ 자오비아오(趙彪) 동사장(董事長) 겸 총재(總裁)(월급 38.70만 위안)

※ ▲1964년생(남), 공학 학사, ▲선양지창 입사후 부총경리, 총경리, 공회 주석, 당서기 등 역임. ▲ 2017년 1월 11일 동사장 취임

○ 장징잉(蔣晶瑛) 부총재(겸 재무총감)(월급 34.8만 위안)

○ 이쐉산(李雙山) 부총재(월급 36.7만 위안)

○ 장쿤(張昆) 감사(월급 30.4만 위안)

○ 동링윈(董凌雲) 행정총감(行政總監)(월급 36.7만 위안)

❷ 기업총자산/기업부채(2017년 3월) : 246.68억 위안/241.13억 위안

❸ 주식발행 현황

○ 주식상장 시기 : 1996년 7월 18일 선전증시에 상장

○ 총발행 주 : 7.65억 주(발행가 4.16위안/2017.5.17 현재 1주당 가격 7.25 위안)

○ 유통주 : 7.40억 주

○ 최대주주 : 국유법인 선양지창그룹유한책임회사가 230,671,780주 보유(30.13%)

※ 실제로는 선양시국유자산감독관리위원회(瀋陽市國有資産監督管理委員會)가 지배

❹ 선양지창주식회사와 최종 지배회사와의 관계도

선양시국유자산감독관리위원회
(瀋陽市國有資産監督管理委員會)

⇓ 94.14% 소유

선양지창그룹유한책임회사
(瀋陽機床集團有限責任公司)

⇓ 30.13% 소유

선양지창주식회사
(瀋陽機床股份有限公司)

❺ 최근 2년간 매출

가. 2016년

○ 매출총이익 : 57.87억 위안

○ 매출총이익률(gross profit ratio to sales) : 22.5%

○ 매출총이익 판매상품별 구분

– ▲자동화 선반 81.5%, ▲부품 8.67%, ▲보통 선반 7.67%

○ 매출총이익 판매지별 구분

– ▲동북지역 30.69%, ▲화동지역 25.57%, ▲중남지역 15.54%, ▲기타 지역 28.19%(해외판매 매출총이익 1.88억 위안)

나. 2015년

○ 매출총이익 : 58.31억 위안

○ 매출총이익률(gross profit ratio to sales) : 25.53%

○ 매출총이익 판매상품별 구분

– ▲자동화 선반 80.94%, ▲부품 29.5%, ▲보통 선반 12.86%

○ 매출총이익 판매지별 구분

– ▲동북지역 35.79%, ▲화동지역 20.03%, ▲화북지역 10.42%, ▲기타 지역 33.76%(해외판매 매출총이익 2.96억 위안)

❻ 선반제작 업계 주요 경쟁 기업(총자산 순)

○ ▲친촨지창(秦川機床)(산시성 바오지시), ▲칭하이화딩(青海華鼎)(칭하이성 시닝시), ▲르파징지(日發精機)(저장성 샤오싱시), ▲화밍좡베이(華明裝備)(산둥성 지난시), ▲야웨이구펀(亞威股份)(장쑤성 양저우시) 등

4. 거시 전망

○ 선양의 가장 대표적인 장비제조업체로서, ▲국유기업 관리 부실, ▲경쟁업체 과다 출현, ▲동북지역의 경제 하락 등으로 최근 몇 년 지속적인 적자 경영을 하고 있으며, 선양시국유자산감독관리위원회는 기업 구조조정을 통해 기업 경쟁력 제고를 추진 중에 있다.

○ 과잉공급 등에 따른 문제해결을 위해 자동화 제품 개발과 해외시장 진출을 적극추진 중에 있으며, 동북진흥과 공업4.0 전략에 수혜를 받는 기업으로 분석된다.

○ 랴오닝성 선양시는 지금「공업4.0」,「기능로봇 개발」등의 발전 전략을 통해 스마트도시를 건설하여, 기업들의 산업전환과 시장확대 등을 추진 중에 있는바, 향후 선양시의 산업전환 및 발전상황과 밀접한 관계를 맺으며 변화가 있을 것으로 전망된다.

○ 선양지창주식회사는 수년간의 재정적자가 적재되면서 2017년 말 현재 중국정부의 구조조정을 직접적으로 받고 있으며, 이러한 영향을 받아 향후 회사의 지분구조 및 자산 조정 가능성이 매우 큰 기업이다.

– 이에 따라 중국 증권거래소에서는 동 기업을 직접투자의 위험성이 매우 큰 '특별관리기업(ST, Special Treatment)'으로 분리하고 있는바, 자본시장에서 이는 실질적인 한계기업의 의미로 받아들일 수 있다.

3

선양신송로봇자동화주식회사
瀋陽新松機器人自動化股份有限公司

◉ 기업 기본 개요

기업명	선양신송로봇자동화주식회사 瀋陽新松機器人自動化股份有限公司 SIASUNROBOT&AUTOMATIONCO. LTD.
산업 분야	• 로봇, 특수로봇, 부품, 기계설비, 과학기술자동화, 군수산업 등 • 물류 · 창고 자동화, 기술자문, 해양장비, 공공로봇 설계 등
소재지	(선양역에서 약 13㎞) • 중국 랴오닝성 선양시 훈난신취 진후이제 16호(우편번호110168) • 中國 遼寧省 瀋陽市 渾南新區金輝街16號(郵編110168)
종업원 수 (2016년말)	3,611명 (▲母회사 2,539, ▲子회사1,072, ▲기술인원 2,364명)
산업 랭킹 (2017년 3월)	중국 로봇업계 총자산 순위 4위
기업 홈페이지	http://www.siasun.com, http://siasun.robot-china.com
대표 연락처	86-024-31699888(Fax 31680024)

◉ 기업 발전 과정

1. 설립 과정

○ 신송로봇은 중국과학원이 「국가첨단기술연구발전계획(國家高技術研究發展計劃)(863계획)」[24]에 따라, 2000년 랴오닝성 선양시에 설립한(설립

24 「국가고기술연구발전계획(863계획)」은 덩샤오핑(鄧小平) 중앙군사위원회 주석의 지원 아래 개방

당시 자본금 4,000만 위안), 로봇 생산, 판매 기업으로서 로봇 생산과 자동화기술을 핵심으로 동북의 첨단 로봇산업을 이끌고 있는 대표적인 기업이다.

○ 자동화기술, 부품, 최첨단 장비(裝備)의 선도(先導)를 기본 발전전략으로 삼고, ▲120스폿(spot) 용접 로봇, ▲RH6 아크용접 로봇, ▲관절수직자유 이동로봇, ▲스마트 물류시스템, ▲자동차제조 자동화 시스템, ▲검측자동화 시스템, ▲1,000㎡ 자동 청소 로봇, ▲carbon dioxide laser 등을 개발하여 시장상용화에 성공하면서 중국시장 로봇 시장을 주도하고 있으며, 특히 특수장비 및 스마트 서비스 로봇 분야에서 두각을 나타내고 있는바, 무인운반차량(Automated Guided vehicle) 로봇 분야는 중국 시장의 50%를 점유하고 있다.

○ 인공지능, 공업, 교통, 국방, 에너지, 생활형 로봇 등으로 기술개발 분야가 확대되고 있고, 수출 시장도 유럽, 아시아 등으로 확대되고 있다.(2016년 1.5억 위안 수출을 기록)

◉ 기업 경영 현황

1. 지주회사

○ 선양신송로봇자동화주식회사는(瀋陽新松機器人自動化股份有限公司), ▲베이징신송(北京新松佳和電子系統股份有限公司), ▲항저우신송(杭州新松機器人自動化有限公司), ▲상하이신송자동화(上海新松機器人自動化有限公司),

---

개혁 초기인 1986년 3월부터 중국 첨단기술산업 및 산업기지의 육성을 위해 추진된 첨단산업육성 전문 프로젝트로서, 동 시기 국가의 지원을 받아 중국 지방에서는 첨단기술 기업과 개발구가 활발히 설립되면서 중국첨단산업의 발전을 이끌었고, 2016년 2월 16일부터는 국가중점연발계획(國家重點硏發計劃)으로 변경 추진된다.

▲선양신송디지털구동(瀋陽新松数字驅動有限公司), ▲중커신송(中科新松有限公司), ▲선양중커텐다도신에너지장비(瀋陽中科天道新能源裝備股份有限公司), ▲상하이신송로봇(上海新松機器人有限公司), ▲닝보신송로봇커지(寧波新松機器人科技有限公司), ▲선양신송스카트구동(瀋陽新松智能驅動股份有限公司), ▲베이징후이저보위안로봇(北京匯澤博遠機器人投資有限公司), ▲선전시신송로봇자동화(深圳市新松機器人自動化有限公司), ▲상하이싱즈휘이창업(上海星至輝創業孵化器經営管理有限公司) ▲신송로봇국제(新松機器人國際有限公司), ▲타이저우시신송로봇커지혁신서비스센터(臺州市新松機器人科技創新服務中心)의 지분 50% 이상을 보유하고 있다.

2. 선양신송로봇주식회사 주요 재무제표

❶ 최근 3년 주요지표 대비

단위 : 위안(RMB)

항목	2016년	2015년	전년대비 증감	2014년
매출총이익	2,033,481,030.11	1,685,391,508.43	20.65%	1,523,535,056.67
상장주식 주주순이윤	410,773,622.59	394,823,483.47	4.04	325,669,994.34
경영활동현금 유출입순이익	-156,903,170.32	-119,021,040.97	-31.83	92,016,578.36
총자산	7,080,390,078.99	6,565,296,653.83	7.85%	3,242,622,263.73

❷ 2016년 주요 재무제표

단위 : 위안(RMB)

항목	연말	연초
유동자산	5,230,930,519.29	5,296,028,585.55
비유동자산	1,849,459,559.70	1,269,268,068.28
유동부채	947,131,112.99	853,079,216.53
비유동부채	497,276,724.12	432,174,630.13
영업총수익	2,033,481,030.11	1,685,391,508.43

항목	연말	연초
매출원가	1,722,371,853.19	1,422,292,054.78
영업이윤	318,784,177.40	327,232,401.90
경상이익	487,619,124.47	466,492,909.04
순이익	419,491,312.14	402,507,153.41
영업활동현금유입	2,048,809,277.37	1,713,026,667.11
영업활동현금유출	2,205,712,447.69	1,832,047,708.08
영업활동현금유출입순이익	-156,903,170.32	-119,021,040.97

❸ 2016년 분기별 재무제표 현황

단위 : 위안(RMB)

항목	1분기	2분기	3분기	4분기
매출총이익	354,384,575.51	534,662,996.33	356,790,503.06	787,642,955.21
경영활동현금 유출입순이익	-157,429,394.22	-112,066,230.78	-70,212,523.40	182,804,978.08

❹ 신송로봇 주요상품의 수익율

단위 : 위안(RMB)

상품명	영업수입	영업이윤	매출총이익률
공업 로봇	652891476.28	193825143.01	29.69%
	전년대비 26.06%	전년대비 10.94%	전년대비 -4.05
물류와 창고 자동화 시스템	651,753,082.45	236,765,098.75	36.33%
	전년대비 19.06%	전년대비 15.93%	전년대비 -0.98%
교통자동화 시스템	179247469.05	54429065.62	30.37
	전년대비 -5.95%	전년대비 4.16%	전년대비 0.57%

3. 주요임원 및 최근2년 영업이익

❶ 기업 주요 인사

○ 왕톈란(王天然) 명예동사장(董事長)(주식 225만주 소유, 1.64%)

※ ▲1943년생(남), ▲중국공정학원 원사(院士), 박사지도교수, ▲선양자동화연구소

소장, 국가로봇공정연구중심 주임 등 역임. ▲중국과학원 과학기술특상 수상(1999년) 등

○ 위하이빈(于海斌) 동사장

※ ▲1964년(남) ▲동베이 대학, 공학박사 ▲중국과학원선양자동화 연구소 소장 등 역임

○ 취다오쿠이(曲道奎) 부동사장(겸 총재)(월급 75.05만 위안)

○ 왕훙위(王宏玉) 부총재(월급 42.69만 위안)

○ 리정강(李正剛) 부총재(월급 35만 위안)

○ 진칭펑(金慶豊) 재무총감(財務總監)(월급 35만 위안)

❷ 기업총자산/기업부채(2017년 3월) : 73.16억 위안/16.38억 위안

❸ 주식발행 현황

○ 주식상장 시기 : 2009년 년 10월 30일 차이넥스트(chinext, 創業板) 상장

○ 총발행 주 : 15.60억 주(발행가 39.80위안/2017.5.17 현재 1주당 가격 19.70위안)

○ 유통주 : 15.14억 주

○ 최대주주 : 중국과학원선양자동화연구소가 3.94억 주 보유(26.04%)

※ 실제로는 중국과학원(中國科學院)이 통제

❹ 선양신송로봇자동화주식회사와 최종 지배주주와의 관계도

중국과학원
(中國科學院)

⇓

중국과학원선양자동화연구소
(中國科學院瀋陽自動化研究所)

⇓ 25.27% 소유

선양신송로봇자동화주식회사
(瀋陽新松機器人自動化股份有限公司)

❺ 최근 2년간 매출

가. 2016년

○ 매출총이익 : 20.31억 위안

○ 매출총이익률(gross profit ratio to sales) : 31.67%

○ 매출총이익 판매상품별 구분

- ▲공업 로봇 32.14%, ▲자동화와 검측 계통 32.09%, ▲물류와 창고 자동화 8.82%

○ 매출총이익 판매지별 구분

- ▲화동지역 44.21%, ▲동북지역 16.78%, ▲화북지역 10.82%, ▲기타 지역 20.18%(해외판매 영업수입 1.5억 위안)

나. 2015년

○ 매출총이익 : 16.76억 위안

○ 매출총이익률(gross profit ratio to sales) : 32.72%

○ 매출총이익 판매상품별 구분

- ▲공업 로봇 30.90%, ▲자동화와 검측 계통 32.66%, ▲물류와 창고 자동화 25.07%

○ 매출총이익 판매지별 구분

- ▲화동지역 53.31%, ▲동북지역 19.31%, ▲화북지역 10.05%, ▲기타 지역 17.33%(해외판매 영업수입 3,355.7만 위안)

❺ 로봇업계 주요 경쟁 기업(총자산 순)

○ ▲중지그룹(中集集團)(광둥성 선전시), ▲산구동리(陕鼓動力)(산시성 시안시), ▲중진환징(中金環境)(저장성 항저우시), ▲쥐싱커지(巨星科技)(저장성 항저우시), ▲싱위안환징(興源環境)(저장성 항저우시) 등

4. 거시 전망

○ 신송로봇은 중국 개혁개방 초기에 설립되어 중앙정부의 전폭적인 지원 아래 성장하고 있는 대표적인 중국의 로봇산업 기업으로서, 물류, 자동화, 청소 등에 있어 이미 시장 점유가 크고, 무인운반차량(Automated Guided vehicle)분야에서는 특허 보유는 물론 중국내 50% 이상의 시장 점유를 보이고 있다.

○ 중국은 2017년 인민대표대회 국무원 정부업무보고에서 처음으로 인공지능을 언급하였고, 이에 따라 인공지능 로봇산업을 국가 전략산업으로 발전 추진 중에 있는바, 인공지능 기술개발과 로봇산업 간의 일체적 산업성장 관계 속에 시장점유 확대와 성장이 예상된다.

4
동롼그룹주식회사 東軟集團股份有限公司

◉ 기업 기본 개요

기업명	동롼그룹주식회사 東軟集團股份有限公司 Neusoft Corporation
산업 분야	• 정보기술, 컴퓨터 응용을 통한 생산제조, 기술과 관리의 결합, 스마트 자동차/도시 등
소재지	(선양역에서 약 15㎞) • 중국 랴오닝성 선양시 훈난신취 진후이제 16호(우편번호110179) • 中國 遼寧省 瀋陽市 渾南新區 渾南新區新秀街2號(郵編110179)
종업원 수 (2016년 말)	18,052명 (▲母회사 6,603, ▲子회사11,449, ▲기술개발13,866명)
산업 랭킹 (2017년 3월)	중국 소프트웨어 산업부분 총자산 순위 7위(2017년 3월)
기업 홈페이지	http://www.neusoft.com
대표 연락처	86-024-83662115(Fax 23783375)

◉ 기업 발전 과정

1. 설립 과정

○ 동베이대학(東北大學)[25] 공대 교수로 재직중이던 류지런(劉積仁) 박사

25 동베이대학(東北大學)은 1923년 4월 개교당시 동북최대 군벌인 장쭤린(張作霖)의 지원으로 설립된 대학으로, 개교 당시부터 중국과학기술 발전을 최고의 목표로 설립되었으며, 장쭤린의 뒤를 이은 장쉐량(張學良)이 총장을 역임하면서 이공계의 학문적 발전을 적극 지원하기도 하였다. 현

와 2명의 교수가 3만 위안의 연구비를 투자하여 1988년 「컴퓨터네트워크연구실」을 설립하고, 1991년 「일본 ALPINE주식회사」와 합자로 「선양동공알파인소프트웨어연구소(瀋陽東工阿爾派音軟件研究所)」를 설립하였다.

○ 「선양동공알파인소프트웨어연구소」가 동베이대학 산하의 「동베이공학원개방소프트 웨어시스템주식회사」를 합병하였고, 1993년 「선양동다알파인소프트웨어주식회사(瀋陽東工阿爾派音軟件股份有限公司)」로 전환하였으며, 이후 동베이대학 산하의 소프트웨어 연구기관 합병 및 일본 TOSHIBA사의 투자(1996년) 투자가 시작된다.

○ 동다알파인소프트웨어주식회사(東大阿爾派音軟件股份有限公司)[26]의 상호로 1996년 6월 18일 상하이 증시에 상장하였으며, ▲바오강동롼(寶剛東軟) 정보산업주식회사, ▲동다알파인디지털의료주식회사, ▲동롼소프트웨어산업원 등을 설립하여 산업영역을 확대한다.

○ 기업관리, 의료보건소프트웨어 등의 분야에서 IT 산업을 선도하고 있으며, 중국최초로 CMM5급(2002년), CMM15급(2004년), PCMM Level5 (2011년)의 평가를 받은 소프트웨어 기업이다.

2. 발전 확대

○ 동다알파인롼젠(東大阿爾派音軟件)의 사명을 2001년부터 현재의 동롼(東

재 중국이공계열 최고명문대학 중 한곳으로서, 동베이대학 주변은 산학협력을 통한 IT창업기지가 형성되어 있어, 창업 인큐베이터기지로 불리고 있으며, 동롼은 동베이대학을 중심으로 하는 산학창업의 성공적인 사례 중 하나로 평가되고 있다.

26 동다알파인소프트웨어주식회사(東大阿爾派音軟件股份有限公司) : 동다(東大)는 기업의 모대가 되는 동베이대학(東北大學)의 의미이며, 알파인은 최초 투자사인 일본 ALPINE주식회사를 의미한다. 이후 회사명칭은 동롼(동베이대학 소프트웨어의 의미)로 변경되지만, 동롼은 미국, 일본, 독일, 네덜란드 등에서 투자한 중회합자회사이며, 동베이대학이 일정량의 지분을 소지하고 있으나, 동롼을 지배하지는 못하고 있다.

軟, Neusoft)로 변경하였으며, Philips, SAP, Intel, A&T, NEC사 등의 직접투자를 받아 합자형태로 경영되고 있다.

○ 소프트웨어 개발을 핵심으로 소프트웨어서비스, 소프트제조, 기술과 산업 간 결합 등에서 플랫폼과 서비스를 제공하고 있으며, 혁신과 글로벌 전략에 따라 지신산업의 연구개발 확대를 지속 추진하여, 전문화, IP화, 인터넷 구동 발전화를 추진하며 안정적인 성장을 추진 중에 있다.

○ 현재 207개 분야에서 750종의 소프트웨어 상품을 출시하여 운영하고 있고, ▲의료건강 및 사회보장, ▲스마트자동차 소프트웨어 개발, ▲스마트도시 건설, ▲기업 간 인터넷 영역 연결 확대 등의 분야에서, 생산과 관리를 위한 소프트웨어를 제공하고 있으며, 특히 중국내 12만 개 이상의 의료기관에 소프트웨어를 제공하고 있다.

◉ 기업 경영 현황

1. 지주회사

○ 동롼그룹주식회사는 선양에 본사를 두고 ▲선전동롼(深圳市東軟軟件有限公司), ▲베이징동롼(北京東軟集團有限公司), ▲산둥동롼(山東東軟系統集成有限公司), ▲상하이(上海東軟时代数碼 技術有限公司), ▲후난동롼(湖南東軟軟件有限公司), ▲청두(成都東軟系統集成有限公司), ▲시안동롼(西安東軟系統集成有限公司), ▲홍콩동롼(香港東軟有限公司),▲일본동롼(日本東軟有限公司), ▲광저우동란(廣州東軟集團有限公司), ▲다롄동관(大連東軟集團有限公司), ▲Neusoft Technology Solutions GmbH, ▲Neusoft Mobile Solutions Oy, ▲Neusoft EDC SRL 등 52개 사의 주식 50% 이상을 소유하고 있는 지주회사이다.

2. 동환그룹주식회사 주요 재무제표

❶ 최근 3년 주요지표 대비

단위 : 위안(RMB)

항목	2016년	2015년	전년대비 증감	2014년
영업수입	7,734,848,084	7,751,691,683	-0.22%	7,796,331,282
상장주식 주주순이윤	1,850,977,215	386,357,188	379.08%	255,692,006
경영활동현금 유출입순이익	147,252,418	287,460,671	-48.77	216,362,385
총자산	11,749,641,407	12,112,720,527	-3.00%	9,622,139,524

❷ 2016년 주요 재무제표

단위 : 위안(RMB)

항목	연말	연초
유동자산	6,508,818,992	7,419,048,749
비유동자산	5,240,822,415	4,693,671,778
자산총계	11,749,641,407	12,112,720,527
유동부채	2,997,403,809	4,610,491,805
비유동부채	698,005,921	1,110,044,018
부채합계	3,695,409,730	5,720,535,823
매출액	7,734,848,084	7,751,691,683
매출원가	7,671,191,248	7,641,080,282
영업이윤	1,657,806,288	137,116,338
경상이익	1,887,959,057	394,736,864
순이익	1,704,646,737	306,447,734
영업활동현금유입	8,784,692,576	8,714,548,798
영업활동현금유출	8,637,440,158	8,427,088,127
영업활동현금흐름순이익	147,252,418	287,460,671

❸ 2016년 분기별 재무제표 현황

단위 : 위안(RMB)

항목	1분기	2분기	3분기	4분기
매출액	1,561,021,594	1,821,267,156	1,546,776,810	2,805,782,524
영업활동현금 흐름순이익	-1,101,591,434	-228,199,364	-126,523,456	1,603,566,672

④ 동롼그룹주식회사 주요산업별 수익율

단위 : 위안(RMB)

산업별	영업수입	영업원가	매출총이익률
의료건강 및 사회보장	1,408,800,791	923,329,842	34.46%
	전년대비 2.36%	전년대비 -3.00%	전년대비 3.62%
의료설비	882,286,259	474,174,762	46.26
	전년대비 -46.27%	전년대비 47.09%	전년대비 0.84%
스마트자동차결합	1,094,144,900	872,292,195	20.28%
	전년대비 49.00%	전년대비 51.36%	전년대비 -1.24%
스마트도시	2,284,897,222	1,637,244,975	28.34%
	전년대비 9.32%	전년대비 5.76%	전년대비 2.41%
기업연관 및 기타	2,064,718,912	1,463,453,761	29.12%
	전년대비 8.15%	전년대비 8.63%	전년대비 -0.31%

3. 주요임원 및 최근 2년 영업이익

❶ 기업 주요 인사

○ 류지런(劉積仁) 동사장(董事長)(주식 412.12만주 소유)(월급 570만 위안)

※ ▲1955년 랴오닝 단둥 출생, 남, ▲동베이대학 컴퓨터응용학 전공, 중국 최초의 컴퓨터응용학 박사(1987년), ▲동베이대학 박사지도교수, 부총장, ▲동롼 창업

○ 왕용펑(王勇峰) 부동사장(겸 총재)(주식 219.02만주 소유)(월급 376만 위안)

○ 천시민(陣錫民) 부총재(겸 총재)(주식 45.13만주 소유)(월급 168만 위안)

○ 쉬훙리(徐洪利) 부총재(주식 87.14만주 소유)(월급 245만 위안)

○ klaus Micheal Zimmer, 부총재(겸 동롼 아시아 총괄)(월급 311.68만 위안)

○ 장훙(張紅) 감사(주식 23.98만주 소유)(월급 23.4만 위안)

❷ 기업총자산/기업부채(2017년 3월) : 112.26억 위안/30.39억 위안

❸ 주식발행 현황

○ 주식상장 시기 : 1996.6.18. 상하이증권거래소(※중국 최초의 소프트웨어

상장회사)

○ 총발행 주 : 12.43억 주(발행가 6.98위안/2017.5.17 현재 1주당 가격 14.55 위안)

○ 유통주 : 12.32억 주

○ 최대주주 : 다롄동롼홀딩스(※10대 주주의 주식점유비율 35.77%)

※ 시장유통이 주식이 67.45%를 넘으면서 최종지배주주는 없음

❹ 최종 지배주주와의 관계도

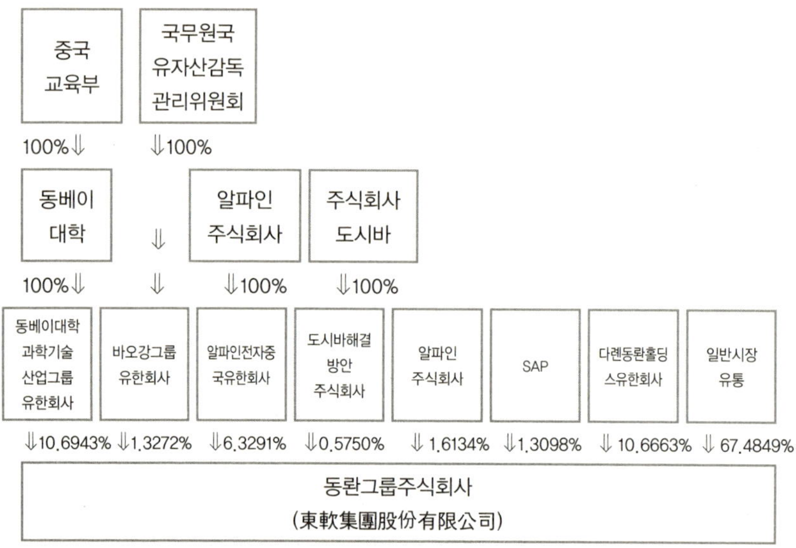

❺ 최근 2년간 매출

가. 2016년

○ 매출총이익 : 77.35억 위안

○ 매출총이익 판매상품별 비중

– ▲스마트도시 : 29.54%(22.85억 위안), ▲기업연관 및 기타 : 26.69%(20.65억 위안), ▲의료건강 및 사회보장 : 18.21%(14.09억 위안), ▲기타수입(스마트자동차, 의료설비 등) : 25.55%(19.76억 위안)

○ 각 상품판매별 매출총이익률(gross profit ratio to sales)

— ▲스마트도시 : 28.34%, ▲기업연관 및 기타 : 29.12%, ▲의료건강 및 사회보장: 34.46%, ▲스마트 자동차 : 20.28%, ▲의료설비 등 46.26%

○ 매출총이익 판매지별 구분

— ▲화북지역 22.21%, ▲화동지역 14.29%, ▲해외수출 20.92%(매출총이익 16.18억 위안), ▲동북지역 13.1%

나. 2015년

○ 매출총이익 : 78.02억 위안

○ 매출총이익 판매상품별 비중

— 시스템통합, 소프트웨어 상품판매, 기타 노무 : 79.26%(61.44억 위안), ▲의료계통서비스 : 19.84%(15.38억 위안), ▲기업관리서비스, 임대 : 0.83%(6447.66만 위안), 광고 0.07%(553.11만 위안)

○ 각 업무별 매출총이익률(gross profit ratio to sales)

— 시스템통합, 소프트웨어 상품판매, 기타 노무 : 27.54%, ▲의료계통서비스 : 45.44, ▲기업관리서비스, 임대 : 56%, ▲광고 : 91.73%

○ 매출총이익 판매지별 구분

— ▲중국내수 79%, ▲해외수출 21%

⑤ 전자소프트웨어 산업 주요 경쟁 기업(총자산 순)

○ ▲항톈신시(航天信息)(베이징시), ▲롄뤄후동(聯絡互動)(저장성 항저우시), ▲용여우왕뤄(用友網絡)(베이징시), ▲동화롼젠(東華軟件)(베이징), ▲제청구펀(捷成股份)(베이징시) 등

4. 거시 전망

○ 동환그룹은 동종업계 기업들의 출현과 경쟁력 강화가 이어지면서, 최근 몇 년 지속적인 영업 감소를 보이고 있으나, ▲의료건강 및 사회보장, ▲스마트자동차 연동, ▲스마트도시 건설, ▲기업 간 상호 연결 등의 분야에 있어 집중적인 시장확대 전략을 추진하고 있다.

– 스마트자동차 분야에서는 창안(長安), 지리(吉利), 화천(華晨), 볼보, 폭스바겐 등 중국내외 25개 자동차 회사의 자동화 생산 및 스마트자동차 제조에 참여하고 있어 중국 스마트자동차 시대의 진입에 있어 소프트웨어 분야의 중요한 기술확보 기업이 될 것으로 관찰된다.

○ 한편, 중국 국무원은 2017년 5월 「사회다층다양화의료복서비스(社會多層多樣化醫療服務的意見)」 등을 발표하면서 사회다층의 의료서비스 확대 정책과 이에 따른 인터넷 결합 의료서비스 시스템을 추진 중에 있는바, 중국 의료시장은 인터넷을 활용한 의료 서비스가 진료와 치료뿐 아니라, 미용, 보건, 간호, 건강관리 등의 영역으로 확대될 것으로 전망된다.

– 이와 관련, 동환은 이미 2만여 의료기관에 관련 소프트웨어를 제공하면서, 인터넷서비스 시스템 시장을 점유하고 있어 향후 동환그룹의 의료시장 점유 확대 전략은 지속 유지될 것으로 전망되며, ▲소프트웨어 기술의 중국화 확대, ▲랴오닝성을 포함한 동북지역 주요 도시의 스마트도시 건설 전략 등은 동환의 중요한 성장 동력이 될 것으로 전망된다.

5

동베이제약그룹주식회사 東北製藥集團股份有限公司

◉ 기업 기본 개요

기업명	동베이제약그룹주식회사(東北製藥集團股份有限公司) (NORTHEAST PHARMACEUTICAL GROUP CO. LTD.)
산업 분야	• 의약생물, 화학제약, 화학원료 의약제제, 약원료, 무균원료약재, 사료첨가제, 식품첨가제, 특수화학 화학제품. 포장재료 생산 및 유통 • 의약품개발 서비스 및 자문, 제품 및 기술 수출입 무역
소재지	(선양역에서 약 13㎞) • 중국 랴오닝성 선양시 선양경제기술개발구 쿤밍후제8호(우편번호110027) • 中國 遼寧省 瀋陽市 瀋陽經濟技術開發區 昆明湖街8號(郵編1110027)
종업원 수 (2016년 말)	8,265(▲母회사 4,107, ▲子회사4,158, ▲생산 5,119명)
산업 랭킹 (2017년 3월)	중국 제약업계 부분 총자산 순위 6위
기업 홈페이지	http://www.nepharm.com.cn
대표 연락처	86-024-25806963(Fax 25806300)

◉ 기업 발전 과정

1. 기업 특징

○ 동베이제약은 1946년 선양에 설립되어 화학합성과 생물발효를 기반으로 의약제제(製劑)상품을 생산하고 있는 동북지역 최대 종합의약생산 기업이다.

○ ▲비타민C계열, ▲포스모마이신(fosfomvcin) 계열, ▲내복액(oral solution) 계열 치료제, ▲설파다이아진(sulfadizine)(포도상균 임균질환 치료), ▲세팔로(cephalo) 계열의 항생제 등을 생산하며 비타민C계열의 생산량은 세계적인 수준에 달하고 있어, 중국 의약사업 발전 및 국민건강 보건에 큰 공헌을 하고 있는 기업으로 평가된다.

2. 발전 확대

○ 최근 환경보호관리를 통한 생산시설에 집중투자를 하면서 현재 선양시 최대의 종합오수처리 시설을 갖추고 있으며, 최근 구조조정과 기업변화를 통해 신약개발에 집중투자 하면서 항생제, 심혈관류, 소화, 결핵, 마취, 에이즈 등 800여 종의 의약 원료와 의약제제품을 생산하고 있다.

○ 중국 최초로 2002년에 에이즈치료제 「커두(KEDU)」, 「샤즈(SHAZHI)」 「하터(HATE)」 등을 개발하여 중국 의약시장에 에이즈 치료제를 공급을 시작하면서, 중국 의약제제 시장을 주도하였고, 이후 에이즈치료 및 예방을 통한 사회공헌도 높게 평가되는 기업이다.

◉ 기업 경영 현황

1. 지주회사

○ 동베이제약그룹은 선양에 본사를 두고, ▲상하이동야오한페이발전주식회사(上海東藥漢飛企業發展有限公司), ▲선양동베이수출입주식회사(瀋陽東北制藥進出口貿易有限公司), ▲선양동베이야오에이성화공주식회사(瀋陽東北藥维生化工有限公司), ▲선양동베이제약커지발전주식회사(瀋陽東北制科技發展有限公司), ▲동베이제약그룹제일제약유한회사(東北制藥集團瀋

陽第一制藥有限公司), ▲동베이제약그룹주식회사(東北制藥集團股份有限公司), ▲동베이제약그룹판매주식회사(東北制藥集團供銷有限公司), ▲선양동베이제약장비제조주식회사(瀋陽東北制藥裝備制造安裝有限公司), ▲싱공컴퓨터개발회사(星工計算機開發公司), ▲선양동베이즈야옥설계유한회사(瀋陽東北制藥設計有限公司), ▲동베이제약그룹랴오생물의약유한회사(東北制藥集團遼寧生物醫藥有限公司), ▲선양바이완운수유한회사(瀋陽百萬運輸有限公司), ▲동베이제약그룹선양위창커지유한회사(東北制藥集團瀋陽云創科技有限公司), ▲선양동루이커지유한회사(瀋陽東瑞科技有限公司), ▲선양동루이정시화공유한회사(瀋陽東瑞精细化工有限公司) ▲선양동루이포자재료유한회사(瀋陽東瑞包裝材料有限公司), ▲동야오우하이화공유한회사(東藥乌海化工有限公司), ▲선양카이옌서비스유한회사(瀋陽開颜物業服務有限公司), 상하이이동투자협력유한회사(上海益東投資合伙企業有限公司) 등 20개 사의 주식 50% 이상을 소유하고 있는 지주회사이다.

2. 동베이제약그룹주식회사 주요 재무제표

❶ 최근 3년 주요지표 대비

단위 : 위안(RMB)

항목	2016년	2015년	전년대비 증감	2014년
영업수입	4,814,401,659.98	3,834,432,030.67	25.56%	4,333,321,643.53
상장주식 주주순이윤	23,788,059.95	-384,357,789.29	106.19%	87,075,016.25
영업활동현금 유출입순이익	384,514,553.13	99,700,460.11	285.67%	46,990,983.70
총자산	9,789,980,904.20	8,692,634,280.31	12.62%	8,572,868,594.30

❷ 2016년 주요 재무제표

단위 : 위안(RMB)

항목	연말	연초
유동자산	5,039,966,442.75	3,898,138,442.23

항목	연말	연초
비유동자산	4,750,014,461.45	4,794,495,838.08
자산총계	9,789,980,904.20	8,692,634,280.31
유동부채	4,933,496,010.10	4,631,050,942.56
비유동부채	2,422,475,664.87	1,660,572,293.46
부채합계	7,355,971,674.97	6,291,623,236.02
매출액	4,814,401,659.98	3,834,432,030.67
매출원가	4,815,628,410.97	4,239,994,415.57
영업이윤	1,597,258.39	-403,166,076.40
경상이익	37,427,993.68	-406,892,478.64
순이익	26,345,157.40	-392,150,101.41
영업활동현금유입	4,582,585,930.26	3,368,426,753.53
영업활동현금유출	4,198,071,377.13	3,268,726,293.42
영업활동현금흐름순이익	384,514,553.13	99,700,460.11

❸ 2016년 분기별 재무제표 현황

단위 : 위안(RMB)

항목	1분기	2분기	3분기	4분기
영업수입	1,249,229,225.39	1,155,147,730.33	1,330,687,691.82	1,079,337,012.44
영업활동현금 흐름순이익	-48,810,273.02	126,819,067.84	-78,992,495.57	385,498,253.88

❹ 동베이제약 연구개발 분야 투자 비중

산업별	2016년	2015년	변동비율
연구개발인원(명)	864명	805명	7.33%
연구개발인원대비수량비율	11.68%	9.38%	2.30%
연구개발투입금액(위안)	78,692,266.08	78,692,266.08	6.61%
연구개발투입대비 영업수입 비율	1.63%	1.93%	-0.30%
연구개발투입자본화금액(위안)	22,126,456.18	4,938,840.79	348.01%
자본화연구개발투입대비 연구개발투입비율	28.12%	6.69%	21.43%

3. 주요임원 및 최근2년 영업이익

❶ 기업 주요 인사

○ 웨이하이쥔(魏海軍) 동사장(董事長)(월급 56만 위안)

※ ▲1964년생, 남 ▲석사, 공산당원, ▲선양시 광무국(鑛務局) 과장, 선양시 제4건축공정그룹 주임, 선양시위원회 정책연구실 처장, 선양시 인민대표대회 상무위원회 부비서장, 선양시정부연구실 주임 등, ▲2013년 7월 12일부터 동북제약 동사장(2019년 7월 10일 이임 예정)

○ 지용(汲涌) 부동사장(겸 총재)(월급 56만 위안)

○ 저우카이(周凱) 부총재(겸 총재)(월급 41.6만 위안)

○ 쉬훙리(張正偉) 부총재(겸 재무총감)(월급 41.6만 위안)

○ 장리동(張利東) 부총재(월급 311.68만 위안)

❷ 기업총자산/기업부채(2017년 3월) : 99.62억 위안/75.11억 위안

❸ 주식발행 현황

○ 주식상장 시기 : 1996.5.23. 선전증권거래소

○ 총발행 주 : 4.75억 주(발행가 6.68위안/2017.6.2 현재 1주당 가격 10.06위안)

○ 유통주 : 4.39억 주

○ 최대주주 : 동베이제약그룹(※10대 주주의 주식점유비율 43.87%)

※ 실제지배는 선양시국유자산감독관리위원회(瀋陽市國有資産監督管理委員會)

❹ 동베이제약그룹주식회사와 최종 지배주주와의 관계도

선양시인민정부국유자산감독관리위원회 (瀋陽市人民政府國有資産監督管理委員會)	중국둥팡자산관리회사 (中國東方資産管理公司)
97.84% 보유⇓	⇓2.16%보유

동북제약그룹유한책임회사 (東北製藥集團有限責任公司)

⇓21.50%

동베이제약그룹주식회사 (東北製藥集團股份有限公司)

❺ 최근 2년간 매출

가. 2016년

○ 매출총이익 : 48.14억 위안

○ 매출총이익 판매상품별 비중

— ▲의약제조 : 59.30%(28.55억 위안), ▲의약상업 : 38.47%(18.52억 위안), ▲기타 : 2.23%(1.07억5억 위안)

○ 각 상품판매별 매출총이익률(gross profit ratio to sales)

— ▲기타 : 10.24%, ▲의학제제(製劑) 판매 : 48.84%, ▲원료 판매 : 42.34%

○ 매출총이익 판매지별 구분

— ▲중국내수 84.52%(40.69억 위안), ▲해외수출15.48%(7.45억 위안)

나. 2015년

○ 매출총이익 : 38.34억 위안

○ 매출총이익 판매상품별 비중

— ▲의약제조 : 60.77%(23.30억 위안), ▲의약상업 : 36.73%(14.08억 위안), ▲기타 : 2.50%(9,576.86만 위안)

○ 각 상품판매별 매출총이익률(gross profit ratio to sales)

— ▲기타 : 11.544%, ▲의학제제(製劑) 판매 : 44.36%, ▲원료 판매 : 24.37%

○ 매출총이익 판매지별 구분

— ▲중국내수 82.022%(31.45억 위안), ▲해외수출17.98%(6.89억 위안)

⑥ **제약업계 주요 경쟁 기업**(총자산 순)

○ ▲하이정제약업(海正藥業)(저장성 타이저우시), ▲청즈구펀(誠志股份)(장시성 난창시), ▲허베이즈야오(華北製藥)(허베이성 사자좡시), ▲하이푸루이(海普瑞)(광둥성 선전시), ▲신허청(新和成)(저장성 샤오싱시) 등

4. 거시 전망

○ 랴오닝성 선양시가 운영하는 동북지역 최대 의약제제 생산기업으로서, 재정운영은 매우 안정으로 평가되나, 최근 중국 화공업계의 공급과잉과 이에 따른 영업이익의 감소가 이어지면서, 인력과 조직편제에 대한 구조조정의 요구를 받고 있으며, 선양시는 구조조정을 추진 중에 있다.

○ 동베이제약은 연구투자를 통한 신약개발과 에이즈 치료제의 확대 개발 및 수출 등을 통해 시장점유를 확보하려 하고 있으나, 단기적 회복은 쉽지 않을 것으로 전망되는바, 중단기적 변화보다는 장기적인 투자를 필요로 하고 있다.

6
선양진산에너지주식회사 瀋陽金山能源股份有限公司

◉ 기업 기본 개요

기업명	선양진산에너지주식회사(瀋陽金山能源股份有限公司) (SHENYANG JINSHAN ENERGY CO.LTD)
산업 분야	• 전력공급(화력, 풍력, 수력, 태양열 에너지), 중앙난방 공급, 전력 수리, 기술 서비스 • 전력발전 설비 생산 및 판매, 금속재료 개발 및 판매, 석탄 판매 등
소재지	(선양역에서 약 12㎞) • 중국 랴오닝성 선양시 쑤자툰취 잉춘제2호(우편번호110101) • 中國 遼寧省 瀋陽市 蘇家屯區 迎春街2号(郵編110101)
종업원 수 (2016년 말)	3,441(▲母회사 657, ▲子회사2,784, ▲생산 2,326명)
산업 랭킹 (2017년 3월)	중국 화력에너지업계 총자산 순위 3위(2017년 3월)
기업 홈페이지	http:// bfgdgd.dlzb.com
대표 연락처	86-024-83996009(fax 83996039)

◉ 기업 발전 과정

1. 기업 특징

○ 선양진산에너지주식회사는 중국화뎬그룹(中國華電集團)[27]이 랴오닝성

27 중국화뎬그룹은(中國華電集團,China Hudian Corporation) 은 2002년 12월 29일 베이징에 설립

일대의 안정적인 전력 에너지 공급을 목적으로 2009년 8월 20일 랴오닝성 선양에 설립한 전력, 열에너지 생산·공급 전문기업이다.

○ 전력생산기업으로부터 에너지를 구입하여 가정 및 기업용 에너지로 전환하여 최종판매를 하기 때문에 시장은 랴오닝성과 내몽고지역에 한정되어 있으며, 주요 상품인 전력의 판매가격은 국가물가관리국의 조정을 받고 있기 때문에 시장확대에 한계성을 갖고 있지만, 지역내 독점시장을 공급받고 있어 도시건설 발전과 도시확대의 기능과 동반성장하는 특징을 갖고 있다.

2. 발전 확대

○ 중국 동북부지역(랴오닝성, 지린성, 헤이룽장성, 내몽고자치구)은 동계기간 동안 중앙난방을 통해 전 가정에 겨울 난방을 공급(랴오닝성의 경우 11월부터 다음해 3월말까지)하고 있는데, 선양진산에너지주식회사는 랴오닝성 건축물(가정, 기관, 기업)에 동계 중앙난방에너지를 공급하며 발전하였다.

○ 최근 동북지역에서는 겨울철 발생하는 심각한 스모그 현상이 중요한 환경오염에 따른 결과로 지적되고 있고, 랴오닝성 스모그 발생 1차원인의 주요 기업으로 겨울철 난방을 독점공급하고 있는 선양진산에너지주식회사가 지적을 받고 있어 환경오염에 다른 지속적인 변화를 요구받고 있다.

- 선양진산은 최근 화력에너지를 통한 전력공급은 감소시키고, 풍력, 수력 및 태양열발전 등을 통한 에너지 공급을 확대하는 발전 전략을 추진 중에 있다.

된 전력생산, 판매, 에너지 개발 전문기업으로서, 중국 국무원국유자산감독관리위원회가 100%의 지분을 소유하고 있으며, 중국 각 지역에 자(子) 회사를 설립하여 지역의 특성에 맞는 전력, 에너지를 공급하고 회사를 관리하고 있다.

1. 지주회사

○ 선양진산에너지주식회사는 랴오닝성 선양에 본사를 두고, ▲단둥진산러뎬(丹東金山热電有限公司), ▲랴오닝캉핑진산풍력발전(遼寧康平金山風力發電有限公司), ▲랴오닝장무진산풍력발전(遼寧彰武金山風力發電有限公司) ▲푸신진산석탄맥석러뎬(阜新金山煤矸石热電有限公司), ▲캉핑화뎬풍력(康平華電風力發電有限公司), ▲장무화뎬풍력발전(彰武華電風力發電有限公司), ▲장우화뎬신에너지개발(彰武華電新能源發電有限公司), ▲푸신화뎬신에너지(阜新華電新能源發電有限公司), ▲바이인화진산발전(白音華金山發電有限公司), ▲랴오닝화뎬테링발전(遼寧華電鐵嶺發電有限公司), ▲랴오닝화뎬검수공정(遼寧華電检修工程有限公司), ▲테링신위안건재(鐵嶺新元建材有限責任公司), ▲단둥진산공러(丹東金山供热有限公司) 등 13개사의 주식 50% 이상을 소유하고 있는 지주회사이다.

2. 선양진산에너지주식회사 주요 재무제표

❶ 최근 3년 주요지표 대비

단위 : 위안(RMB)

항목	2016년	2015년	전년대비 증감	2014년
영업수입	6,567,449,154.30	7,153,909,825.74	-8.20	7,738,543,012.93
상장주식 주주순이윤	21,442,490.65	258,622,715.67	-91.71	459,344,556.10
영업활동현금 유출입순이익	1,734,415,273.88	2,772,081,391.26	-37.43	2,743,714,536.97
총자산	20,407,907,371.20	20,229,754,613.35	0.88	20,507,731,948.63

❷ 2016년 주요 재무제표

단위 : 위안(RMB)

항목	연말	연초
유동자산	5,039,966,442.75	3,898,138,442.23
비유동자산	4,750,014,461.45	4,794,495,838.08
자산총계	9,789,980,904.20	8,692,634,280.31
유동부채	4,933,496,010.10	4,631,050,942.56
비유동부채	2,422,475,664.87	1,660,572,293.46
부채합계	7,355,971,674.97	6,291,623,236.02
매출액	4,814,401,659.98	3,834,432,030.67
매출원가	4,815,628,410.97	4,239,994,415.57
영업이윤	1,597,258.39	-403,166,076.40
경상이익	37,427,993.68	-406,892,478.64
순이익	26,345,157.40	-392,150,101.41
영업활동현금유입	4,582,585,930.26	3,368,426,753.53
영업활동현금유출	4,198,071,377.13	3,268,726,293.42
영업활동현금흐름순이익	384,514,553.13	99,700,460.11

❸ 2016년 분기별 재무제표 현황

단위 : 위안(RMB)

항목	1분기	2분기	3분기	4분기
영업수입	1,249,229,225.39	1,155,147,730.33	1,330,687,691.82	1,079,337,012.44
영업활동현금흐름순이익	-48,810,273.02	126,819,067.84	-78,992,495.57	385,498,253.88

❹ 선양진산에너지주식회사와 최종 지배회사와의 관계도

국무원국유자산감독관리위원회
(國務院國有資産監督管理委員會)

⇓ 100% 소유

중국화뎬그룹
(中國華電集團)

⇓ 44.8% 소유

화전에너지주식회사 (華電能源股份有限公司)

⇓ 20.91% 소유

선양진산에너지주식회사 (瀋陽金山能源股份有限公司)

3. 주요임원 및 최근2년 영업이익

❶ 기업 주요 인사

○ 위쉐동(于學東) 동사장(董事長)(월급 56.20만 위안)

※ ▲1968년생, 남 ▲대학졸업, 공산당원, ▲선양진산러덴주식회사 생산부 부총경리, 선진산에너지주식회사부총경리, 단둥지점 총경리, 총경리부 주임 등, ▲2017년 3월 19일부터 선양진산에너지주식회사 동사장(2019.3.21. 이임 예정)

○ 저우커웨이(周可爲) 재무총감(월급 49.89만 위안)

○ 뤄웨이(羅偉) 감사(월급 30.87만 위안)

○ 추이젠민(崔建民) 부총경리(월급 30.70만 위안)

○ 웨이잉제(偉英杰) 부총경리(월급 30.70만 위안)

❷ 기업총자산/기업부채(2017년 3월) : 201.76억 위안/158.39억 위안

❸ 주식발행 현황

○ 주식상장 시기 : 2001.3.28. 상하이증권거래소

○ 총발행 주 : 14.73억 주(발행가 6.00위안/2017.6.7 현재 1주당 가격 3.8위안)

○ 유통주 : 11.65억 주

○ 최대주주 : 화뎬에너지(華電能源)주식회사(20.92%)(※10대 주주의 주식점유비율 64.34%)

※ 실제지배는 국무원국유자산감독관리위원회가 중국화뎬그룹을 통해서 지배

❹ 최근 2년간 매출

가. 2016년

○ 매출총이익 : 65.32억 위안

○ 매출총이익 판매상품별 비중

— ▲전력 분야: 100%(65.32억 위안)

※ 전력공급 90.64%, 열에너지공급 8.83%, 기타 0.52%

○ 각 상품판매별 매출총이익률(gross profit ratio to sales)

— ▲전력공급 : 21.74%(59.21억 위안), ▲열에너지공급 : -10.5%(5.77억 위안), ▲기타(3,425.21만 위안)

○ 매출총이익 판매지별 구분

— ▲랴오닝지역 82.76%(54.06억 위안), ▲내몽고지역 : 17.24%(11.26억 위안)

나. 2015년

○ 매출총이익 : 71.07억 위안

○ 매출총이익 판매상품별 비중

— ▲전력분야 : 100%(71.07억 위안) (※전력공급 91.63%, 열에너지공급 7.95%, 기타 0.42%)

○ 각 상품판매별 매출총이익률(gross profit ratio to sales)

— ▲전력공급 : 27.08%(65.12억 위안), ▲열에너지공급 : -7.04%(5.65억 위안, ▲기타(3,019.39만 위안)

○ 매출총이익 판매지별 구분

— ▲랴오닝지역 83.56%(59.39억 위안), ▲내몽고지역 16.44%(11.68억 위안)

❺ 전력업계 주요 경쟁 기업(총자산 순)

○ ▲징닝뎬리(京能電力)(베이징시)), ▲하토우구펀(哈投股份)(헤이룽장성 하얼빈시), ▲텐푸넝위안(天富能源)(신장위그루자치주), ▲롄메이콩구(聯美控股)(랴오닝성 선양시) 등

4. 거시 전망

○ 랴오닝성과 내몽고자치구 지역을 중심으로 전력을 독점공급하는 장점이 있으나, 시장가격의 조정이 사실상 불가능하기 때문에 최근 몇 년간 심각한 경영상의 적자를 보이고 있으며, 단기적으로 경영상황은 계속 악화 될 것으로 전망된다. 또한 동북지역의 심각한 동계 스모그 발생의 주요 원인으로 화석연료가 지적되고 있어 이에 대한 부담도 지속 확대되고 있는 추세이다.

○ 다만, 「중앙난방·전기·아파트관리 에너지 발전 방법」, 「신에너지발전 13·5계획」, 「중화인민공화국환경보호세법」 등에 따라 화력에너지의 사용이 감소하고, 대체 에너지의 활용이 증가하면서 기업의 풍력, 태양열 등 크린에너지의 활용이 증가하면서 이에 따른 변화가 주목된다.

○ 동시에 동북진흥정책 등의 영향을 받으면서 중기적으로 동 분야의 기업 합병 등에 있어 주도적인 역할을 할 것으로 예상된다.

7
하이항투자그룹주식회사 海航投資集團股份有限公司

◉ 기업 기본 개요

기업명	하이항투자그룹주식회사(海航投資集團股份有限公司) (HNA INVESTMENT GROUP CO. LTD)
산업 분야	• 부동산 개발·임대·매매·관리 및 기업자문 • 유통·실버복지사업·채광 투자 및 펀드관리 등
소재지	(다롄역에서 약 3.5㎞) • 중국 랴오닝성 다롄시 중산취 창장루123호 창장셰즈로우(우편번호116001) • 中國 遼寧省 大連市 中山區 長江路123号 長江写字楼(郵編116001)
종업원 수 (2016년 말)	129(▲母회사 37, ▲子회사92, ▲기술인원 47명)
산업 랭킹 (2017년 3월)	중국 부동산투자개발업계 총자산 순위 80위
기업 홈페이지	www.hnainvestment.com
대표 연락처	86-010-50960309(fax 010-50960300)

◉ 기업 발전 과정

1. 설립 과정

○ 하이항투자그룹주식회사는 1993년 랴오닝성 다롄시에 설립된 투자, 컨설팅 회사이다. 자회사를 통해 식당, 자동차 렌트, 광고, 관광, 의료, 부동산, 요리기술, 유통 등의 서비스 분야를 중심으로 직접투자와 컨설

팅을 통한 간접 투자를 시행하면서 다롄시를 중심으로 내수사업을 확장하였다.

– 설립당시에는 다롄보하이그룹(大連渤海集團)주식회사가 최고 주주였으나, 2013년 이후 하이강자본그룹이 1대 주주로 변경되었다.

2. 발전 확대

○ 하이항투자그룹주식회사는 서비스업종을 중심으로 추진되었던 투자를 2002년부터 부동산, 생물제약, 호텔관리 등의 영역으로 투자하기 시작하였고, REITs를 통한 베이징, 상하이, 선전 지역에서의 부동산 투자가 성공을 거두면서 2002년 이후 부동산 투자 회사로 성장하였으며, 최근에는 국외부동산, 자원개발(광산), 실버산업, 의료산업 등으로 투자 범위를 확대하고 있다.

◉ 기업 경영 현황

1. 지주회사

○ 하이항투자주식회사는 랴오닝성 다롄에 본사를 두고 ▲톈진의 부동산개발회사 톈진이청산수이부동산개발주식회사(天津億城山水房地産開發有限公司), ▲산둥성 쯔보에 채광회사 쯔보쟈펑광업주식회사(淄博嘉豊礦業有限公司)의 주식 10% 이상을 보유하고 있으며, ▲하이난성(海南省)에 하이난헝싱창잔투자기금주식회사(海南恒興創展股权投資基金有限公司)의 지분 100% 소유하고 있다.

2. 하이항투자그룹주식회사 주요 재무제표

❶ 최근 3년 주요지표 대비

단위 : 위안(RMB)

항목	2016년	2015년	전년대비 증감	2014년
영업수입	286,683,727.89	1,231,346,297.55	-76.72%	2,000,633,776.03
상장주식 주주순이윤	-435,309,034.95	221,871,902.21	-296.20%	191,727,095.69
경영활동현금 유출입순이익	46,003,191.16	275,600,930.39	-83.31%	-22,176,751.36
총자산	8,897,805,391.85	8,763,743,291.70	1.53%	8,613,897,830.94

❷ 2016년 주요 재무제표

단위 : 위안(RMB)

항목	연말	연초
유동자산	5,886,152,895.97	7,878,044,728.52
비유동자산	3,011,652,495.88	885,698,563.18
자산총계	8,897,805,391.85	8,763,743,291.70
유동부채	708,886,952.54	2,362,189,052.48
비유동부채	3,840,138,530.37	1,970,077,288.61
부채합계	4,549,025,482.91	4,332,266,341.09
매출액	266,663,727.59	1,231,345,297.55
매출원가	17,172,6571.55	564,319,646.90
영업이윤	-467,326,323.52	359,145,656.43
경상이익	-465,533,929.72	347,174,956.21
순이익	9,024,699.24	126,082,706.47
영업활동현금유입	457,315,557.51	1,466,565,502.26
영업활동현금유출	411,315,665.35	1,190,964,571.90
영업활동현금흐름순이익	45,003,191.16	275,560,930.39

❸ 2016년 분기별 재무제표 현황

단위 : 위안(RMB)

항목	1분기	2분기	3분기	4분기
매출액	130,178,999.96	85,206,807.16	62,619,789.87	8,678,130.90
영업활동현금 흐름순이익	35,708,648.87	-11,651,063.10	8,811,293.28	13,134,312.11

❹ 영업수입 또는 영업이윤 10% 이상 산업분야 현황

단위 : 위안(RMB)

산업 및 지역별	영업수입	영업원가	매출총이익률
부동산업	256,167,023.06	168,126,792.08	34.37%
	전년대비 -78.73%	전년대비 -82.23%	전년대비 12.93%
광업	174461.95	204973.69	-17.49%
	전년대비 -99.13%	전년대비 -99.82%	전년대비 -30.49%
실버산업 및 서비스산업	30342242.88	3396806.18	88.81%
	전년대비 321.05%	전년대비 283.23%	전년대비 1.10%
베이징(北京)	30342242.88	3396806.18	88.81%
	전년대비 -52.88%	전년대비 -92.02%	전년대비 54.89%
톈진(天津)	256167023.06	158126792.08	34.37%
	전년대비 -71.14%	전년대비 -74.03%	전년대비 7.32%

3. 주요임원 및 최근2년 영업이익

❶ 기업 주요 인사

○ 위보(于波) 동사장(董事長)(월급 17.40만 위안)

※ ▲1979년생, 남, ▲대졸, 회계학 전공, ▲하이항그룹 재무부총경리, 재무총경리, CEO 등 ▲2016년 8월 17일부터 하이항 그룹 제7대 동사장(2018년 6월 22일 임기 종료 예정)

○ 다이메이어우(戴美毆) CEO(겸 총재)(주식 2만주 소유)(월급 32.50만 위안)

○ 두징(杜璟) 부총재(월급 19.7만 위안)

○ 멍용타오(夢永濤) 부총새)(월급 25.4만 위인)

○ 장하오(張昊) 부총재(월급 27만 위안)

❷ 기업총자산/기업부채(2017년 3월) : 98.81억 위안/54.88억 위안

❸ 최근 2년간 매출

가. 2016년

○ 매출총이익 : 3.03억 위안

○ 매출총이익 판매상품별 비중

– ▲부동산 판매 : 89.36%(2.56억 위안), ▲실버산업 및 펀드관리 : 10.58%(3,034.22만 위안), ▲광업 : 0.06%(17.45만 위안)

○ 각 상품판매별 매출총이익률(gross profit ratio to sales)

– ▲부동산 판매 : 34.37%, ▲실버산업 및 펀드관리 : 88.81%, ▲광업:-17.49

○ 매출총이익 판매지별 구분

– ▲톈진 89.36%(2.56억 위안), ▲베이징 10.56%(3,034.22만 위안), ▲산둥성 쯔보 0.06%.(17.45만 위안)

나. 2015년

○ 매출총이익 : 3.03억 위안

○ 매출총이익 판매상품별 비중

– ▲부동산 판매 : 93.70%(11.54억 위안), ▲아파트 관리 : 3.34%(4,107.92만 위안) ▲광업 : 1.63%(2,004만 위안)

○ 각 상품판매별 매출총이익률(gross profit ratio to sales)

– ▲부동산 판매 : 21.21%, ▲아파트 관리 : 13%, ▲광업 : 13%

○ 매출총이익 판매지별 구분

– ▲톈진 72.08%(8.88억 위안), ▲쑤저우 21.06%(2.59억 위안), ▲베이징 5.23%(6,439.4만 위안), ▲산둥성 쯔보 1.63%(2,004만 위안)

❹ 주식발행 현황

○ 주식상장 시기 : 1996년 11월 8일 선전증권거래소

○ 총발행 주 : 14.3억 주(발행가 5위안/2017.6.9 현재 1주당 가격 4.41위안)

○ 유통주 : 14.3억 주

○ 최대주주 : 하이항자본그룹(海抗資本集團)(19.98%)(※10대 주주의 주식점

유비율 28.94%)

※실제지배주주는 하이난성츠항공익기금회(海南省慈航公益基金會)[28]

❺ 하이항투자그룹주식회사와 최종 지배회사와의 관계도

하이난성츠항공익기금회
(海南省慈抗公益基金會)

⇓ 65% 소유

성탕파잔양푸주식회사
(盛唐發展洋浦有限公司)

⇓ 50% 소유

하이난자오관홀딩주식회사
(海南交官控股有限公司)

⇓ 70% 소유

하이항그룹주식회사
(海航集團有限公司)

⇓ 100% 소유 ⇓ 100% 소유

하이항실업그룹주식회사
(海航實業集團有限公司)

하이항자본그룹주식회사
(海航資本集團有限公司)

⇓ 100% 소유 ⇓ 100% 소유

하이항투자홀딩스주식회사
(海航投資控股有限公司)

⇓ 1.24% 소유 ⇓

하이항투자그룹주식회사
(海航投資集團有限公司)

---

28 하이난성츠항공익기금회(海南省慈航公益基金會)는 하이난성(海南省) 하이항그룹(海航集團)의 주식 22%를 보유하고 있는 하이항그룹 최대 주주이며, 하이항 그룹은 하이난항공을 기반으로 관광, 금융, 물류, 부동산, 기술개발, 투자 등의 분야에서 활동하고 있는 하이난성의 대기업(총자산 6,000억 위안, 직원 20만명) 이다.

⑥ 부동산 투자 등 투자업계 주요 경쟁 기업(총자산 순)

○ ▲완커(萬科)(광둥성 선전시), ▲뤼디콩구(綠地控股)(상하이시), ▲바오리디찬(保利地産)(광둥성 광저우시), ▲화샤싱푸(華夏幸福)(허베이성 랑팡시), ▲자오상서커우(招商蛇口)(광둥성 선전시), ▲진위구펀(金隅股份)(베이징시), ▲소우카이구펀(首開股份)(베이징시), ▲판하이공쿠(泛海控股)(베이징시), ▲진디그룹(金地集團)(광둥성 선전시), ▲화치아오청(華橋城)(광둥성 선전시) 등

4. 거시 전망

○ 최근 2년 부동산분야에서의 매출총이익이 대폭감소하면서 기업이익이 급격히 감소하였고, 부동산 매매분야에서의 이익 감소가 회사전체의 매출총이익감소로 이어지면서 적자경영이 시작되었다.

○ 가장 큰 규모로 투자되었던 톈진(天津) 부동산 프로젝트를 2016년 마치면서 은행대출 상환에 대한 부담은 감소하였으나, 부동산시장에 대한 투자와 이익 감소로 기업의 산업전환을 추진 중에 있으며, 최근 실버, 복지산업분야의 투자를 높여가면서 중국 시장변화에 대응하고 있다.

○ 2016년부터는 REITs(Real Eseate Investment Trusts)를 통해 중국국내시장을 벗어나 해외시장 투자를 확대하고 있다. 2017년 3월 20일 싱가포르 AEPIM(AEP INVESTMENT MANAGEMENT PTE) 사와 부동산펀드 관리에 관한 협의를 맺고 싱가포르 투자를 시작한 바, 약 3년 후부터 해외부동산 투자에 대한 이익실현 여부가 결정될 수 있을 것으로 예상된다.

○ 투자의 다양화를 추진 중에 있으나, REITs를 플랫폼으로 하는 부동산분야의 투자는 중국과 해외로 투자 방식을 다양화 하면서 하이항투자의 가장 핵심적인 투자분야가 될 것으로 관찰되는바, 부동산 산업과 기업의 이익 창출은 직접적인 연관관계를 맺으며 나타날 것으로 예상된다.

8
롄메이량즈주식회사 聯美量子股份有限公司

◉ 기업 기본 개요

기업명	롄메이량즈주식회사 聯美量子股份有限公司 Luenmei Quantum Co. Ltd
산업 분야	• 전력 · 온수 · 에너지 공급 및 관리 • 부동산(매매, 임대), 선양시 건축물 시공, 단지관리 등
소재지	(선양역에서 약 7.5㎞) • 중국 랴오닝성 선양시 훈난신취 위안항중루1호(우편번호110179) • 中國 遼寧省 瀋陽市 渾南新區遠航中路1号(郵編110179)
종업원 수 (2016년 말)	2,490(▲母회사9, ▲子회사2,481, ▲생산인원 966명)
산업 랭킹 (2017년 3월)	중국 화력에너지업계 총자산 순위 5위
기업 홈페이지	http://u71467336.b2bname.com
대표 연락처	86-024-23784835(fax 024-83781352)

◉ 기업 발전 과정

1. 설립 과정

○ 롄메이량즈주식회사는 1999년 선양의 대표적인 국영 의류제조기업 선양리밍복장그룹(瀋陽黎明服裝集團)이 100% 투자하여 설립한 에너지 공급 및 전력 시공 업체로서, 랴오닝지역에서 처음으로 주식상장을 한 에너지 공급회사이다.

○ 국가가 소유하고 있던 지분을 2003년 선양난후커지그룹(瀋陽南湖科技集團)에 매각(63.16%)하면서 민영화 되었고, 광둥성 산토우(汕頭)에 기반을 둔 롄메이(聯美)투자그룹이 2005년부터 주식 인수를 시작하여 2008년 46.97%의 지분인수를 하면서 2008년 2월 회사명을 롄메이량즈주식회사로 변경하였으며, 현재 홍콩출신의 쑤(蘇) 일가가 지배하고 있다.

2. 발전 확대

○ 롄메이량즈주식회사는 선양의 건축물과 가정에 중앙난방·전기·가스 공급을 주요 영역으로 전력 네트워크 설비 설치, 건물임대, 아파트 관리, 선양시 건축공정 시행 등을 주로 하고 있다.

– 2015년까지는 랴오닝성에만 한계적인 가정용 중앙난방을 공급하였으나, 2016년부터는 장쑤성 등으로 에너지 공급을 확대하였고, 저탄소, 환경에너지 공급을 확대하고 있다.

◉ 기업 경영 현황

1. 지주회사

○ 롄메이량즈주식회사(聯美量子股份有限公司) 랴오닝성 선양에 본사를 두고 ▲선양화롄메이자산관리주식회사(瀋陽華新聯美資産管理有限公司), ▲선양훈난러리유한책임회사(瀋陽渾南热力有限責任公司), ▲선양훈난시정건설공정유한회사(瀋陽渾南市政建設工程有限公司), ▲상하이란성실업발전유한회사(上海瀾盛實業發展有限公司), ▲선양신베이러뎬유한책임회사(瀋陽新北热電有限責任公司), ▲궈후이환바오신에너지유한회사(國惠環保新能源有限公司)의 지분 50% 이상을 소유하고 있다.

2. 렌메이량즈주식회사 주요 재무제표

❶ 최근 3년 주요지표 대비

단위 : 위안(RMB)

항목	2016년	2015년	전년대비 증감	2014년
영업수입	2,044,444,894.91	1,763,234,935.83	15.95%	1,458,359,841.41
상장주식 주주순이윤	698,924,176.84	459,212,961.20	52.20%	302,599,991.23
경영활동현금 유출입순이익	1,025,833,924.06	1,046,417,533.68	-1.97%	856,137,048.88
총자산	6,488,650,850.32	5,954,525,494.63	8.97	6,596,356,861.39

❷ 2016년 주요 재무제표

단위 : 위안(RMB)

항목	연말	연초
유동자산	2,647,281,607.66	2,203,783,574.39
비유동자산	3,841,369,242.66	3,750,741,920.24
자산총계	6,488,650,850.32	5,954,525,494.62
유동부채	1,597,182,080.33	1,843,359,702.35
비유동부채	2,381,428,163.60	2,308,514,217.40
부채합계	3,978,610,243.93	4,151,873,919.75
매출액	2,044,444,894.91	1,763,234,935.83
매출원가	1,235,679,543.47	1,148,176,271.70
영업이윤	889,537,734.39	615,059,832.47
경상이익	923,609,225.23	606,866,337.04
순이익	715,841,802.28	470,683,068.46
영업활동현금유입	2,291,667,686.51	1,981,926,792.37
영업활동현금유출	1,265,833,762.45	935,509,258.69
영업활동현금흐름순이익	1,025,833,924.06	1,046,417,533.68

❸ 2016년 분기별 재무제표 현황

단위 : 위안(RMB)

항목	1분기	2분기	3분기	4분기
매출액	848,225,307.30	848,225,307.30	125,651,306.00	927,815,686.57
영업활동현금 흐름순이익	-130,639,332.59	-43,354,136.21	-51,150,751.97	1,250,978,144.83

❹ 영업수입 또는 영업이윤 주요 분야 현황

단위 : 위안(RMB)

산업 및 지역별	영업수입	영업원가	매출총이익률
중앙난방 및 온수공급	1,273,374,152.43	842,687,928.13	33.82%
	전년대비 16.63%	전년대비19.14%	전년대비 -1.39%
발전(發電)	201,790,605.68	158,050,150.88	21.68
	전년대비10.12%	전년대비 9.16%	전년대비 0.69%
공정(工程)	151,546,695.11	39,864,931.47	73.69%
	전년대비 321.05%	전년대비 283.23%	전년대비 −2.86%
네트워크 설비	396,171,627.05	35,487,963.61	91.04
	전년대비 13.20%	전년대비 -35.53%	전년대비 6.77%
단지관리	21,042,272.46	14,499,183.51	31.09%
	전년대비 -5.01%	전년대비 -6.98%	전년대비 1.46%

3. 주요임원 및 최근2년 영업이익

❶ 기업 주요 인사

○ 쑤주앙창(蘇壯强) 동사장(董事長)

※ ▲중국홍콩시민 ▲1971년생, 남, ▲경영학 석사, ▲중티산업그룹(中體産業集團) 이사(2004-2006), ▲롄메이(聯美)투자주식회사 동사장(2004.9월부터-현재), ▲선양신베이러뎬(瀋陽新北熱주식회사 동사장(2003년부터-현재), ▲궈후이환바오(國惠環保)신에너지주식회사 동사장(2005년-현재), ▲롄중(聯衆)신에너지유한회사 집행이사(2015년부터-현재), ▲롄중(聯衆)신에너지유한회사 동사장(2016년 11월부터-현재)

○ 주창이(朱昌一) 총경리(월급 16.68만 위안)

○ 리난(李楠) 감사(월급 7.42만 위안)

○ 판원거(潘文戈) 재무총감(월급 13.92만 위안)

❷ **기업총자산/기업부채**(2017년 3월) : 61.08억 위안/31.34억 위안

❸ **최근 2년간 매출**

가. 2016년

○ 매출총이익 : 20.44억 위안

○ 매출총이익 판매상품별 비중

– ▲중앙난방 및 온수공급 : 62.93%(12.73억 위안), ▲네트워크 설비 : 19.58%(3.96억 위안), ▲발전(發電) : 9.97%(21.68억 위안), ▲기타 : 7.52%(51.95억 위안)

○ 각 상품판매별 매출총이익률(gross profit ratio to sales)

– ▲중앙난방 및 온수공급 : 33.82%, ▲네트워크 설비 : 91.04%, ▲발전(發電) : 21.68%, ▲기타 : -22.99%

○ 매출총이익 판매지별 구분

– ▲랴오닝성 93.26%(19.07억 위안), ▲장쑤성 6.74%(1.38억 위안)

나. 2015년

○ 매출총이익 : 17.63억 위안

○ 매출총이익 판매상품별 비중

– ▲중앙난방 및 온수공급 : 75.51%(5.55억 위안), ▲네트워크 설비 : 24.49%(1.80억 위안)

○ 각 상품판매별 매출총이익률(gross profit ratio to sales)

– ▲중앙난방 및 온수공급 : 30.12%, ▲네트워크 설비 : 82.12

○ 매출총이익 판매지별 구분

– ▲랴오닝성 100%

❹ 주식발행 현황

○ 주식상장 시기 : 1999년 11월 28일 상하이증권거래소

○ 총발행 주 : 8.80억 주(발행가 5.26/2017.6.9 현재 1주당 가격 21위안)

○ 유통주 : 2.11억 주

○ 최대주주 : 롄종신에너지유한회사(聯衆新能源有限公司)(62.73%)(※10대 주주의 주식점유비율 90.64%)

※ 실제지배주주는 쑤주앙창(蘇壯强), 쑤쑤위(蘇素玉), 쑤관룽(蘇冠榮), 쑤주앙치(蘇壯奇), 쑤무시숑(蘇武雄)이며, 모두 쑤씨(蘇氏)일가임

❺ 롄메이량즈주식회사와 최종 지배주주와의 관계도

쑤주앙창(蘇壯强), 쑤쑤위(蘇素玉), 쑤관룽(蘇冠榮),
쑤주앙치(蘇壯奇), 쑤우시옹(蘇武雄)

⇓ 100% 소유 ⇓ 50% 소유

롄중과기(聯衆科技) 롄메이그룹(聯美集團)

⇓ 100% 소유 ⇓

롄중신에너지(聯衆新能源) ⇓

62.73% 소유 ⇓ ⇓ 20.82% 소유

롄메이량즈주식회사
(聯美量子股份有限公司)

❻ 전력 및 에너지 공급 업계 주요 경쟁 기업(총자산 순)

○ ▲징넝뎬리(京能電力)(베이징시), ▲하토우구펀(哈投股份)(헤이룽장성 하얼빈시), ▲진산구펀(金山股份)(랴오닝성 선양시), ▲톈푸에너지(天富能源)(신장위그루자치구) 등

4. 거시 전망

○ 렌메이는 선양시의 가장 핵심 신도시 훈난구(渾南區)와 선양북부의 공업지역인 선양비즈니스금융개발구, 진랑(金廊)구역, 서우푸(首府)신구, 산타이즈(三臺子)경제구 등에 독점 중앙난방과 온수를 공급하여 안정적인 시장을 보유하고 있으며, 동 지역의 에너지 소모량은 지속 증가하고 있어, 충분한 발전 잠재시장을 보유하고 있다고 할 수 있다.

○ 제한적인 업계의 폐쇄성을 갖고 있어, 다른 지역으로의 시장 확대가 용이하지 않은 상황이나, 환경, 저탄소 에너지 등의 개발과 인터넷 서비스를 통한 서비스 등을 확대하면서 2016년부터는 장쑤성으로 에너지 공급 시장의 확대를 시작한바, 장기적인 관점에서는 업계 국영기업들에 비한 경쟁력을 갖고 있다고 할 수 있다.

– 동북진흥을 통한 동북지역 전력시장이 개방과 시장의 확대에 따라, 기술력을 바탕으로 하는 시장 점유 확대가 전망된다.

9

다롄화루이중공그룹주식회사
大連華鋭重工集團股份有限公司

◉ 기업 기본 개요

기업명	다롄화루이중공그룹주식회사(大連華鋭重工集團股份有限公司) (Dalian Huarui Heavy Industry Group Co. LTD.)
산업 분야	• 야금기계, 제어기계, 항구기계, 풍력전기, 조선 등 중장비 제조 • 핵전력, 군수, 첨단장비 등
소재지	(다롄역에서 약 9.1㎞) • 중국 랴오닝성 다롄시 시강취바이이루 169호(우편번호116013) • 中國 遼寧省 大連市 西崗區八一路169号(郵編116013)
종업원 수 (2016년 말)	5,906(▲母회사3,741, ▲子회사2,085, ▲생산인원 3,221명)
산업 랭킹 (2017년 3월)	중국 중공업 업계 총자산 순위 2위
기업 홈페이지	www.dhidcw.com
대표 연락처	86-0411-86852187(0411-86852222)

◉ 기업 발전 과정

1. 설립 과정

○ 다롄화루이중공그룹주식회사는 다롄시국유자산감독관리위원회가 1993년 2월 18일 설립한 다롄중공업그룹중형주강창(大連重工集團重型鑄鋼廠)을 전신으로 경영되고 있는 중국최대 규모의 중공업 기업으로서, 2007년 다롄화루이중공그룹주식회사(大連華鋭重工集團股份有限公司)로 상호

를 변경하고, 2008년 선전증권거래소에 상장되었다.

○ 야금(冶金)기계, 기중기계, 제어기계(制御機械), 항구(港口)기계, 에너지기계, 자동화기계, 선박부품, 공정(工程)기계, 해공(海工)기계 등 9개 분야에서 중국최고의 첨단기술과 설비제조 능력을 갖추고 있으며, 최근 사업영역을 수출, 부동산개발, 상업무역 등으로 확대하고 있다.

○ 중국 내 100KW급 대형 터빈을 처음 생산하였고, 연간 3.5만 톤의 대형 주조생산 능력을 갖추고 있으며, 중국 최초로 3세대 원전기술인 AP1000을 보유하면서 동 시장을 점유하고 있어 중국 제3세대 핵전장비(核電裝備) 분야에 대한 발전을 주목하고 있다.

○ 최첨단 중요 군수품을 연구, 생산하고 있기 때문에 「국가 무기장비과학연구 생산 3급 비밀보호기관(武器裝備科研生産三級保密資格單位)」[29]이기도 하다.

◉ 기업 경영 현황

1. 지주회사

○ 다롄화루이중공그룹주식회사는 랴오닝성 다롄에 본사를 두고 ▲다롄화루이중공투이진치주식회사(大連華銳重工推進器有限公司)(기계가공, 제조), ▲다롄화루이중공국제무역주식회사(大連華銳重工國際貿易有限公司)(수출입 및 가공), ▲다롄화루이촨용취저우주식회사(大連華銳船用曲軸有限公司)(설비제조), ▲다롄화루이중공저우예주식회사(大連華銳重工鑄業有限公

29 중국은 중화인민공화국국가보호비밀법(中華人民共和國保守國家秘密法)에 근거하여 군수업체를 1급, 2급, 3급 기관으로 구분하고, 해당기업의 모든 자료는 대외비로 처리하고 있다. 국가보호비밀법의 시행법인 비밀자격인증관리법(保密資格審查認證管理辦法) 3조에 따르면, 1급기관은 절대급(絶對級) 프로젝트 실행기관, 2급 기관은 기밀급(機密級) 프로젝트 실행기관, 3급은 기관은 비밀급(秘密級) 프로젝트 실행 기관으로 분류하여 대외보안을 유지하고 있다.

司)(주조, 가공), ▲다롄화루이중공치중주식회사(大連華鋭重工起重機有限公司)(설비제조 설치 및 수리), ▲다롄화루이중공쟈오루처량설비주식회사(大連華鋭重工焦炉車輛設備有限公司)(설비제조 설치 및 수리), ▲다롄화루이중공터종베부품주식회사(大連華鋭重工特种備件制造有限公司)(설비제조 설치 및 수리), ▲다롄중공지뎬안좡공정주식회사(大連大重機電安裝工程有限公司)(설비제조 설치 및 수리), ▲다롄중공지뎬설비성타오주식회사(大連重工機電設備成套有限公司)(설비판매 및 기술자문), ▲탕산차오페이쉰지뎬설비서비스주식회삭(唐山曹妃甸機電設備服務有限公司(기계, 전기설비 설치), ▲다롄다중풍력기술서비스주식회사(大連大重風電技術服務有限公司)(풍력전기 설비 및 기술) ▲다롄화루이중공자동화설비주식회사(大連華鋭重工数控設備有限公司)(자동화설비기술개발 및 판매)의 지분 50%이상을 소유하고 있다.

2. 다롄화루이중공그룹주식회사 주요 재무제표

❶ 최근 3년 주요지표 대비

단위 : 위안(RMB)

항목	2016년	2015년	전년대비 증감	2014년
영업수입	6,432,544,240.84	7,147,045,742.99	-10.00%	8,238,827,893.00
상장주식 주주순이윤	27,282,784.09	21,879,386.57	24.70%	21,980,609.83
경영활동현금 유출입순이익	-170,439,588.23	38,203,647.83	-546.13%	-332,942,944.19
총자산	16,395,555,072.79	17,127,586,355.44	-4.27%	18,673,164,224.58

❷ 2016년 주요 재무제표

단위 : 위안(RMB)

항목	연말	연초
유동자산	12,260,810,234.45	12,770,649,899.91

항목	연말	연초
비유동자산	4,134,744,838.34	4,356,936,455.53
자산총계	16,395,555,072.79	17,127,586,355.43
유동부채	9,254,131,678.24	9,617,405,764.09
비유동부채	593,434,775.37	979,730,883.14
부채합계	9,847,566,453.61	10,597,136,647.23
매출액	6,432,544,240.84	7,147,045,742.99
매출원가	6,521,906,137.08	7,288,352,965.32
영업이윤	-91,656,509.34	-109,606,403.11
경상이익	16,231,681.82	16,958,499.48
순이익	9,119,435.27	5,992,233.51
영업활동현금유입	6,182,552,117.00	8,192,206,603.56
영업활동현금유출	6,352,991,705.23	8,154,002,955.73
영업활동현금흐름순이익	-170,439,588.23	38,203,647.83

❸ 2016년 분기별 재무제표 현황

단위 : 위안(RMB)

항목	1분기	2분기	3분기	4분기
매출액	1,177,767,098.78	1,939,434,186.35	997,268,290.09	2,318,074,665.62
영업활동현금 흐름순이익	-172,814,895.65	170,310,083.36	-137,209,871.43	-30,724,904.51

❸ 영업수입 또는 영업이윤 주요 분야 현황

단위 : 위안(RMB)

산업 및 지역별	영업수입	영업원가	매출총이익률
종합기계류	1,450,509,398.54	555,151,182.66	38.27%
	선년대비 -9.96%	전년대비9.34%	전년대비 6.75%
야금기계	1,654,502,298.44	95,424,208.91	5.77%
	전년대비 0.99%	전년대비 144.03%	전년대비 3.38%
제어기계	756,434,530.04	134,175,069.66	17.74%
	전년대비 -18.13%	전년대비 -1.74%	전년대비 2.96%
항구기계	766,015,548.95	214,684,346.68	28.03%
	전년대비 −20.66%	전년대비 2.14%	전년대비 6.26%
부품	1,194,420,024.65	185,426,571.26	15.52%
	전년대비 25.83%	전년대비 9.82%	전년대비 -2.27%

3. 주요임원 및 최근2년 영업이익

❶ 기업 주요 인사

○ 총훙(從紅) 동사장(董事長)

※ ▲1959년생, 남, ▲석사, ▲와방뎬저우청그룹(瓦房店軸承集團)유한책임회사 당서기, 부동사장, 동사장, ▲2016년 5월 13일부터-현재까지 다롄화루이중공그룹 동사장, 다롄장비투자그룹 동사장, 다롄중공치중(重工起重)그룹유한회사 동사장(2019년 5월 30일 이임 예정)

○ 샤오장난(邵長南) 부동사장(월급 75.07만 위안)

○ 톈창쥔(田長軍) 총재(월급 77.24만 위안)

○ 웨이쉬펑(衛旭峰) 부총재(월급 62.25만 위안)

○ 장자오카이(張昭凱) 부총재(월급 66.92만 위안)

○ 류쥔(劉軍) 부총재(월급 64.82만 위안)

○ 저우강(周剛) 부총재(월급 65.42만 위안)

○ 왕위안(王原) 부총재(월급 67.61만 위안)

○ 궈빙펑(郭冰峰) 부총재(월급 64.92만 위안)

❷ 기업총자산/기업부채(2017년 3월) : 163.94억 위안/98.42억 위안

❸ 최근 2년간 매출

가. 2016년

○ 매출총이익 : 64.33억 위안

○ 매출총이익 판매상품별 비중

— ▲야금기계 : 25.72%(16.55억 위안), ▲종합기계류 : 22.55%(14.51억 위안), ▲부품 : 18.57%(11.94억 위안), ▲기타 수입 : 33.16%(항구기계, 선박설비, 제어기계, 기중기계 등)

○ 각 상품판매별 매출총이익률(gross profit ratio to sales)

– ▲야금기계 : 5.77%, ▲종합기계류 : 38.27%, ▲ 부품 : 15.32%, ▲항구기계 : 28.03%, ▲제어기계 : 17.74% 등

○ 매출총이익 판매지별 구분

– ▲중국내수 : 69.63%(44.79억 위안), ▲국외수출 : 30.37%(19.53억 위안)

나. 2015년

○ 매출총이익 : 71.47억 위안

○ 매출총이익 판매상품별 비중

– ▲야금기계 : 22.92%(16.38억 위안), ▲종합기계류 : 22.54%(16.11억 위안), ▲항구기계 : 13.51%(9.66억 위안), ▲기타 수입 : 41.03%(부품, 제어기계, 선박설비 등)

○ 각 상품판매별 매출총이익률(gross profit ratio to sales)

– ▲야금기계 : 2.39%, ▲종합기계류 : 31.52%, ▲항구기계 : 21.77%, ▲부품 : 17.79%, ▲제어기계 : 14.78% 등

○ 매출총이익 판매지별 구분

– ▲중국내수 : 64.26%(45.92억 위안), ▲국외수출 : 35.74%(25.55억 위안)

❹ 주식발행 현황

○ 주식상장 시기 : 2008년 1월 16일 선전증권거래소

○ 총발행 주 : 19.31억 주(발행가 10.78/2017.6.12 현재 1주당 가격 3.96 위안)

○ 유통주 : 19.31억 주

○ 최대주주 : 다롄중공치중그룹유한회사(大連重工起重集團有限公司)(55.71%)(※10대 주주의 주식점유비율 69.82%)

※ 실제지배주주는 다롄시인민정부 국유자산감독관리위원회

❺ 다롄화루이중공그룹주식회사와 최종 지배주주와의 관계도

다롄시인민정부국유자산감독관리위원회(大連市人民政府國有資産監督管理委員會)

⇓ 100% 소유

다롄장비투자그룹유한회사(大連裝備投資集團有限公司)

⇓ 100% 소유

다롄중공기중그룹유한회사 (大連重工起重集團有限公司)	다롄시국유자산투자경영그룹유한회사 (大連市國有資産投資經營集團有限公司)
55.71% 소유 ⇓	⇓ 6.48% 소유

다롄화루이중공그룹주식회사(大連華銳重工集團股份有限公司)

❻ 중공업, 에너지 업계 주요 경쟁 기업(총자산 순)

○ ▲성리정밀(勝利精密)(장쑤성 쑤저우시), ▲중항중기(中航重機)(구이저우성 구이양시), ▲하이리메이다(海立美達)(산둥성 칭다오시), ▲통위중공(通裕重工)(산둥성 칭다오시), ▲톈마구펀(天馬股份)(저장성 항저우시) 등

4. 거시 전망

○ 조선업계의 글로벌 환경 악화 등의 영향으로 최근 3년간 매출총이익이 크게 감소하면서 단기 성장에 대한 비관적 전망이 주를 이루고 있다.

○ 다만, 중국 내 최대 규모의 기계 설비 능력과 핵전력(核電力), 항공모함 제조 기술, 최첨단 군수 생산 등의 능력을 갖추고 있어, 장기적으로는 군수, 핵전력 분야를 중심으로 중국 동북지역의 변화를 이끌 것으로 전망된다.

○ 중앙정부가 적극 추진 중인 일대일로(一帶一路) 정책 등에 따라 86개국에 대한 글로벌 전략을 강화하면서, 핵전력 기술을 중심으로 해외 시장 확대를 추진 중에 있어 중장기적인 차원에서의 결과가 주목된다.

10
푸순특수강주식회사 撫順特殊鋼股份有限公司

◉ 기업 기본 개요

기업명	푸순특수강주식회사(撫顺特殊鋼股份有限公司) (Fushun Special Steel Co.LTD.)
산업 분야	• 특수강 · 합금재료 연구 제조 • 국방, 군수, 비행기 재료, 항공우주 재료, 기술자문 등
소재지	(선양역에서 약 44㎞) • 중국 랴오닝성 푸순시 왕화취 안산루 동돤8호(우편번호113001) • 中國 遼寧省 撫顺市 望花區 鞍山路東段8号(郵編113001)
종업원 수 (2016년 말)	9,845(▲母회사8,077, ▲子회사1,768, ▲생산인원 6,687명)
산업 랭킹 (2017년 3월)	중국 특수강 업계 총자산 순위 3위(2017년 3월)
기업 홈페이지	http://www.fs-ss.com
대표 연락처	86-024-56676495(fax 024-56688966)

◉ 기업 발전 과정

1. 설립 과정

○ 푸순특수강주식회사는 만주국 시기인 1937년 랴오닝성 푸순시(撫順市)에 설립된 특수강 제조 · 연구 기업으로서, 신중국 건국후 중국 최초의 스테인레스강, 초강도강, 초고속강(hss), 고온합금강 등을 생산하였고, 중국 국방사업과 관련한 인공위성, 미사일, 잠수정(潛水艇) 개발생산 프로젝트를 이끌며 중국 군수산업의 중요한 위치를 차지하고 있다.

2. 기업 발전

○ 1997년 ▲연합야금공업부베이징강철설계연구총원(聯合冶金工業部北京鋼鐵設計硏究總院), ▲지린탄소(吉林炭素)주식회사, ▲지린철합금그룹(吉林鐵合金), ▲중국제삼야금건설(中國第三冶金建設), ▲푸순전업국(電業局) 등 5개사와 합병 등을 통해 현재의 규모를 갖추면서 2000년 상하이 증권거래소에 주식 상장을 하였고, 연생산 특수강 85만 톤, 특수강재 65만 톤 이상의 생산능력을 갖추고 있다.

◉ 기업 경영 현황

1. 지주회사

○ 푸순특수강주식회사는 랴오닝성 다롄에 기반하고 있는 특수강 전문기업 「동북특수강그룹(東北特鋼集團)」의 투자회사(子회사)로서, 동북특수강그룹은 중국 북부 및 동부지역을 토대로 발전한 중국 특수강 업계[30]를 리드하는 기업이다.

○ 그러나 최근 동북특수강그룹은 특수강업계의 과잉생산 등으로 인해 구조조정과 경영의 어려움을 받게 되었고, 이로 인해 시작된 최근 몇 년간의 경영악화는 디폴트(default)로 이어지게 되었다.

– 디폴트로 인해 주식 36.45%를 포함한 동북특수강그룹의 자산은 2016년 3월 25일부터 2019년 3월 24일까지 3년간 법원에 의해 동결 상태에 놓여 있다.

30 중국 철강 업계에서는 ▲중신타이푸(中信泰富)(홍콩계 투자), ▲바오강특강(寶鋼特鋼)(상하이시), ▲타이강스테인레스(太鋼不銹)(산시성 타이위안시), ▲톈진다우펑(天津大無縫), ▲동북특수강 등이 시장을 점유하고 있으나, 대부분 직접 상장은 피하고 있다.

2. 푸순특수강주식회사 주요 재무제표

❶ 최근 3년 주요지표 대비

단위 : 위안(RMB)

항목	2016년	2015년	전년대비 증감	2014년
영업수입	4,677,555,207.54	4,557,693,236.93	2.63%	5,452,588,876.36
상장주식 주주순이윤	111,237,324.17	196,732,775.08	-43.46	46,960,183.24
경영활동현금 유출입순이익	-147,617,751.40	123,966,872.83	-219.08	805,724,633.50
총자산	12,350,083,559.24	12,995,086,592.53	-4.96	11,652,609,953.88

❷ 2016년 주요 재무제표

단위 : 위안(RMB)

항목	연말	연초
유동자산	6,764,063,260.76	7,366,172,557.83
비유동자산	5,586,020,298.48	5,628,914,034.70
자산총계	12,350,083,559.24	12,995,086,592.53
유동부채	9,884,439,845.29	10,546,926,343.96
비유동부채	480,619,503.57	528,873,362.36
부채합계	10,365,059,348.86	11,075,799,706.32
매출액	4,677,555,207.54	4,557,693,236.93
매출원가	4,581,150,284.87	4,461,869,622.93
영업이윤	92,843,350.55	92,072,579.23
경상이익	119,129,499.94	213,301,616.30
순이익	111,237,324.17	196,732,775.08
영업활동현금유입	5,213,689,225.75	4,923,880,764.58
영업활동현금유출	5,361,306,977.15	4,799,913,891.75
영업활동현금흐름순이익	-147,617,751.40	123,966,872.83

❸ 2016년 분기별 재무제표 현황

단위 : 위안(RMB)

항목	1분기	2분기	3분기	4분기
매출액	1,154,798,599.32	1,238,608,613.15	1,081,655,773.29	1,202,492,221.78
영업활동현금 흐름순이익	62,924,389.86	-49,783,539.60	5,055,655.80	-165,814,257.46

❹ 주요 상품별 판매 현황

단위 : 위안(RMB)

상품별	영업수입	영업원가	매출총이익률(%)
합금구조용강	1,912,346,744.40	1,627,200,588.74	14.91%
	전년대비 1.94%	전년대비1.45%	전년대비 0.41%
공구용강	853,475,966.39	825,639,960.93	3.26%
	전년대비 1.56%	전년대비 0.87%	전년대비 0.65%
스테인레스강	916,303,218.69	715,936,927.00	21.87%
	전년대비 14.47%	전년대비 9.75%	전년대비 3.37%
고온합금강	747,324,425.82	331,516,182.54	55.64%
	전년대비 -5.95%	전년대비 -18.23%	전년대비 6.66%
서비스업 (기술자문 등)	3,306,717.76	3,079,362.58	55.64%
	전년대비 -34.80%	전년대비 -8.68%	전년대비 -6.66%

3. 주요임원 및 최근2년 영업이익

❶ 기업 주요 인사

○ 동스(董事) 동사장(董事長)

※ ▲1964년생, 남, ▲둥베이공학원 공학 전공, ▲1986년 8월 사회활동 시작, 1993년 6월 공산당 입당, ▲번강(本鋼)그룹 상무부서기, 부총경리, ▲현재 둥베이특구강그룹 상무위원회 서기, 동사장, ▲2016년 5월 16일부터 푸순특구강주식회사 동사장(2018년 5월 14일 이임 예정)

○ 지앙천바오(姜臣寶) 재무총감(월급 28.9만 위안)

○ 장위춘(張玉春) 동사(董事)(월급 49.44만 위안)(※동사는 기업의 이사에 해당)

○ 장샤오쥔(張曉軍) 총경리(월급 10.30만 위안)

○ 류전톈(劉振天) 상무부총경리(월급 28.28만 위안)

○ 어청송(鄂成松) 부총경리(월급 26.80만 위안)

○ 쑨리궈(孫立國) 부총경리(월급 26.71만 위안)

○ 추이홍(崔鴻) 부총경리(월급 26.59만 위안)

○ 자오광천(趙光晨) 총법률고문(월급 23.09만 위안)

❷ **기업총자산/기업부채**(2017년 3월) : 125.49억 위안/105.33억 위안

❸ **최근 2년간 매출**

가. 2016년

○ 매출총이익 : 46.78억 위안

○ 매출총이익 판매상품별 비중

– ▲합금구조용강 : 43.17%(19.12억 위안), ▲스테인레스강 : 20.69%(9.16억 위안), ▲공구강 : 19.27%(8.53억 위안), ▲고온합금강 : 16.87%(7.47억 위안) 등

○ 각 상품판매별 매출총이익률(gross profit ratio to sales)

– ▲합금구조용강 : 14.91%, ▲스테인레스강 : 21.87%, ▲공구강 : 3.26%, ▲고온합금강 : 55.64% 등

○ 매출총이익 판매지별 구분

– ▲화동지역 : 27.17%(12.62억 위안), ▲동북지역 : 16.05%(7.45억 위안), ▲화북지역 : 15.93%(7.40억 위안), ▲기타 : 40.85%(수출 : 4.27억 위안)

나. 2015년

○ 매출총이익 : 45.58억 위안

○ 매출총이익 판매상품별 비중

– ▲합금구조용강 : 43.51%(18.76억 위안), ▲공구강 : 19.49%(8.40억 위안), ▲스테인레스강 : 18.57%(8억 위안), ▲고온합금강 : 18.43%(7.85억 위안) 등

○ 각 상품판매별 매출총이익률(gross profit ratio to sales)

– ▲합금구조용강 : 14.50%, ▲공구강 : 2.61%, ▲스테인레스강 : 18.50%, ▲고온합금강 : 48.98% 등

○ 매출총이익 판매지별 구분

– ▲화동지역 : 26.88%(12.06억 위안), ▲동북지역 : 19.73%(8.85억 위안), ▲서북지역 : 13.39%(6.01억 위안), ▲기타 : 40.01%(수출 : 4.92억 위안)

❹ 주식발행 현황

○ 주식상장 시기 : 2000년 12월 29일 상하이증권거래소

○ 총발행 주 : 13억 주(발행가 5.50/2017.6.13 현재 1주당 가격 5.95 위안)

○ 유통주 : 11.30억 주

○ 최대주주 : 동베이특수강그룹유한책임회사(東北特殊鋼集團責任有限公司)(38.22%)(※10대 주주의 주식점유비율 40.92%)

※ 실제지배주주는 랴오닝성국유자산감독관리위원회

❺ 푸순특수강주식회사와 최종 지배주주와의 관계도

랴오닝성정부국유자산감독관리위원회
(遼寧省政府國有資産監督管理委員會)

⇓ ⇓ 100% 소유

랴오닝성국유자산경영유한회사
(遼寧省國有資産經營有限公司)

46.13% 소유⇓ ⇓ 22.68% 소유

동북특수강그룹유한책임회사
(東北特殊鋼集團有限責任公司)

⇓ 38.22 소유

푸순특수강주식회사 (撫順特殊鋼股份有限公司)

⑥ 특수강 업계 주요 경쟁 기업(총자산 순)

○ ▲충칭철강(重慶鐵鋼)(충칭시), ▲시닝특수강(西寧特鋼)(칭하이성 시닝시), ▲광다특수강(方大特鋼)(장시성 난창시), ▲다야특강(大冶特鋼)(후베이성 황스시) 등

4. 거시 전망

○ 모(母)기업의 자산 동결과 영업수입 하락이 이어지면서 최근 재정이 급격한 악화 상태를 나타내고 있는바, 장기적인 관망이 필요하다.

○ 푸순특수강은 그러나 중국 국방, 군수, 현대와 무기와 관련한 특수 제조기술과 특수강 재료의 81%를 유관기관에 제공하고 있고, 중국 항공우주용 재료의 50%(선저우 6호 우주선의 경우 탑재장치를 푸순특강이 제조)를 제작하고 있어 기술력을 바탕으로 한 중국 특수강 기업으로서의 중요한 위치는 변화가 없을 것으로 예상된다.

— 군수, 대형비행기, 우주항공 등의 산업과 함께 장기적 차원에서 성장 발전 가능성을 주목할 필요가 있다.

11
창바이산뤼여우주식회사 長白山旅游股份有限公司

◉ 기업 기본 개요

기업명	창바이산뤼여우주식회사(長白山旅游股份有限公司) (ChangBai Mountain Tourism Co. Ltd)
산업 분야	• 중국 측 백두산 내 관광자원 개발 • 여행사, 온천, 호텔, 주유소, 식품점 등 운영. 차량운영 및 임대, 주차장 관리 등
소재지	(자치주 옌지역에서 약 310㎞) • 중국 지린성 연변조선족자치주 안투현 얼다오바이허진 창바이산 보호개발구 츠베이취 바이린시취허핑제(우편번호133613) • 中國 吉林省 延邊朝鮮族自治州 安圖縣 二道白河鎮 長白山保護開發區池北區 白林西區和平街(郵編133613)
종업원 수 (2016년 말)	987(▲母회사786, ▲子회사201, ▲생산인원 732명)
산업 랭킹 (2017년 3월)	중국 관광업계 총자산 순위 5위
기업 홈페이지	http://www.cbmt.com.cn
대표 연락처	86-0433-5310177(fax 0433-5310777)

◉ 기업 발전 과정

1. 설립 과정

○ 창바이산뤼여우주식회사는 지린성창바이산보호개발구관리위원회가 지린성창바이산여유교통운수(長白山旅遊交通運輸)회사를 전신으로 지린삼

림공업그룹(吉林森林工業集團)과 연변임업그룹(延邊林業集團)의 투자로 현재의 규모를 갖추면서, 2010년 12월 8일 중국 측 백두산 내에 설립한 백두산 관광개발 및 운영 전문회사이다.

2. 기업 발전

○ 중국 측 백두산 지역을 토대로 백두산을 찾는 관광객과 연동된 사업을 핵심으로 여행사, 온천(온천 개발권 독점), 운수(환경보호차 등), 관광서비스 등을 운영하면서 백두산 관광자원 개발을 적극 추진 중에 있으며, 2014년 8월 동북지역 관광개발회사로서는 처음으로 상하이 증권거래소에 상장하였다.

◉ 기업 경영 현황

---

1. 지주회사

○ 창바이산뤼여우주식회사는 중국 측 백두산 지역인 안투현(安圖縣)에 기반을 두고, ▲지린성창바이산톈츠국제여행사유한회사(吉林省長白山天池國際旅行社有限公司), ▲지린성창바이산란징온천개발유한회사(吉林省長白山藍景溫泉開發有限公司), ▲지린성톈츠호텔관리유한책임회사(吉林省天池酒店管理有限責任公司)의 지분 100%를 소유하고 있으며, 2016년 동 3개사에 대한 투자액은 125,548,859.20 위안이다.

2. 창바이산뤼여우주식회사 주요 재무제표

❶ 최근 3년 주요지표 대비

단위 : 위안(RMB)

항목	2016년	2015년	전년대비 증감	2014년
영업수입	306,887,768.22	318,529,754.87	-3.65	292,899,915.40
상장주식 주주순이윤	71,112,221.50	100,555,891.58	-29.28	79,694,861.31
경영활동현금 유출입순이익	129,489,950.31	109,974,574.27	17.75	123,376,001.47
총자산	1,115,024,891.41	905,419,828.26	23.15	835,040,842.20

❷ 2016년 주요 재무제표

단위 : 위안(RMB)

항목	연말	연초
유동자산	252,672,186.36	457,844,959.82
비유동자산	862,352,705.05	447,574,868.44
자산총계	1,115,024,891.41	905,419,828.26
유동부채	209,138,264.82	40,138,887.65
비유동부채	4,695,088.76	5,392,462.12
부채합계	213,833,353.58	45,531,349.77
매출액	306,887,768.22	318,529,754.87
매출원가	202,844,006.48	183,243,728.70
영업이윤	104,043,761.74	135,286,026.17
경상이익	104,826,770.87	136,856,840.28
순이익	71,112,221.50	100,555,891.58
영업활동현금유입	334,057,172.37	332,563,836.02
영업활동현금유출	204,567,222.06	222,589,261.75
영업활동현금흐름순이익	129,489,950.31	109,974,574.27

❸ 2016년 분기별 재무제표 현황

단위 : 위안(RMB)

항목	1분기	2분기	3분기	4분기
매출액	21,057,643.16	43,590,500.20	206,145,972.41	36,093,652.45
영업활동현금 흐름순이익	-6,722,554.33	13,147,714.42	170,762,473.54	-47,697,683.32

❹ 주요 상품 수입 분석

단위 : 위안(RMB)

상품별	영업수입	영업원가	매출총이익률(%)
관광객 운영	289,804,175.50	135,723,378.59	53.17%
	전년대비 -5.06%	전년대비 7.33%	전년대비 -9.23%
여행사	5,110,995.70	2,751,982.39	46.16%
	전년대비 19.92%	전년대비 6.99%	전년대비 16.41%
기타	11,068,478.15	10,408,043.22	5.97%
	전년대비 31.16%	전년대비 30.73%	전년대비 5.57%

3. 주요임원 및 최근2년 영업이익

❶ 기업 주요 인사

○ 왕쿤(王昆) 동사장(董事長) 겸 총경리(월급 17.52만 위안)

※ ▲1971년생, 남, ▲창바이산보호국 토우다오관리참 참장(站長), 창바이산보호국바이산(白山)관리참 참장, 창바이산자연보호센터 부주임, 건설그룹 부총경리, 징취(景區)관리회사 동사장 등 역임, ▲현재 징취관리회사 동사장, 지린톈상(天上)온천관광유한회사 동사장, ▲2016년 10월 18일부터 창바이산뤼여우주식회사 동사장

○ 왕쥐안(王娟)姜臣寶) 총회계사(월급 13.28만 위안)

○ 지징천(紀景臣) 동사(董事)(월급 19.95만 위안)(※동사는 기업의 이사에 해당)

○ 허우창선(候長森) 동사(월급 17.57만 위안)

○ 허우전성(候振聲) 감사회 주석(월급 17.57만 위안)

○ 초우용광(仇永光) 부총경리(월급 15.88만 위안)

❷ 기업총자산/기업부채(2017년 3월) : 10.40억 위안/1.66억 위안

❸ 최근 2년간 매출

가. 2016년

○ 매출총이익 : 3.07억 위안

○ 매출총이익 판매상품별 비중

– ▲관광객 운영 : 94.71%(2.90억 위안), ▲기타 : 3.62%(1,106.85만 위안), ▲여행사 : 1.67%(511.10만 위안) 등

○ 각 상품판매별 매출총이익률(gross profit ratio to sales)

– ▲관광객 운영 : 53.17%, ▲기타 : 5.97%, ▲여행사 : 46.16%

○ 매출총이익 판매지별 구분

– ▲창바이산보호개발구 내 100%

나. 2015년

○ 매출총이익 : 3.19억 위안

○ 매출총이익 판매상품별 비중

– ▲관광객 운영 : 96.01%(3.05억 위안), ▲기타 : 2.65%(843.87만 위안), ▲여행사 : 1.34%(426.21만 위안) 등

○ 각 상품판매별 매출총이익률(gross profit ratio to sales)

– ▲관광객 운영 : 58.57%, ▲기타 : 5.65%, ▲여행사 : 39.65%

○ 매출총이익 판매지별 구분

– ▲창바이산보호개발구 내 100%

❹ 주식발행 현황

○ 주식상장 시기 : 2014년 8월 22일 상하이증권거래소

○ 총발행 주 : 2.67억 주(발행가 4.54/2017.6.13 현재 1주당 가격 15.92 위안)

○ 유통주 : 1.03억 주

○ 최대주주 : 지린성창바이산개발건설그룹유한책임회사(吉林省長白山開發建設集團有限責任公司)(59.45%)(※10대 주주의 주식점유비율 75.73%)

※ 실제지배주주는 지린성창바이산보호개발구관리위원회

❺ 창바이산뤼여우주식회사 최종 지배주주와의 관계도

창바이산관리위원회국유자산감독관리위원회
(長白山管理委員會國有資産監督管理委員會)

⇓ 100% 소유

지린성창바이산개발건설그룹유한책임회사
(吉林省長白山開發建設集團有限責任公司)

⇓ 59.45% 소유

창바이산뤼여우주식회사(長白山旅遊股份有限公司)

⇓ 100% 소유	⇓ 100% 소유	⇓ 100% 소유
지린성창바이산톈츠국제여행사유한회사(吉林省長白山天池國際旅行社有限公司)	지린성창바이산란징온천개발유한회사(吉林省長白山藍景溫泉開發有限公司)	지린성톈츠호텔관리유한책임회사(吉林省天池酒店管理有限責任公司)

❻ 관광개발 업계 주요 경쟁 기업(총자산 순)

○ ▲황산뤼여우(黃山旅遊)(안후이성 황산시), ▲구이린위여우(桂林旅遊)(광시좡주즈즈취 구이린시), ▲어메이산뤼여우(峨眉山旅遊)(쓰촨성 러산시), ▲장자제뤼여우(長家界旅遊)(후난성 장자제시) 등

4. 거시 전망

○ 백두산이 품고 있는 다양한 자원(관광, 생태, 문화, 역사, 민족, 스토리 등)에 대한 관심과 가치가 증가하면서, 중국정부는 먼저, 다양한 관광상품 개발을 통해 백두산의 산업화를 추진 중에 있고, 백두산 관광상품 개발에 참여하는 기업들이 증가하면서 백두산을 배경으로 하는 백두산관광산업은 중국기업에게 블루오션 산업으로 성장하고 있다.

○ 창바이산뤼여우주식회사는 백두산 내의 자원을 다양하게 개발하고 확대하면서, 백두산 브랜드를 선도하기 위한 산업정책들을 다양한 방식으로 추진 중에 있고, 영업수입 등을 통한 총자산도 지속 증가하고 있어, 창바이산뤼여우주식회사를 통한 중국정부의 백두산 관광자원 개발 이니셔티브 정책은 지속적으로 확대 추진될 것으로 전망된다.

○ 다만, 중국 관광산업과의 직접적인 연동성을 갖고 있어 장기적인 관찰이 필요하며, 매출총이익이 계절적(2분기, 3분기) 요인에 한정되어 있어, 현재로서는 영업수입의 주기적 한계성이 노정된다.

○ 창바이산뤼여우주식회사는 이러한 계절적 요인의 극복을 위해 동절기 스포츠와 문화에 대한 개발에 적극 참여할 것으로 예상되며, 이 과정에서 투자 및 기술유치 등 방식으로 대외 협력은 점진 확대될 것으로 전망된다.

12
창춘이치푸웨이자동차부품주식회사
長春一汽富維汽車零部件股份有限公司

◉ 기업 기본 개요

기업명	창춘이치푸웨이자동차부품주식회사(長春一汽富维汽車零部件股份有限公司)(Changchun FAWAY Automobile Componengts Co. Ltd)
산업 분야	자동차 부품 개발, 생산, 판매 수출 • 자동차 범퍼, 휠, 라이트, 시트, 장식재, 몰드(mold) 등
소재지	(창춘역에서 약 20㎞) • 중국 지린성 창춘시 자동차산업개발구 동펑난제1399호(우편번호 130011) • 中國 吉林省 長春市 汽車産業開發區 東風南街1399号(郵編130011)
종업원 수 (2016년 말)	5,517(▲母회사2,880, ▲子회사2,637 ▲생산직원 4,288)
산업 랭킹 (2017년 3월)	중국 자동차 부품업계 총자산 순위 18위
기업 홈페이지	http://www.fawfw.com.cn
대표 연락처	86-0431-85765685(fax 0431-85765338)

◉ 기업 발전 과정

1. 설립 과정

○ 창춘이치푸웨이자동차부품주식회사는 중국제일자동차그룹(中國第一汽車集團公司)이 1993년 지린성 창춘에 설립한 자(子)회사로서, 자동차 부

품 및 자동차 인테리어 관련 부품들을 연구, 생산 판매하는 회사이다.

○ 이치푸웨이는 중국제일자동차그룹(中國第一汽車集團公司)이 처음으로 국유소유의 자산을 주식형태로 전환하면서 1996년 상하이증권거래소에 상장하였고, 이후 기술과 재정 측면에서 안정을 보이며 성장하고 있다.

【중국제일자동차그룹(CHINA FAW GROUP CORPORATION)】

○ 중국제일자동차그룹(CHINA FAW GROUP CORPORATION)은 마오쩌둥(毛澤東)이 직접 명명(命名)한 제일자동차제조창(第一汽車製造廠)을 전신으로, 1956년 지린성 창춘에 설립된 중앙직속 관할의 대형 자동차 그룹이다. 중국 자동차산업 초기의 유명 상표인 제팡(解放), 둥펑(東風), 홍치(紅旗) 계열의 자동차를 생산하면서 중국 자동차 산업을 선도하였고, 현재 독일 등과 합작으로 아우디 등을 생산하고 있는 중국내 대형기업 중 한 곳이다. 중국제일자동차그룹은 2013년 이미 4,500억 위안의 매출총이익을 달성하였고, 2016년 중국 전체 재계순위 28위를 기록하였다.

○ 중국제일자동차그룹은 현재 100% 출자회사 28개, 50% 이상 출자회사 18개의 자회사를 소유하고 있으며, ▲이치승용차주식회사(一汽較車股份有限公司), ▲창춘이치푸웨이자동차부품주식회사(長春一汽富维汽車零部件股份有限公司), ▲톈진이치시아리자동차주식회사(天津一汽夏利汽車股份有限公司), ▲치밍정보기술주식회사(啓明信息技術股份有限公司) 등 4개의 회사를 중국 주식거래소에 상장하고 있다.

2. 기업발전

○ 이치푸웨이는 자동차 부품 및 라이트 등을 생산하면서, 자동차 산업과 함께 발전하였고, 자동차 보급 확대로 자동차에 대한 주기적인 관리서

비스가 필요하게 되면서 서비스 시장의 확대를 통해 성장하였으며, 자동차 완전조립기업과 관리기업을 주 고객으로 하고 있다.

○ 25개 공장을 운영하면서 생산과 기술능력을 확대하고 있으며, 자동차 부품 중에서도, ▲계기판, 스티어릴 휠(자동차 방향 조작용 휠), 센터페시아(오디오와 에어컨 조절판)와 같은 대시보드(dashboard), ▲자동차시트, ▲탑승용 문, ▲자동차 범퍼 등은 중국 내 최고의 기술과 설비 수준으로 인정받고 있으며, 2016년 280만 대의 차량에 이치푸웨이 범퍼를 장착하였다.

◉ 기업 경영 현황

1. 지주회사

○ ▲청뚜이치푸웨이옌펑비오우자동차외부장식유한회사(成都一汽富维延锋彼歐汽車外饰有限公司), ▲창춘이치푸웨이고신자동차장식유한회사(長春一汽富维高新汽車饰件有限公司), ▲창춘푸웨이동양자동차쑤리아오부품유한회사(長春一汽富维東陽汽車塑料零部件有限公司), ▲창춘이치푸웨이하이라자동차라이트유한회사(長春一汽富维海拉車燈有限公司), ▲창춘이치푸웨이화웨이모쥐유한회사(長春一汽富维華威模具有限公司) 등의 지분 50% 이상을 소유하고 있다.

2. 창춘이치푸웨이자동차부품주식회사 주요 재무제표

❶ 최근 3년 주요지표 대비

단위 : 위안(RMB)

항목	2016년	2015년	전년대비 증감	2014년
영업수입	11,992,482,217.42	9,863,621,610.98	21.58%	11,273,375,890.20
상장주식 주주순이윤	427,268,838.04	425,080,245.11	0.51%	552,741,085.64

경영활동현금 유출입순이익	880,946,324.46	409,470,360.03	115.14%	302,629,528.07
총자산	8,359,945,832.30	7,126,261,991.73	17.31%	6,502,767,850.85

❷ 2016년 주요 재무제표

단위 : 위안(RMB)

항목	연말	연초
유동자산	4,723,502,498.61	3,249,310,539.81
비유동자산	3,636,443,333.69	3,876,951,451.92
자산총계	8,359,945,832.30	7,126,261,991.73
유동부채	3,078,787,571.98	2,274,023,265.53
비유동부채	380,768,976.95	345,454,670.45
부채합계	3,459,556,548.93	2,619,477,935.98
매출액	11,992,482,217.42	9,863,621,610.98
매출원가	11,788,809,256.46	9,778,917,374.21
영업이윤	554,806,160.39	483,983,105.58
경상이익	566,015,545.57	484,033,750.16
순이익	456,392,194.81	525,402,430.35
영업활동현금유입	5,370,981,805.17	4,090,015,984.73
영업활동현금유출	4,490,035,480.71	3,680,545,624.70
영업활동현금흐름순이익	880,946,324.46	409,470,360.03

❸ 2016년 분기별 재무제표 현황

단위 : 위안(RMB)

항목	1분기	2분기	3분기	4분기
매출액	2,687,060,644.42	2,984,632,748.35	2,836,736,800.38	3,484,052,024.27
영업활동현금 흐름순이익	105,547,420.74	146,026,446.50	179,656,795.52	449,715,661.70

❹ 주요 상품 영업수입 또는 영업이익

단위 : 위안(RMB)

상품별	영업수입	영업원가	매출총이익률(%)
자동차 범퍼	2,998,123,218.12	2,614,389,458.30	12.80%
	전년대비 28.03%	전년대비 31.20%	전년대비 -2.10%

상품별	영업수입	영업원가	매출총이익률(%)
자동차 휠	7,438,342,869.79	7,302,944,346.53	1.82%
	전년대비 13.07%	전년대비 13.35%	전년대비 -0.25%
(스틸휠 및 조립)	717,082,456.32	575,623,426.57	19.73%
	전년대비 11.53%	전년대비 13.10%	전년대비 -1.33%
자동차 라이트	772,127,983.00	645,995,753.28	16.34
	전년대비 291.62%	전년대비 -221.39%	전년대비 18.28%

3. 주요임원 및 최근 2년 영업이익

❶ 기업 주요 인사

○ 진이(金毅) 동사장(董事長)

※ ▲1956년생, 남, 공산당원, 한족, ▲중국디이자동차(中國第一汽車) 창춘경형(長春輕型)엔진공장 부공장장(※이하 중국디이자동차는 '이치'로 사용함), 이치그룹 총경리 비서, 이치그룹대외경제무역처 처장, 이치그룹 공산당 상무위원, 부총경리, ▲현재 이치그룹 부총경리, 이치샤리(一汽夏利)회사 동사(董事), 2014년 2월 12일부터 이치푸웨이 동사장(2018년 4월 15일 이임 예정)

○ 치우셴동(邱現東) 동사장(董事長)

※ ▲1969년생, 남, 공산당원, 후베이성 출신, ▲칭화(淸華)대학 기계공정설비 전공(공학학사), ▲동펑자동차(東風汽車) 재정부 처장, 주임, ▲선룽(神龍)자동차 주임, 부총경리, 당부서기, 경영관리부 부장, ▲동펑자동차 총경리, 부총제 등 ▲ 이치자동차그룹 당 상무위원, 부총경리, ▲2017년 5월 19일부터 이치푸웨이 동사장(2018년 4월 15일 이임 예정)

○ 천페이위(陣培玉) 총경리(월급 44.60만 위안)

○ 장후이(江輝) 부총경리(월급 20.90만 위안)

○ 바오야종(包亞忠) 부총경리(월급 51.40만 위안)

❷ **기업총자산/기업부채**(2017년 3월) : 83.36억 위안/33.32억 위안

❸ **최근 2년간 매출**

가. 2016년

○ 매출총이익 : 119.92억 위안

○ 매출총이익 판매상품별 비중

– ▲자동차 휠 : 66.36%(74.38억 위안), ▲자동차 범퍼 : 26.75%(29.98억 위안), ▲자동차 라이트 : 6.89%(7.72억 위안) 등

○ 각 상품판매별 매출총이익률(gross profit ratio to sales)

– ▲자동차 휠 : 1.82%, ▲자동파 범퍼 : 12.80%, ▲자동차 라이트 : 16.34% 등

○ 매출총이익 판매지별 구분

– ▲동북지지역 : 68.18%(80.21억 위안), ▲서남지역 : 20.01%(23.54억 위안), ▲화남지역 : 11.11%(13.06억 위안), ▲기타 : 0.70%(북미수출 20.45만 위안)

나. 2015년

○ 매출총이익 : 98.64억 위안

○ 매출총이익 판매상품별 비중

– ▲자동차 휠 : 72.15%(65.79억 위안), ▲자동차 범퍼 : 25.68%(23.42억 위안), ▲자동차 라이트 : 2.16%(1.97억 위안) 등

○ 각 상품판매별 매출총이익률(gross profit ratio to sales)

– ▲자동차 휠 : 2.07%, ▲자동파 범퍼 : 14.90%, ▲자동차 라이트 : -1.944% 등

○ 매출총이익 판매지별 구분

– ▲동북지지역 : 66.79%(64.58억 위안), ▲서남지역 : 20.17%(19.50억 위

안), ▲화남지역 : 12.04%(11.64억 위안), ▲기타 : 0.99%(북미수출 128.26만 위안)

❹ 주식발행 현황

- 주식상장 시기 : 1996년 2월 26일 상하이증권거래소
- 총발행 주 : 1.70억 주(발행가 8.18위안/2017.6.16 현재 1주당 가격 18.70위안)
- 유통주 : 1.70억 주
- 최대주주 : 중국디이자동차그룹회사(中國第一汽車集團公司)(20.14%)(※10대 주주의 주식점유비율 32.84%)

※ 실제지배주주는 국무원국유자산감독관리위원회(國務院國有資産監督管理委員會)

❺ 창춘이치푸웨이자동차부품주식회사와 최종 지배주주와의 관계도

국무원국유자산감독관리위원회
(國務院國有資産監督管理委員會)

⇓ 100% 소유

중국디이자동차그룹
(中國第一汽車集團公司)

⇓ 20.14% 소유

창춘이치푸웨이자동차부품주식회사
(長春一汽富維汽車零部件股份有限公司)

❻ 자동자 부품업계 주요 경쟁 기업(총자산 순)

- ▲웨이차이동리(濰柴動力)(산둥성 웨이팡시), ▲화위자동차(華域汽車)(상하이시), ▲중국동리(中國動力)(허베이성 바오딩시), ▲쥔성전자(均勝電子)(저장성 닝보시), ▲푸야오보리(福耀琉璃)(푸젠성 푸저우시), ▲웨이푸가오커(威孵高科)(장쑤성 우시시), ▲중딩구펀(中鼎股份)(안후이성 쉔청시), ▲

닝보화샹(寧波華翔)(저장성 닝보시), ▲이젠구펀(易見股份)(쓰촨성 청뚜시), ▲만샹첸차오(萬向錢潮)(저장성 항저우시) 등

4. 거시 전망

○ 중국 자동차 산업과 함께 동반성장하고 있는 자동차 부품 회사로서, 부품개발, 외장설계, 자동차의 주기별 관리 등을 핵심으로 하면서, 자동차 조립기업과 관리기업을 주 고객으로 하고 보유하고 있어, 강한 시장경쟁력을 보유하고 있다고 할 수 있다.

○ 중국 자동차산업이 지속적으로 확대되고 있는 가운데 2014년과 2015년의 자동차 판매는 평균 5.9% 성장하였고, 2016년에는 2,802.82만 대의 판매를 기록하여 2015년 대비 13.65% 성장하면서 안정적인 발전을 하고 있는바, 자동차 부품산업은 자동차산업과 함께 동반성장을 유지할 것으로 예상된다.

○ 2017년 6월 중국 국무원 공업정보화부(工業和新息化部)는 「자동차 투자와 관리에 관한 의견(關于完善汽車投資項目管理的意見)」에서 중국 자동차 산업 구조조정의 필요성을 제시하였는데, 이에 따르면, ▲좀비기업의 퇴출, ▲전통연료(액체연료) 사용자동차 생산의 비준 강화, ▲배터리, 엔진, 제어계통 등 부품 산업에 대한 연구와 개발 확대, ▲상용차에 대한 투자를 확대 등의 내용을 담고 있는바, 향후 국유기업을 중심으로 자동차 시장의 변화가 예상된다.

13

지린화웨이전자주식회사 吉林華微電子股份有限公司

◉ 기업 기본 개요

기업명	지린화웨이전자주식회사(吉林華微電子股份有限公司) (JiLin Sino-Microelectronics Co.Ltd.)
산업 분야	• 반도체(트랜지스터, 집적회로, 실리콘 제어정류기, MOS 계열 등) 생산 및 판매 • 전기전자, 컴퓨터, 자동차, 통신 부품 등
소재지	(지린역에서 약 9.2㎞) • 중국 지린성 지린시 고신구 선전제99호(우편번호132013) • 中國 吉林省 吉林市 高新區深圳街99号(郵編132013)
종업원 수 (2016년 말)	2,256(▲母회사1,631, ▲子회사625 ▲생산직원 1,326)
산업 랭킹 (2017년 3월)	중국 반도체 개별소자 업계 총자산 순위 1위
기업 홈페이지	http://www.hwdz.com.cn
대표 연락처	86-0432-64684562(fax 0432-64665812)

◉ 기업 발전 과정

1. 설립 과정

○ 지린화웨이전자주식회사는 상하이평성커지실업유한회사가 1999년 지린성 창춘에 설립한 반도체 전문 기업으로서, ▲트랜지스터(transistor), ▲집적회로(集積回路, integrated circuit), ▲실리콘 제어정류기(silicon controlled rectifier:SCR), ▲MOS(metal-oxide-semiconductor) 계열 상품 등 반도체 개별소자(discrete device)를 설계, 생산, 판매 하면서 중국 반도체 시장의 국산화를 주도하였다.

2. 기업발전

○ 중국은 최근 high-technology 기술과 이를 응용한 산업이 발전하면서 반도체의 수요와 고급화가 지속적으로 증가하고 있는 흐름 속에 있으며, 특히 클린자동차 산업 및 군수산업 등에 있어서 지린화웨이 반도체의 공급은 지속적으로 증가하고 있다.

○ 웨이퍼(wafer), IGBT (Insulated Gate Bipolar Transistor) 등의 기술을 보유하고 있어, 중국 반도체 시장을 주도하면서 반도체 MADE IN CHINA를 위한 지속적인 발전을 추진 중에 있다.

◉ 기업 경영 현황

---

1. 지주회사

○ 지린화웨이전자주식회사는(吉林麦吉柯半导體有限公司), ▲지린화성전자유한책임회사(吉林華昇電子有限責任公司), ▲광저우화웨이저자유한회사(廣州華微電子有限公司), ▲지린화웨이스파커전기유한회사(吉林華微斯帕克電气有限公司), ▲선전스파커전기유한회사(深圳斯帕克電機有限公司)의 지분 50% 이상을 소유하고 있다.

2. 지린화웨이전자주식회사 주요 재무제표

❶ 최근 3년 주요지표 대비

단위 : 위안(RMB)

항목	2016년	2015년	전년대비 증감	2014년
영업수입	1,395,863,516.46	1,300,659,652.87	7.32	1,235,814,183.64
상장주식 주주순이윤	40,618,659.76	43,007,734.35	-5.55	35,665,286.16
경영활동현금 유출입순이익	75,750,345.27	236,854,045.78	-68.02	236,689,597.81
총자산	3,685,177,303.66	3,581,882,634.78	2.88	3,582,280,987.47

❷ 2016년 주요 재무제표

단위 : 위안(RMB)

항목	연말	연초
유동자산	2,097,025,433.39	1,921,126,419.52
비유동자산	1,588,151,870.27	1,660,756,215.26
자산총계	3,685,177,303.66	3,581,882,634.78
유동부채	1,274,005,028.40	1,198,659,711.54
비유동부채	398,333,955.49	397,783,170.58
부채합계	1,672,338,983.89	1,596,442,882.12
매출액	1,395,863,516.46	1,300,659,652.87
매출원가	1,368,036,318.19	1,272,704,785.96
영업이윤	30,519,818.48	31,989,063.76
경상이익	42,609,054.38	43,030,810.66
순이익	36,780,810.44	37,632,176.76
영업활동현금유입	1,325,640,995.56	1,373,267,405.19
영업활동현금유출	1,249,890,650.29	1,136,413,359.41
영업활동현금흐름순이익	75,750,345.27	236,854,045.78

❸ 2016년 분기별 재무제표 현황

단위 : 위안(RMB)

항목	1분기	2분기	3분기	4분기
매출액	275,687,245.59	335,442,564.95	349,461,455.78	435,272,250.14
영업활동현금 흐름순이익	13,799,844.34	54,806,888.98	-5,755,570.30	12,899,182.25

❹ 주요 상품 영업수입 또는 영업이익

단위 : 위안(RMB)

상품별	영업수입	영업원가	매출총이익률(%)
반도체 개별소자 (discrete device)	1,362,951,648.51	1,100,432,088.55	19.26%
	전년대비 7.88%	전년대비 11.65%	전년대비 -2.72%
기타	25,864,876.03	18,158,395.98	29.80%
	전년대비 3.36%	전년대비 4.05%	전년대비 -0.46%
(상업)	15,407,230.34	15,407,230.34	0.00%
	전년대비 5.34%	전년대비 5.34%	전년대비 0%
(서비스업)	10,457,645.69	2,751,165.64	73.69%
	전년대비 0.59%	전년대비 -2.63%	전년대비 0.87%

3. 주요임원 및 최근 2년 영업이익

❶ 기업 주요 인사

○ 시아쩡원(夏增文) 동사장(董事長)(보유주식 33.38만주)(월급 25.20만 위안)

※ ▲1952년 5월 28일생, 남. ▲지린시반도체공장(吉林市半导體廠) 공장장, 지린화싱전자그룹(吉林華星電子集團 동사장), ▲2001년 2월 16일부터 지린화웨이전자주식회사 동사장(2018년 5월 28일 이임 예정)

○ 자오동쥔(趙東軍) 부동사장(副董事長)(보유주식 33만주)(월급 21.96만 위안)

○ 위성동(于胜東) 총재 겸 부총경리(보유주식 10만주)(월급 20.63만 위안)

○ 저우싱(周興) 부총경리(보유주식 10.14만주)(월급 23.08만 위안)

○ 왕샤오린(王曉林) 재무총감(보유주식 33만주)(월급 19.65만 위안)

❷ 기업총자산/기업부채(2017년 3월) : 37.96억 위안/17.71억 위안

❸ 최근 2년간 매출

가. 2016년

○ 매출총이익 : 13.96억 위안

○ 매출총이익 판매상품별 비중

— ▲반도체 개별소자 : 98.14%(13.63억 위안), ▲기타 : 1.86%(2,586.49만 위안)

○ 각 상품판매별 매출총이익률(gross profit ratio to sales)

— ▲ 반도체 개별소자 : 19.24%, ▲기타 : 29.80%

○ 매출총이익 판매지별 구분

— ▲화동지역 : 43.39%(6.03억 위안), ▲화남지역 : 25.22%(3.50억 위안), ▲해외수출 23.32%(3.24억 위안)

나. 2015년

○ 매출총이익 : 13.01억 위안

○ 매출총이익 판매상품별 비중

— ▲반도체 개별소자 : 98.06%(12.63억 위안), ▲기타 : 1.94%(2,502.32만 위안)

○ 각 상품판매별 매출총이익률(gross profit ratio to sales)

— ▲ 반도체 개별소자 : 21.98%, ▲기타 : 1.94%

○ 매출총이익 판매지별 구분

— ▲화동지역 : 33.96%(4.38억 위안), ▲화남지역 : 28.528%(3.68억 위안), ▲해외수출 29.93%(3.86억 위안)

❹ 주식발행 현황

○ 주식상장 시기 : 2001년 3월 16일 상하이증권거래소

○ 총발행 주 : 7.38억 주(발행가 8.42위안/2017.6.20 현재 1주당 가격 7.3 위안)

○ 유통주 : 7.38억 주

○ 최대주주 : 상하이평성커지실업유한회사(上海鵬盛科技實業有限公司)(23.51%)(※10대 주주의 주식점유비율 28.72%)

※ 실제지배주주는 쩡타오(曾濤)(※쩡타오는 상하이평성커지실업유한회사, 톈진화한투자발전(天津華漢投資發展)유한회사의 동사장)

❺ 지린화웨이전자주식회사와 최종 지배주주와의 관계도

쩡타오(曾濤)

⇓ 55% 소유 ⇓ 13.16% 소유

텐진화한투자발전유한회사
(天津華漢投資發展份有限公司) ⇓

⇓ 30.12% 소유 ⇓

상하이펑성커지실업유한회사(上海鹏盛科技實業有限公司)

⇓ 23.51% 소유

지린화웨이전자주식회사(吉林華微電子股份有限公司)

❻ 자동자 부품업계 주요 경쟁 기업(총자산 순)

○ ▲양제커지(楊杰科技)(장쑤성 양저우시), ▲쑤저우구더(蘇州固得)(장쑤성 양저우시), ▲웨이얼구펀(韋爾股份)(상하이시), ▲제제웨이뎬(捷捷微電)(장쑤성 난통시), ▲타이지구펀(臺基股份)(후베이성 샹양시) 등

4. 거시 전망

○ 동북지역 최고 반도체 기업으로서, 계속적인 변화와 혁신으로 기술력 제고와 판매시장을 넓히면서 발전하였고, 웨이퍼(wafer), 3, 4, 5, 6 인치의 반도체 웨이퍼 생산기술 시스템을 구축하여 2013년 웨이퍼 연 총생산능력 400만개를 초과하면서 중국 내 시장 점유 확대와 해외수출이 지속적인 증가세를 나타내고 있다.

○ 중국 동북진흥과 관련한 ▲기술산업, ▲군수용품, ▲민영기업의 확대 정책 등과 접점을 이루고 「중국제조업 2025」을 통한 기술과 자본의 지속적인 투입이 이어지면서 「MADE IN CHINA 반도체」 실현에서 가장 선도 역할을 할 것으로 전망된다.

14
지린야타이그룹주식회사 吉林亞泰集團股份有限公司

◉ 기업 기본 개요

기업명	지린야타이그룹주식회사(吉林亞泰集團股份有限公司) (JILIN YATAI GROUP CO. LTD.)
산업 분야	• 부동산 개발, 시멘트 제조, 건축재료 제조 • 은행, 증권회사, 제약, 수출입, 석탄 판매, 스포츠(축구) 문화 등
소재지	(창춘역에서 약 9㎞) • 중국 지린성 창춘시 지린다루 1801호(우편번호130031) • 中國 吉林省 長春市 吉林大路1801号(郵編130031)
종업원 수 (2016년 말)	20,647(▲母회사204, ▲子회사20,443 ▲생산직원 15,879)
산업 랭킹 (2017년 3월)	중국 시멘트 제조 업계 총자산 순위 2위
기업 홈페이지	http://www.yatai.com
대표 연락처	86-0431-84956688(fax 0431-84951400)

◉ 기업 발전 과정

1. 설립 과정

○ 宋尚龍(송상룽)이 1979년 설립한 창춘얼다오허자취건축공정회사(二道河子區建築工程公司)를 전신으로 1994년 현재의 야타이그룹주식회사를 설립하였으며, 설립 당시 창춘시얼다오구(長春二道區)가 가장 많은 지분을 보유하였으나, 상하이증권거래소에 1995년 주식 상장 후 정부소유의

주식을 매각하면서 회사의 양적 성장을 이루었다.

○ 2000년 이후 정부 소유의 주식을 지속적으로 매각하여 주식제를 통해 정부와 민간이 공동지분을 소유하는 혼합형소유형태로의 성공적인 경영방법을 이루고 있다.

2. 기업발전

○ 건축재료 제조 및 판매를 통해 부동산시장과 함께 성장하였고, 특히 시멘트 생산은 중국내 최대 생산 기업 중 한 곳이며, 최근에는 동북지역을 중심으로 건축재료, 부동산개발, 금융, 의약 사업을 위주로 석탄, 신에너지산업, 무역, 백화점, IT 업종 등 서비스 사업으로 확장 운영하고 있다. 2016년 중국 종합기업 순위 329위를 차지하였다.

○ 2004년 길림은행, 2007년 동북증권의 1대 주주가 되면서 금융업 등으로 사업을 확장 하였고, 2005년부터 석탄, 2014년부터 의약업 진출 등을 통해 에너지와 서비스 산업 등으로 기업을 확대해 나가고 있다.

◉ 기업 경영 현황

1. 지주회사

○ 지린야타이그룹주식회사는 ▲지린야태부동산개발유한회사(吉林亞泰房地産開發有限公司(부동산개발), ▲지린야타이시멘트유한회사(吉林亞泰水泥有限公司)(시멘트, 시멘트 제품 제조), ▲텐진란하취안저우워터케슬발전유한회사(天津蘭海泉洲水城發展有限公司)(호텔, 건물관리,도로공사), ▲야타이그룹하얼빈시멘트회사(亞泰集團哈爾濱水泥有限公司)(시멘트, 세멘트 제품제조), ▲지린야타이푸위안쇼핑몰(吉林亞泰富苑购物中心有限公司)(의류,

쇼핑몰 등 서비스업), ▲지린다야오팡제약업(吉林大藥房藥業股份有限公司)(제약), ▲지린야타이제약주식회사(吉林亞泰制藥股份有限公司)(약재), ▲야타이그룹통화시멘트주식회사(亞泰集團通化水泥股份有限公司)(환경건축재료, 채광), ▲펑라이야타이란하이도시건설회사(蓬莱亞泰蘭海城市建設有限公司)(도시관리, 시공), ▲난징진안부동산개발회사(南京金安房地産開發有限公司)(부동산개발), ▲송위안야타이부동산개발유한회사(松原亞泰房地産開發有限公司)(부동산개발, 아파트 관리), ▲지린야타이밍청시멘트(吉林亞泰明城水泥有限公司)(시멘트, 시멘트 제품) 등의 지분 50% 이상을 소유하고 있다.

2. 지린야타이그룹주식회사 주요 재무제표

❶ 최근 3년 주요지표 대비

단위 : 위안(RMB)

항목	2016년	2015년	전년대비 증감	2014년
영업수입	11,010,730,487.13	11,011,668,975.75	-0.01	14,455,361,045.43
상장주식 주주순이윤	151,932,326.77	-189,591,066.23	180.14	183,591,729.97
경영활동현금 유출입순이익	2,589,737,974.56	2,576,840,568.770.	0.50	-5,980,359,762.00
총자산	51,923,322,077.54	53,790,106,634.31	-3.47	53,412,054,911.47

❷ 2016년 주요 재무제표

단위 : 위안(RMB)

항목	연말	연초
유동자산	26,284,685,215.26	29,355,761,154.82
비유동자산	25,638,636,862.28	24,434,345,479.49
자산총계	51,923,322,077.54	53,790,106,634.31
유동부채	26,243,776,954.69	34,465,964,965.20
비유동부채	11,337,876,820.39	4,947,600,756.96

항목	연말	연초
부채합계	37,581,653,775.08	39,413,565,722.16
매출액	11,010,730,487.13	11,011,668,975.75
매출원가	11,916,122,218.89	12,981,550,785.02
영업이윤	-206,434,341.94	-714,981,592.29
경상이익	200,164,207.30	-527,292,791.30
순이익	139,104,359.94	-520,984,337.02
영업활동현금유입	12,431,340,761.09	14,010,393,265.12
영업활동현금유출	9,841,602,786.53	11,433,552,696.35
영업활동현금흐름순이익	2,589,737,974.56	2,576,840,568.77

❸ 2016년 분기별 재무제표 현황

단위 : 위안(RMB)

항목	1분기	2분기	3분기	4분기
매출액	2,005,630,445.97	3,009,718,194.52	3,099,904,874.01	2,895,476,972.63
영업활동현금흐름순이익	799,878,776.55	165,567,671.26	1,170,971,597.92	453,319,928.83

❹ 주요 상품 영업수입 또는 영업이익

단위 : 위안(RMB)

상품별	영업수입	영업원가	매출총이익률(%)
건축재료	4,254,393,996.19	3,318,134,879.78	22.01%
	전년대비 -13.75%	전년대비 -21.19%	전년대비 7.36%
부동산	2,658,377,420.84	2,216,860,976.52	16.61%
	전년대비 30.34%	전년대비16.75%	전년대비 9.71%
의약업	1,693,092,525.71	858,863,207.69	49.27%
	전년대비 5.34%	전년대비 5.34%	전년대비 0.22 %
석탄산업	562,580,166.68	398,755,681.24	29.12%
	전년대비 -24.57%	전년대비 -34.42%	전년대비 10.64%
국내외무역	850,494,021.32	651,908,253.67	23.35
	전년대비 -22.66%	전년대비 -12.99%	전년대비 -8.53%
其 他	798,906,639.90	725,845,384.17	9.15
	전년대비 54.34%	전년대비 49.70%	전년대비 2.82%

3. 주요임원 및 최근 2년 영업이익

❶ 기업 주요 인사

○ 宋尚龍(송상룽) 동사장(董事長)(보유주식 220.22만주)(월급 151.62만 위안)

※ ▲1953년 11월생, 남(男), 대졸, 공산당원, ▲창춘얼다오취(二道區)도시관리국 부국장, ▲중국기업인연합회 부회장, 중국기업가협회 부회장, ▲창춘룽다건축실업회사(長春龍达建築實業公司) 총경리, 지린야타그룹 부동사장, 총재, ▲전국인민대표대회 제9기, 10기, 11기, 12기, 지린성 대표, ▲지린성 10대경제인, 창춘동북진흥 공헌 기업인 등으로 선정, ▲현재 동북증권(東北證券)동사장, 지린은행 이사, 지린대학 이사회 이사, ▲2005년 4월 2일부터 지린야타이그룹 동사장, 총재

○ 쉬더시아(徐德复) 부동사장(副董事長)(보유주식 53.13)(월급 117.23만 위안)

○ 순샤오펑(孫曉峰) 부동사장 겸 부총재(보유주식 27.64만주)(월급 117.23만 위안)

○ 류수선(劉樹森) 상무부총재(보유주식 26.64만주)(월급 148.87만 위안)

○ 천지종(陳继忠) 부총재(보유주식 80.36만주)(월급 117.23만 위안)

○ 왕화민(王化民) 부총재(보유주식 27.64만주)(월급 117.23만 위안)

❷ 기업총자산/기업부채(2017년 3월) : 512.33억 위안/371.84억 위안

❸ 최근 2년간 매출

가. 2016년

○ 매출총이익 : 110.11억 위안

○ 매출총이익 판매상품별 비중

— ▲건축재료 : 39.33%(42.54억 위안), ▲부동산 : 24.57%(26.58억 위안), ▲의약업 : 15.65%(16.63억 위안), ▲기타 : 20.45%(석탄산업 5.63억 위안)

○ 각 상품판매별 매출총이익률(gross profit ratio to sales)

— ▲건축재료 : 22.51%, ▲부동산 : 16.61%, ▲의약업 : 49.27%, ▲석탄산업 : 29.12%

○ 매출총이익 판매지별 구분

— ▲동북지역 : 79.71%(86.23억 위안), ▲화동지역 : 7.85%(8.61억 위안), ▲기타지역 12.33%(13.34억 위안)

나. 2015년

○ 매출총이익 : 110.12억 위안

○ 매출총이익 판매상품별 비중

— ▲건축재료 : 45.76%(49.33억 위안), ▲부동산 : 18.92%(20.40억 위안), ▲의약업 : 14.44억 위안, ▲석탄산업 : 7.46억 위안

○ 각 상품판매별 매출총이익률(gross profit ratio to sales)

— ▲건축재료 : 14.65%, ▲6.90 : 16.61%, ▲의약업 : 49.50%, ▲석탄산업 : 18.48%

○ 매출총이익 판매지별 구분

— ▲동북지역 : 83.24%(89.73억 위안), ▲화동지역 : 3.67%(3.95억 위안), ▲기타지역 13.10%(14.12억 위안)

❹ 주식발행 현황

○ 주식상장 시기 : 1995년 11월 15일 상하이증권거래소

○ 총발행 주 : 26억 주(발행가 1.00 위안/2017.6.20 현재 1주당 가격 5.29 위안)

○ 유통주 : 18.95억 주

○ 최대주주 : 창춘시인민정부국유자산감독관리위원회(15.57%)(※10대 주주의 주식점유비율 44.05%)

※ 실제지배주주는 창춘시인민정부국유자산감독관리위원회(長春市人民政府國有資産監督管理委員會)

❺ 지린야타이그룹주식회사와 최종 지배주주와의 관계도

창춘시인민정부국유자산감독관리위원회 (長春市人民政府國有資産監督管理委員會)
⇓ 11.35% 소유
지린야타이그룹주식회사 (吉林亞泰集團股份有限公司)

❻ 시멘트 제조 주요 경쟁 기업(총자산 순)

○ ▲하이뤄시멘트(海螺水泥)(안후이성 우후시), ▲지동시멘트(冀東水泥)(허베이성 탕산시), ▲화신시멘트(華新水泥)(상하이시), ▲톈산굴펀(天山股份)(신장위그루자치주), ▲치롄산(祁連山)(간수성 란저우시) 등

4. 거시 전망

○ 시멘트와 부동산을 통해 성장하여, 금융, 의약, 서비스업 등으로 확장하면서 종합대기업의 변모를 갖추고 있는 지리성의 대표기업으로서, 국영과 민영의 혼합형 경영을 유지하고 있어, 시장에서의 대외개방과 대외협력 등은 지속 확대 될 전망이다.

○ 2011년 6월 란하이그룹의 최대주주가 되면서 경영지역을 동북지역에서 베이징, 허난성, 톈진 등으로 확대하기 시작하였고, 최근 부동산, 건축재료 등의 시장에서 영업이익이 감소하면서, 구조조정을 통해 금융, 의약, 서비스업 등으로의 투자를 확대하고 있어 구조조정 후 글로벌 대기업으로의 성장이 주목된다.

○ 1996년 창립한 창춘 야타이프로축구단이 중국 프로축구의 발전을 이끌면서 스포츠 산업 발전에도 공헌을 하고 있어, 스포츠산업 관련 분야에서도 잠재 성장 가능성이 큰 기업이다.

○ 최근 몇 년 에너지, 석탄산업 분야에서의 영업규모는 감소하였으나, 석탄을 비롯한 상당부분의 화력에너지를 주변국에서 수입하였고, 이에 대한 기술과 자본 투자 노하우(know-how)도 축적하고 있어, 향후 중국 일대일로(一帶一路) 전략의 플랫폼 아래 주변국과의 에너지 분야 협력 등에서도 그 역할이 증대될 것으로 관찰된다.

15
창춘어우야그룹주식회사 長春歐亞集團股份有限公司

◉ 기업 기본 개요

기업명	창춘어우야그룹주식회사(長春歐亞集團股份有限公司) (CHANG CHUN EURASIA GROUP CO. LTD)
산업 분야	• 상품 유통, 도소매, 부동산, 임대, 음식업 • 수출입, 고급제품 판매, 광고, 호텔경영, 관광 등
소재지	(창춘역에서 약 8.4㎞) • 중국 지린성 창춘시 공농다루 1128호(우편번호130021) • 中國 吉林省 長春市 工農大路1128号(郵編130021)
종업원 수 (2016년 말)	7,978(▲母회사1,356, ▲子회사6,622 ▲생산직원 15,879)
산업 랭킹 (2017년 3월)	중국 백화점 유통업계 총자산 순위 6위
기업 홈페이지	www.cn-eurasiagroup.com
대표 연락처	86-0431-87666905(fax 0431-87666813)

◉ 기업 발전 과정

1. 설립 과정

○ 창춘어우야그룹주식회사는 지린성 최대 유통기업으로서, 1953년에 설립된 창춘시 소유의 「창춘시자동차청바이휘다로우(長春市汽車城百貨大樓)」를 전신으로, 창춘시가 1992년에 소유지분 일부를 대외매각하여 창춘시자동차성바이휘주식회사(長春市汽車城百貨股份有限公司)를 설립하

면서 성장하였다.

○ 1993년 주식 2만주를 발행하여 상하이증권거래소에 상장하면서 자본을 대형화하였고, 1996년 5월 창춘어우야그룹주식회사로 사명을 변경하였으며, 이후 유통업을 기반으로, 부동산, 관광업, 요식업 등을 통해 기업을 확장하였다.

2. 기업발전

○ 지린성의 내의 백화점 30개를 포함하여 모두 34개의 백화점을 경영하고 있으며, 백화점, 쇼핑몰, 대형마트 등 중국 전역에 모두 107개의 유통매장을 경영하고 있다.

○ 최근 지린성에 집중되어 있던 경영에서 벗어나 랴오닝성(2007년), 하이난성(2012년), 베이징(2015년), 내몽고(2015년) 등에 백화점을 개설하여 유통사업을 확장하고 있으며, 그룹 영업액의 83% 이상을 유통판매 분야가 차지하고 있어, 쇼핑+휴식+인터넷 등이 종합적으로 합쳐진 새로운 영역의 백화점 경영을 추진 중에 있다.

◉ 기업 경영 현황

1. 지주회사

○ 창춘어우야그룹주식회사는 ▲창춘어우야그룹자동차백화점빌딩(長春歐亞集團歐亞車百大楼有限公司), ▲선양롄잉(瀋陽聯营有限公司), ▲창춘어우야그룹통화쇼핑센터(長春歐亞集團通化歐亞购物中心有限公司), ▲베이징어우야비즈니스(北京歐亞商貿有限公司), ▲어우야중지(歐亞中吉有限公司)(홍콩) 등 74개 자회사의 지분 50% 이상을 소유하고 있는 지주회사이다.

2. 창춘어우야그룹주식회사 주요 재무제표

❶ 최근 3년 주요지표 대비

단위 : 위안(RMB)

항목	2016년	2015년	전년대비 증감	2014년
영업수입	13,023,604,486.19	12,904,990,131.21	0.92	11,542,120,188.27
상장주식 주주순이윤	327,285,610.17	324,363,552.92	0.90	298,754,058.20
경영활동현금 유출입순이익	1,017,143,380.18	364,303,787.36	179.20	86,761,451.51
총자산	18,157,593,351.84	15,697,683,752.89	15.67	13,262,225,283.46

❷ 2016년 주요 재무제표

단위 : 위안(RMB)

항목	연말	연초
유동자산	5,836,172,874.31	4,952,470,380.72
비유동자산	12,321,420,477.53	10,745,213,372.17
자산총계	18,157,593,351.84	15,697,683,752.89
유동부채	11,588,684,464.25	10,830,851,283.80
비유동부채	2,103,833,994.20	1,481,069,963.14
부채합계	13,692,518,458.45	12,311,921,246.94
매출액	13,023,604,486.19	12,904,990,131.21
매출원가	12,289,968,579.15	12,210,735,821.21
영업이윤	724,925,290.71	693,128,055.38
경상이익	768,003,580.18	725,751,647.46
순이익	569,862,391.26	543,808,959.00
영업활동현금유입	15,604,486,682.97	15,266,246,469.07
영업활동현금유출	14,587,343,302.79	14,901,942,681.71
영업활동현금흐름순이익	1,017,143,380.18	364,303,787.36

❸ 2016년 분기별 재무제표 현황

단위 : 위안(RMB)

항목	1분기	2분기	3분기	4분기
매출액	3,064,105,620.80	3,544,003,070.74	2,967,319,382.71	3,448,176,411.94
영업활동현금 흐름순이익	-483,748,766.90	-483,748,766.90	169,608,244.72	861,464,740.91

❹ 주요 상품 영업수입 또는 영업이익

단위 : 위안(RMB)

상품별	영업수입	영업원가	매출총이익률(%)
상품유통	10,927,802,861.90	9,804,426,206.81	10.28%
	전년대비 1.12%	전년대비 1.01%	전년대비 0.09%
부동산	422,212,104.18	300,897,961.50	28.73%
	전년대비 -33.86%	전년대비-37.88%	전년대비 4.61%
임대서비스	1,657,730,078.34	182,629,198.12	88.98
	전년대비 14.83%	전년대비 26.49%	전년대비 -1.02 %
건물관리	15,140,512.66	444,950.32	97.06%
	전년대비 -2.11%	전년대비 0.47%	전년대비 -0.08%
관광요식업	718,929.11	511,553.27	28.85%
	전년대비 96.94%	전년대비 109.93%	전년대비 -4.40%

3. 주요임원 및 최근 2년 영업이익

❶ 기업 주요 인사

○ 차오허핑(曹和平) 동사장(董事長)(보유주식 274.03만주)(월급 69.15만 위안)

※ ▲61세, 남(男), 지린대학 석사, ▲창춘시바이훠회사(長春市百貨 公司) 조직부(組織部) 부부장,▲창춘시자동차청백화점(長春市汽車城百貨大楼) 공산당위원회 서기, 총경리, ▲전국인민대표대회 제9기 대표, 중국공산당대표대회 제16차, 17차, 18차 대표, ▲국가청년기업인, 중국상업서비스개혁개방30주년공헌인물 등 선정, ▲현재 창춘어우야그룹주식회사 당위원회 서기, 총경리, 동사장

○ 시루전(席汝珍) 부동사장(副董事長)(보유주식 10.13)(월급 43.36만 위안)

○ 취후이샤(曲慧霞) 부동사장(보유주식 28.07만주)(월급 54.61만 위안)

○ 위후이팡(于惠舫) 부총경리(보유주식 13.59만주)(월급 43.36만 위안)

○ 위즈량(于志良) 부총재(보유주식 8.76만주)(월급 43.36만 위안)

○ 뤼원핑(吕文平) 부총재(월급 40.20만 위안)

❷ **기업총자산/기업부채**(2017년 3월) : 183.96억 위안/138.35억 위안

❸ **최근 2년간 매출**

가. 2016년

○ 매출총이익 : 130.24억 위안

○ 매출총이익 판매상품별 비중

— ▲상품유통 : 83.91%(109.28억 위안)(의류42.36%, 식품28.47%, 가전 10.46), ▲임대서비스 : 12.73%(16.58억 위안), ▲부동산 : 3.24%(4.22억 위안), ▲관광요식업 : 71.89억 위안

○ 각 상품판매별 매출총이익률(gross profit ratio to sales)

— ▲상품유통 : 10.28%, ▲임대서비스 : 88.98%, ▲부동산 : 28.73%, ▲관광요식업 : 28.85%

○ 매출총이익 판매지별 구분

— ▲지린성 : 93.15%(121.32억 위안), ▲요녕성 : 3.23%(4.21억 위안), ▲내몽고자치주 : 3.21%(4.18억 위안), ▲베이징시 : 3,181.16만 위안, ▲허난성 : 1024.66만 위안, ▲하이난성 : 969.14만 위안, ▲홍콩 : 51.23만 위안

나. 2015년

○ 매출총이익 : 129.05억 위안

○ 매출총이익 판매상품별 비중

— ▲상품유통 : 83.74%(108.07억 위안)(의류42.90%, 식품28.67%, 가전 16.33), ▲임대서비스 : 11.79%(14.44억 위안), ▲부동산 : 4.95%(6.38억 위안), ▲관광요식업 : 36.51억 위안

○ 각 상품판매별 매출총이익률(gross profit ratio to sales)

— ▲상품유통 : 10.19%, ▲임대서비스 : 90.00%, ▲부동산 : 24.12%, ▲관광요식업 : 33.25%

○ 매출총이익 판매지별 구분

— ▲지린성 : 94.26%(121.96억 위안), ▲요녕성 : 3.50%(4.51억 위안), ▲내몽고자치주 : 2.15%(2.77억 위안), ▲하이난성 : 987.45만 위안, ▲베이징시 : 54.69만 위안, ▲홍콩 : 47.33만 위안

❹ 주식발행 현황

○ 주식상장 시기 : 1993년 12월 06일 상하이증권거래소

○ 총발행 주 : 1.59억 주(발행가 4.20 위안/2017.6.20 현재 1주당 가격 23.25 위안)

○ 유통주 : 1.55억 주

○ 최대주주 : 창춘시자동차성상업총회사(長春市汽車城商業總公司)(24.52%) (※10대 주주의 주식점유비율 49.29%)

※ 실제지배주주는 창춘시인민정부국유자산감독관리위원회(長春市人民政府國有資産監督管理委員會)

❺ 창춘어우야그룹주식회사와 최종 지배주주와의 관계도

창춘시인민정부국유자산감독관리위원회
(長春市人民政府國有資産監督管理委員會)

⇓ 100% 소유

창춘자동차성상업총회사
(長春市汽車城商業總公司)

⇓ 24.52% 소유

창춘어우야그룹주식회사
(長春歐亞集團股份有限公司)

❻ 백화점 유통 업계 주요 경쟁 기업(총자산 순)

○ ▲웨슈진콩(越秀金控)(광둥성 광저우시), ▲공서우다지(供銷大集)(산시성

시안시), ▲바이롄콩구(百聯股份)(상하이시), ▲용후이차오스(永輝超市)(푸젠성 푸저우시), ▲난징신바이(南京新百)(장쑤성 난징시) 등

4. 거시 전망

○ 창춘어우야그룹주식회사는 중국 소비재 산업의 동반 성장기업으로서 동북지역 기업 중 장기적인 성장가능성이 매우 크게 평가되고 있는 기업 중 한곳이다.

○ 백화점을 활용한 유통망과 전자상거래를 통한 온라인 시장을 동시에 확대하면서 중국 내 전국적인 유통망 기업으로 발전하고 있는 단계이기 때문에 장기적인 관망이 필요하며, 지린성 내의 독점적인 시장 점유를 기반으로 유통업종에서의 완만한 성장이 예상된다.

16
지린화셴주식회사 吉林化纖股份有限公司

◉ 기업 기본 개요

기업명	지린화셴주식회사(吉林化纖股份有限公司) (JILIN CHEMICAL FIBRE CO. LTD)
산업 분야	• 화학섬유, 화공합성 재료, 자문, 방직기술 개발, 수출입 등
소재지	(지린역에서 약 21㎞) • 중국 지린성 지린시 창이취지우잔제 516-1호(우편번호132115) • 中國 吉林省 吉林市 昌邑區九站街 516-1号(郵編132115)
종업원 수 (2016년 말)	3,985(▲기술직원102, ▲생산직원 3,734)
산업 랭킹 (2017년 3월)	중국 화학섬유 업계 기업 총자산 순위 2위
기업 홈페이지	http://www.jlcfc.com
대표 연락처	86-0432-63502452(0432-63502329)

◉ 기업 발전 과정

1. 설립 과정

○ 지린화셴주식회사는 지린성 지린시가 1960년 지린화셴창(吉林化纖廠)을 설립하고 1964년부터 화학섬유 제품을 생산한 기업으로서, 1993년 현재의 지린화셴주식회사로 사명을 변경하였고, 1996년 선전증권거래소에 주식 상장 후 주식구조 등에서 기업의 양적 발전을 가져왔다.

2. 기업발전

○ 비스코스 화학섬유를 중심으로 ▲무수물(無水物, Anhydrid), ▲아크릴 섬유 등 450여 개의 주요 상품에서 연간 총 44.6만 톤을 생산능력을 보유하고 있으며, 비스코스 장섬유(viscose filament yarn)의 주력 상표인 바이산(白山)은 중국 비스코스 업계 최고의 상표 가치로 평가된다.

○ 기술력의 제고에 따라 최근 한국, 일본, 미국, 유럽 등 20여 국으로 수출이 증가하고 있으며, 비스코스 계열의 상품은 중국의 ▲대(對)한국 수출의 28%, ▲대일본 수출의 53% 이상을 지린화센이 차지하고 있어, 중국 화학섬유 업계의 해외 시장 진출을 선도하는 기업이다.

◉ 기업 경영 현황

1. 지주회사

○ 지린화센주식회사는 ▲지린아이카잔지아오센웨이유한회사(吉林艾卡粘胶纖维有限公司), ▲지린시지리화공유한책임회사(吉林市吉凓化工有限責任公司), ▲지린카이메이커화공유한회사(吉林凯美克化工有限公司) 등 자회사의 지분 50% 이상을 소유하고 있는 지주회사이다.

2. 지린화센주식회사 주요 재무제표

❶ 최근 3년 주요지표 대비

단위 : 위안(RMB)

항목	2016년	2015년	전년대비 증감	2014년
영업수입	1,394,519,259.78	1,036,229,679.98	34.58%	1,037,011,109.74
상장주식 주주순이윤	32,504,732.60	14,381,645.87	126.02%	20,378,185.75

경영활동현금 유출입순이익	-114,705,111.48	-164,500,263.65	30.27%	-61,048,439.38
총자산	4,620,704,177.32	2,650,134,188.66	74.36%	3,308,594,506.95

❷ 2016년 주요 재무제표

단위 : 위안(RMB)

항목	연말	연초
유동자산	1,827,803,739.79	1,000,474,349.90
비유동자산	2,792,900,437.53	1,649,659,838.76
자산총계	4,620,704,177.32	2,650,134,188.66
유동부채	1,752,532,541.09	1,533,999,452.92
비유동부채	175,107,759.83	142,866,257.48
부채합계	1,927,640,300.92	1,676,865,710.40
매출액	1,394,519,259.78	1,036,229,679.98
매출원가	1,379,350,193.63	1,087,631,543.77
영업이윤	21,080,257.67	-47,085,968.41
경상이익	25,203,430.00	-282,746.41
순이익	23,144,341.82	2,504,389.36
영업활동현금유입	869,983,234.01	572,149,707.84
영업활동현금유출	984,688,345.49	736,649,971.49
영업활동현금흐름순이익	-114,705,111.48	-164,500,263.65

❸ 2016년 분기별 재무제표 현황

단위 : 위안(RMB)

항목	1분기	2분기	3분기	4분기
매출액	291,432,950.90	289,414,511.03	433,209,427.83	380,462,370.02
영업활동현금 흐름순이익	51,940,600.54	-169,024,865.03	-116,173,429.92	118,552,582.93

❹ 영업수입 또는 영업이익 10% 이상 주요 상품

단위 : 위안(RMB)

상품별	영업수입	영업원가	매출총이익률(%)
비스코스 섬유(viscose)	1,123,268,939.53	1,002,209,046.65	10.78%
	전년대비 37.17%	전년대비 29.06%	전년대비 2.27%
(비스코스 장섬유) (viscose filament yarn)	1,120,380,784.84	997,330,335.78	10.98%
	전년대비 38.71%	전년대비 30.33%	전년대비 -2.99%

3. 주요임원 및 최근 2년 영업이익

❶ 기업 주요 인사

○ 송더우(宋德武) 동사장(董事長)(월급 1.21만 위안)

※ ▲1971년 5월26일생, 남(男), 한족(漢族), 공산당당원, 대졸, 지린화공학원(吉林化工學院) 화공학 전공, 1995년부터 사회활동 시작, ▲지린화섬(吉林化纖) 기술주임. ▲허베이지가오화섬(河北吉藁化纖) 총경리, 당서기, 지린화섬그룹 부총경리, 총경리, ▲2013년 3월 29일부터 지린화섬주식회사 동사장, 지린치펑화섬(奇峰化纖) 주식회사 동사장

○ 진둥제(金東杰) 총경리(월급 10.10만 위안)

○ 두샤오민(杜曉敏) 동사(東事)(재무책임)(월급 10.10만 위안)

○ 지앙허우요우(姜厚友) 부총경리(월급 3.59만 위안)

○ 왕시아오보(王小波) 부총경리(월급 4.72만 위안)

❷ 기업총자산/기업부채(2017년 3월) : 47.25억 위안/19.98억 위안

❸ 최근 2년간 매출

가. 2016년

○ 매출총이익 : 13.95억 위안

○ 매출총이익 판매상품별 비중

— ▲화학섬유 : 95.52%(11.23억 위안)(비스코스 섬유 95.52%), ▲무수물(無水物, anhydride, Anhydrid), 4.48%(5,270.92만 위안)

○ 각 상품판매별 매출총이익률(gross profit ratio to sales)

— ▲화학섬유 : 10.78%(비스코스 섬유 10.98%), ▲무수물(無水物, anhydride, Anhydrid) : 6.02%

○ 매출총이익 판매지별 구분

— ▲중국 내수 69.02%(9.62억 위안), ▲해외수출 : 30.98%(4.32억 위안)

나. 2015년

- ㅇ 매출총이익 : 10.36억 위안
- ㅇ 매출총이익 판매상품별 비중
  - ▲화학섬유 : 79.27%(8.21억 위안)(비스코스 섬유 77.95%), ▲무수물(無水物, anhydride, Anhydrid), 1.99%(2,066.28만 위안)
- ㅇ 각 상품판매별 매출총이익률(gross profit ratio to sales)
  - ▲화학섬유 : 9.92%(비스코스 섬유 13.98%), ▲무수물(無水物, anhydride, Anhydrid) : -15.39%
- ㅇ 매출총이익 판매지별 구분
  - ▲중국 내수 67.32%(9.98억 위안), ▲해외수출 : 32.68%(3.39억 위안)

❹ 주식발행 현황

- ㅇ 주식상장 시기 : 1996년 8월 2일 선전증권거래소
- ㅇ 총발행 주 : 9.71억 주(발행가 6.99 위안/2017.6.23 현재 1주당 가격 3.04 위안)
- ㅇ 유통주 : 9.87억 주
- ㅇ 최대주주 : 지린화셴그룹유한책임회사(吉林化纖集團有限責任公司)(18.01%) (※10대 주주의 주식점유비율 53.56%)

  ※ 실제지배주주는 지린성인민정부국유자산감독관리위원회(吉林省人民政府國有資産監督管理委員會)

❺ 지린화셴주식회사 최종 지배주주와의 관계도

지린시인민정부국유자산감독관리위원회
(吉林人民政府國有資産監督管理委員會)

⇓

지린시도시건설홀딩그룹유한회사
(吉林市城市建設控股股份集團有限公司)

중국헝톈그룹회사
(中國恒天集團公司)

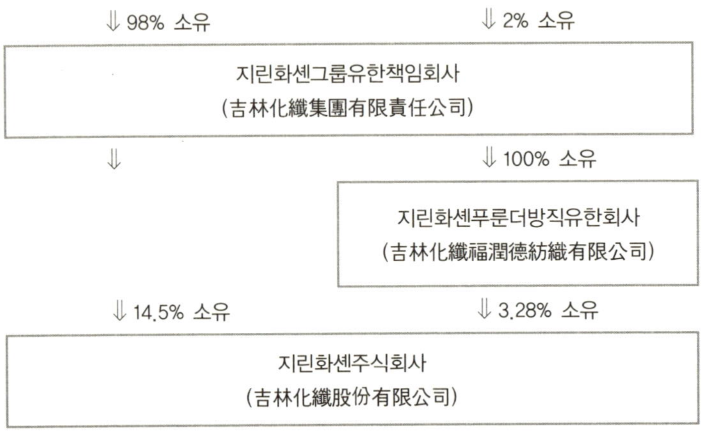

⑥ 화학섬유 업계 주요 경쟁 기업(총자산 순)

○ ▲신샹화센(新鄕化纖)(허남성 신샹시), ▲아오양커지(澳洋科技)(장쑤성 쑤저우시), ▲난진화센(南京化纖)(장쑤성 난징시상하이시), ▲헝톈하이룽(恒天海龍)(산둥성 웨이팡시) 등

4. 거시 전망

○ 지린화센주식회사는 전통 화학섬유 시장에서 나타나고 있는 과잉 생산과 경쟁력 저하의 문제를 해외 수출과 탄소섬유, 죽(竹)섬유 등 친환경 신소재 개발을 통한 신 섬유 시장의 선도(先導)를 통해 극복하는 전략을 추진 중에 있으며, 기존의 화학섬유 선도국가인 한국, 일본 등으로의 수출이 증가하고 있어, 해외수출 발전 전략은 안정적으로 추진되고 있는 것으로 평가된다.

– 비스코스 분야 외에도 2016년부터는 연 생산 9.5만 톤의 죽(竹)섬유를 생산하고 있으며, 죽섬유 파생제품도 한국으로 수출 중

○ 제품의 고품질 생산을 위해 2014년에는 독일 최고 비스코스 생산업체

엔카(ENKA)사와 공동으로 3.2억(지린화셴 측 70% 보유) 위안을 투자하여, 연 5천 톤 규모의 비스코스 장섬유(viscose filament yarn) 제조기업 「싱젠 지린 아이카 잔지 셴웨이 유한회사(興建吉林艾卡粘膠纖維有限公司)」를 설립하였으며, 싱젠지린아이카잔지셴웨이유한회사 제품의 60% 이상을 수출하고 있어, 고품질과 수출 확대 실현을 위한 중요한 전략적 자(子)기업으로 평가된다.

○ 전통 화학섬유 업계의 시장과다 경쟁을 극복하기 위한 지린화셴의 수출과 친환경 신소재 개발 전략은 중기적 관점에서 향후 몇 년 후 화학섬유 국제시장에 영향을 미칠 수 있을 것으로 예상되며, 이에 따라 국제시장에서의 점유율을 중심으로 지속적인 주목이 필요할 것으로 관찰된다.

※ 한편, 2010년 북한 김정일 방중 당시 김정일이 지린화셴을 방문한 적이 있고, 이후 북한 경제대표단의 지린화셴 방문이 수차 이어지면서 북한과 지린성 간의 의류, 방직 등의 분야에서 기초협력 관계가 이미 조성되어 있는바, 지린화셴의 북한진출 및 대북시장 점유 확대의 가능성도 해외시장 확대 및 북중경협 측면에서 함께 관찰할 필요가 있다고 하겠다.

17
창춘고신기술산업그룹주식회사
長春高新技術産業集團股份有限公司

◉ 기업 기본 개요

기업명	창춘고신기술산업그룹주식회사(長春高新技術産業集團股份有限公司) (CHANGCHUN HIGH & NEW TECHNOLOGY INDUSTRIES GROUP INC.)
산업 분야	• 제약업, 생물의약, 건강보건, 백신, 성장호르몬 • 부동산 투자 등
소재지	(창춘역에서 약 11㎞) • 중국 지린성 창춘시 통즈제2400호 훠쥐빌딩5층(우편번호130021) • 中國 吉林省 長春市 同志街2400号 火炬大厦5層(郵編130021)
종업원 수 (2016년 말)	4,346(▲母회사75, ▲子회사3,960 ▲판매직원 1,862명)
산업 랭킹 (2017년 3월)	중국 생물제품 업계 총자산 순위 5위
기업 홈페이지	http://www.cchn.com.cn
대표 연락처	86-0431-85666367(fax 0431-85675390)

◉ 기업 발전 과정

1. 설립 과정

○ 창춘고신기술산업그룹주식회사는 창춘고신기술산업발전총회사를 전신으로 창춘시가 중심이 되고 일부 민간자본을 받아들여 1993년 설립한 종합기업이며, 동북지역에서는 비교적 이른 시기인 1996년 선전증권거

래소에 상장 이후 성장하고 있다.

2. 기업발전

○ 생물의약, 약품개발, 건강제품을 중심으로 화동지역(상하이시, 저장성, 안후이성, 푸젠성 등)에서의 시장점유율이 지속적으로 증가하고 있으며, 동북지역에서는 최근 부동산 개발 관련 사업이 크게 성장하였다.

◉ 기업 경영 현황

1. 지주회사

○ 창춘고신기술산업그룹주식회사는 ▲지린화캉제약업주식회사(吉林華康藥業股份有限公司)(제약업), ▲창춘고신부동산개발유한책임회사(長春高新房地産開發有限責任公司(부동산), ▲창춘고신단지관리주식회사(長春高新物業有限公司)(단지관리), ▲창춘진사이제약업책임회사(長春金賽藥業有限責任公司)(제약업), ▲창춘고신커마오빌딩주식회사(長春高新科貿大厦有限公司)(단지관리), ▲창춘바이커제약업책임회사(長春百克藥業有限責任公司)(제약업),▲창춘바이커생물과학기술주식회사(長春百克生物科技股份公司)(제약업), ▲친황다오시산하이관약품책임회사(秦皇島市山海關藥業有限責任公司)(제약업), ▲지린마이펑생물제약업회사(吉林邁豊生物藥業有限公司)(제약업), ▲창춘지언사이스의약개발책임회사(長春吉恩賽斯醫藥開發有限責任公司)(의약개발), ▲창춘화성환징공정회사((長春華盛環境工程有限公司)(건축), ▲창춘바이이제약책임회사(長春百益制藥有限責任公司)(의약개발), ▲지린성야의약커지회사(吉林圣亞醫藥科技有限公司)(의약개발), ▲지린화캉스위안생물커지회사(吉林華康食元生物科技有限公司)(식품, 약품개발),

▲창사베이뤄병원책임회사(長沙貝諾醫院有限責任公司)(의료위생), ▲베이징바커생물기술회사(北京佰克生物技術有限公司)(의약개발), ▲시안아이더완스의료과학기술회사(西安爱德萬思醫療科技有限公司(의료기계 개발) 등 17개사의 주식 50% 이상을 보유하고 있는 지주회사 있다.

2. 창춘고신기술산업그룹주식회사 주요 재무제표

❶ 최근 3년 주요지표 대비

단위 : 위안(RMB)

항목	2016년	2015년	전년대비 증감	2014년
영업수입	2,897,439,803.34	2,402,089,641.31	20.62%	2,262,304,448.98
상장주식 주주순이윤	484,852,471.39	384,479,499.20	26.11%	318,171,323.17
경영활동현금 유출입순이익	308,073,522.45	770,595,142.48	-60.02%	279,752,231.51
총자산	6,203,521,430.43	3,815,501,933.49	62.59%	3,148,423,175.63

❷ 2016년 주요 재무제표

단위 : 위안(RMB)

항목	연말	연초
유동자산	4,415,049,334.11	2,261,668,163.94
비유동자산	1,788,472,096.32	1,553,833,769.55
자산총계	6,203,521,430.43	3,815,501,933.49
유동부채	1,586,157,756.18	1,200,745,863.64
비유동부채	166,913,916.70	179,576,747.37
부채합계	1,753,071,672.88	1,380,322,611.01
매출액	2,897,439,803.34	2,402,089,641.31
매출원가	2,101,779,506.69	1,776,526,656.11
영업이윤	809,907,868.25	624,435,327.41
경상이익	817,094,478.64	652,599,868.88
순이익	676,919,547.49	538,497,541.10

영업활동현금유입	3,060,690,570.56	2,661,157,833.43
영업활동현금유출	2,752,617,048.11	1,890,562,690.95
영업활동현금흐름순이익	308,073,522.45	770,595,142.48

❸ 2016년 분기별 재무제표 현황

단위 : 위안(RMB)

항목	1분기	2분기	3분기	4분기
매출액	642,662,818.49	632,895,567.17	916,393,995.43	705,487,422.25
영업활동현금흐름순이익	-88,078,735.17	-29,317,987.96	238,089,072.23	187,381,173.35

❹ 영업수입 또는 영업이익 10% 이상의 상품 수익

단위 : 위안(RMB)

상품별	영업수입	영업원가	매출총이익률(%)
제약업	2,318,576,561.46	293,447,406.89	87.34%
	전년대비 22.84%	전년대비 8.18%	전년대비 1.71%
(유전인자 생물제약)	1,725,180,236.77	165,937,412.56	90.38%
	전년대비 30.77%	전년대비 13.35%	전년대비 1.48%
(중약 제약제제)	593,396,324.69	127,509,994.33	78.51%
	전년대비 4.44%	전년대비 2.11%	전년대비 0.49%
부동산	551,712,389.27	289,671,604.31	47.50%
	전년대비 12.31%	전년대비 25.79%	전년대비 -5.62%
서비스업	27,150,852.61	13,145,857.09	51.58%
	전년대비 16.00%	전년대비 -31.55%	전년대비 33.63%

3. 주요임원 및 최근 2년 영업이익

❶ 기업 주요 인사

○ 양잔민(楊占民) 동사장(董事長)(주식보유 2.16만 주)(월급 180만 위안)

※ ▲1954년생, 남, ▲지린성물자그룹총회사(物資集團總公司) 부총경리, 부회장, 지린성국제경제무역개발회사 총경리, ▲현재 차오다투자(超達投資) 총경리, ▲2000년 5월

8일부터 창춘고신기술사업그룹주식회사 동사장 겸 총경리(2017년 12월 28일 이임)

○ 저우위이췬(周偉群) 총경리(주식보유 2.46만 주)(월급 153만 위안)

○ 왕즈강(王志剛) 부총경리(주식보유 0.90만주)(월급 108만 위안)

○ 진레이(金磊) 동사(董事)(주식보유 3.90만주)(월급 268.23만 위안)

(※동사는 기업의 이사에 해당)

○ 주싱공(朱興功) 재무총감(주식보유 0.88만주)(월급 108만 위안)

❷ **기업총자산/기업부채**(2017년 3월) : 66.49억 위안/19.82억 위안

❸ **최근 2년간 매출**

가. 2016년

○ 매출총이익 : 28.97억 위안

○ 매출총이익 판매상품별 비중

— ▲제약업 : 80.02%(23.19억 위안), ▲부동산 : 19.04%(5.52억 위안), ▲서비스 : 0.94%(2,715.09만 위안) 등

○ 각 상품판매별 매출총이익률(gross profit ratio to sales)

— ▲제약업 : 87.34%, ▲부동산 : 47.50%, ▲서비스 :51.58% 등

○ 매출총이익 판매지별 구분

— ▲화동지역:29.73%(8.62억 위안), ▲동북지역 : 27.74%(8.04억 위안), ▲화북지역 : 12.21%(3.54억 위안), ▲기타 : 30.31%(해외수출 3,298.75만 위안)

나. 2015년

○ 매출총이익 : 24.02억 위안

○ 매출총이익 판매상품별 비중

— ▲제약업 : 75.88%(18.87억 위안), ▲부동산 : 20.45%(4.91억 위안), ▲서비스 : 0.97%(2,340.51만 위안) 등

○ 각 상품판매별 매출총이익률(gross profit ratio to sales)

— ▲제약업 : 85.63%, ▲부동산 : 53.12%, ▲서비스 :17.95% 등

○ 매출총이익 판매지별 구분

— ▲화동지역:29.08%(6.99억 위안), ▲동북지역 : 26.62%(6.39억 위안), ▲화북지역 : 14.93%(3.59억 위안), ▲기타 : 29.36%(해외수출 3,361.37만 위안)

❹ 주식발행 현황

○ 주식상장 시기 : 1996년 12월 18일 선전증권거래소

○ 총발행 주 : 1.70억 주(발행가 8.80/2017.6.14 현재 1주당 가격 122.00 위안)

○ 유통주 : 1.70억 주

○ 최대주주 : 창춘고신차오다투자유한회사장(長春高新超達投資有限公司)(23.37%)(※10대 주주의 주식점유비율 33.18%)

※ 실제지배주주는 창춘시인민정부(長春市人民政府)

❺ 창춘고신기술산업그룹주식회사와 최종 지배주주와의 관계도

창춘시인민정부(長春市人民政府)

⇓

창춘고신개발구관리위원회(長春高新開發區管理委員會)

⇓

룽샹투자홀딩그룹유한회사(龍翔投資控股集團有限公司)

⇓

창춘고신차오다투자유한회사(長春高新超達投資有限公司)

⇓ 23.37% 소유

창춘고신기술산업그룹주식회사
(長春高新技術産業集團股份有限公司)

⑥ **생물제품 업계 주요 경쟁 기업**(총자산 순)

○ ▲푸싱이야오(復星醫藥)(상하이시), ▲안디쑤(安迪蘇)(베이징시), ▲하이왕성무(海王生物)(광둥성 선전시), ▲상하이라이스(上海萊士)(상하이시), ▲워선성무(沃森生物)(윈난성 쿤밍시) 등

4. 거시 전망

○ 수두, 심장병, 광견병 등에 관한 의약품 판매가 증가하면서 영업규모는 확대되었으나, 영업이익이 정체되면서 새로운 약품에 대한 개발과 연구의 필요성이 대두되고 있다.

○ 최근 자회사 진사이제약에서 개발한 미성년 호르몬 계열 약품이 특허를 인정받았고, 이를 이용한 어린이 성장 호르몬제 치료가 효과를 보이면서 진사이제약은 어린이 치료 치료기지로 지정되기도 하였다. 장기적으로 중국 다자녀 출산 정책 등에 긍정적인 영향을 받으며, 어린이 치료에 대한 백신 사업 등에서 선도적 역할이 기대된다.

18
중강국제공정기술주식회사 中鋼國際工程技術股份有限公司

◉ 기업 기본 개요

기업명	중강국제공정기술주식회사(中鋼國際工程技術股份有限公司) (Sinosteel Engineering & Technology Co. Ltd.)
산업 분야	• 건축 플랜트, 건축시공, 인프라 건설(야금, 광업, 화력, 화공, 환경에너지 등) • 국제무역, 기술고문, 신소재 개발(탄조제품), 군수 등
소재지	(지린역에서 약 4㎞) • 중국 지린성 지린시 창이취 지앙완루2호10루 1002,1003(우편번호132002) • 中國 吉林省 吉林市 昌邑區 江湾路2号10楼1002, 1003(郵編132002)
종업원 수 (2016년 말)	1,416(▲프로젝트 관리직원 556, ▲전문설계직원408 등)
산업 랭킹 (2017년 3월)	중국 전문공정(시공) 업계 총자산 순위 7위
기업 홈페이지	http://mecc.sinosteel.com
대표 연락처	86-0432-66465100(fax 0432-66464940)

◉ 기업 발전 과정

1. 설립 과정

○ 중강국제공정기술주식회사는 중국중강그룹이 1993년 지린성 지린시에 설립한 토목공정 시공업체로서, 1999년 선전증권거래소에 상장된 회사

이다.

○ 건축별 단계인 설비공급, 공정관리, 설계, 감리 등 건축 전 공정을 실행하고 있고, 그간 철강, 전력, 코크스, 화공, 환경에너지 산업 분야의 건축인프라 건설을 주로 진행하였으며, 최근에는 정부와 기업 간의 기초인프라 협력 형태인 PPP 방식 등을 통해 도로건설, 환경 에너지 개발 등으로 건축시공 영역을 확대하고 있다.

2. 기업발전

○ 중국 내에서의 시공이 감소하는 반면 해외 수주는 증가하고 있으며, ▲2016년에 인도 JSL구단 프로젝트, ▲터키 ISDEMIR4 프로젝트(철강, 용광로), ICDAS BIGA 2호 전력소 프로젝트, ▲하자크스탄 AMT 철강소 프로젝트, ▲이란, 알제리, 볼리비아 등에서의 해외수주 프로젝트가 성공하면서 해외영업이익 비중이 뚜렷한 증가하는 성장세를 보여 주고 있다.(2016년 영업이익의 47.39%가 해외영업이익임)

◉ 기업 경영 현황

1. 지주회사

○ 중강국제공정기술수식회사 ▲브라질중상국제공성기술주식회사(巴西中鋼國際工程技術股份有限公司), ▲캐나다중강설비유한회사(加拿大中鋼設備有限公司), ▲사우디아라비아중강설비분회사(沙特中鋼設備分公司), ▲터키중강설비유한회사(土耳其中鋼設備有限公司), ▲러시아중강국제공정기술유한회사(俄羅斯中鋼國際工程技術有限公司), ▲말레이시아중강설비유한회사(馬来西亞中鋼設備有限公司) 등 자회사의 50% 이상 지분을 소유하고 있다.

2. 중강국제공정기술주식회사 주요 재무제표

❶ 최근 3년 주요지표 대비

단위 : 위안(RMB)

항목	2016년	2015년	전년대비 증감	2014년
영업수입	9,443,733,859.99	9,768,641,481.35	-3.33%	10,724,571,900.07
상장주식 주주순이윤	512,412,895.81	471,636,383.47	8.65%	159,305,841.16
경영활동현금 유출입순이익	-1,398,750,766.40	485,566,861.51	-388.07%	538,122,905.53
총자산	13,675,602,441.45	13,507,643,647.03	1.24%	10,772,200,118.07

❷ 2016년 주요 재무제표

단위 : 위안(RMB)

항목	연말	연초
유동자산	12,472,318,675.01	12,828,323,884.46
비유동자산	1,203,283,766.44	679,319,762.57
자산총계	13,675,602,441.45	13,507,643,647.02
유동부채	9,317,684,652.84	10,611,640,965.97
비유동부채	77,640,000.00	-
부채합계	9,395,324,652.84	10,611,640,965.97
매출액	9,443,733,859.99	9,768,641,481.35
매출원가	8,831,210,811.70	9,198,840,343.51
영업이윤	668,699,374.47	626,946,425.03
경상이익	676,690,917.70	641,000,955.34
순이익	518,567,220.30	476,646,834.83
영업활동현금유입	7,712,896,607.46	8,568,846,969.51
영업활동현금유출	9,111,647,373.86	8,083,280,108.00
영업활동현금흐름순이익	-1,398,750,766.40	485,566,861.51

❸ 2016년 분기별 재무제표 현황

단위 : 위안(RMB)

항목	1분기	2분기	3분기	4분기
매출액	1,527,894,747.83	2,443,377,498.92	1,950,997,447.87	3,521,464,165.37
영업활동현금 흐름순이익	-621,697,009.91	-425,500,617.32	91,404,641.18	-442,957,780.35

❹ 주요 상품 영업수입 또는 영업이익

단위 : 위안(RMB)

상품별	영업수입	영업원가	매출총이익률(%)
계약에 따른 건축 도급 공정 (project general contracting)	8,497,294,397.08	6,864,787,143.09	19.21%
	전년대비 -3.36%	전년대비 -6.54%	전년대비 2.74%
(중국 내 공정)	4,475,211,012.02	3,780,029,001.35	15.53%
	전년대비 -36.21%	전년대비-39.36%	전년대비 4.50%
(중국 외 공정)	4,968,522,847.97	3,965,816,522.20	20.18%
	전년대비 80.50%	전년대비 84.32%	전년대비 -1.66 %

3. 주요임원 및 최근 2년 영업이익

❶ 기업 주요 인사

○ 루펑청(陸鵬程) 동사장(董事長)(월급 119.91만 위안)

※ ▲1967년 출생, 남(男), 우한강철학원(武漢鋼鐵學院) 학사, 베이징커지(北京科技)대학 금속압력가공학과 석사, ▲중국중강(中鋼)주식회사 총경리, 당서기, 중강그룹공정설계연구원 원장, 중강그룹 톈청환바오커지(天澄環保科技)주식회사 동사장 등, ▲현재 중강설비유한회사 동사장, 우한톈위지능제조(武漢天昱智能制造)유한회사 동사장, 그룹 내에서 발전전략, 인력개발, 자산재무관리 등 책임

○ 왕젠(王建) 총경리(월급 119.47만 위안)

○ 동다(董達) 부총경리(월급 119.47만 위안)

○ 위안루성(袁陸生) 부총경리(겸 재무총감)(월급 93.20만 위안)

○ 지앙용민(姜永民) 부총경리(월급 98.74만 위안)

○ 치우저(裘喆) 부총경리(월급 101.55만 위안)

○ 자젠핑(賈建平) 부총경리(월급 79.21만 위안)

❷ 기업총자산/기업부채(2017년 3월) : 136.02억 위안/91.76억 위안

❸ 최근 2년간 매출

가. 2016년

○ 매출총이익 : 99.44억 위안

○ 매출총이익 판매상품별 비중

- ▲건축공정시공 : 90.13%(84.97억 위안), ▲무역 : 8.80%(8.30억 위안), ▲기타(기술고문 등) : 1.07%(1.01억 위안)

○ 각 상품판매별 매출총이익률(gross profit ratio to sales)

- ▲건축공정시공 : 19.21%, ▲무역 : 1.41%, ▲기타(기술고문 등) : 48.22%

○ 매출총이익 판매지별 구분

- ▲중국 내 : 52.61%(49.69억 위안), ▲해외 : 47.39%(44.75억 위안)

나. 2015년

○ 매출총이익 : 97.69억 위안

○ 매출총이익 판매상품별 비중

- ▲건축공정시공 : 90.16%(87.76억 위안), ▲무역 : 9.17%(8.93억 위안), ▲기타(기술고문 등) : 0.67%(6,518.85만 위안)

○ 각 상품판매별 매출총이익률(gross profit ratio to sales)

- ▲건축공정시공 : 16.38%

○ 매출총이익 판매지별 구분

- ▲중국 내 : 71.77%(69.99억 위안), ▲해외 : 28.23%(27.53억 위안)

❹ 주식발행 현황

○ 주식상장 시기 : 1999년 3월 12일 선전증권거래소

○ 총발행 주 : 12.58주(발행가 6.28 위안/2017.6.27 현재 1주당 가격 9.28 위안)

○ 유통주 : 7.43억 주

○ 최대주주 : 중국중강그룹회사(31.74%)(※10대 주주의 주식점유비율 62.91%)

※ 실제지배주주는 국무원국유자산감독관리위원회(國務院國有資產監督管理委員會)

❺ 중강국제공정기술주식회사와 최종 지배주주와의 관계도

국무원국유자산감독관리위원회
(國務院國有資產监督管理委员会)

⇓ 100% 소유

중국중강그룹회사
(中國中鋼集團公司)

⇓ 18.75% 소유

⇓99 % 소유

⇓ 100% 소유

중국중강주식회사
(中國中鋼股份有限公司)

⇓1 % 소유
⇐

중강자산관리유한책임회사
(中鋼資產管理有限責任公司)

⇓ 32.31% 소유

⇓

⇓ 3.57% 소유

중강국제공정기술주식회사
(中鋼國際工程技術股份有限公司)

❻ 전문건축공정(시공) 주요 경쟁 기업(총자산 순)

○ ▲중국중야(中國中冶)(베이징시), ▲중여우공청(中油工程)(신장위그루자치주), ▲중국화쉐(中國化學)(베이징시), ▲중국허젠(中國核建)(베이징시), ▲중차이궈지(中材國際)(장쑤성 난징시), ▲중공궈지(中工國際)(베이징시), ▲베이팡궈지(北方國際)(베이징시), ▲둥팡테타(東方鐵塔)(산둥성 칭다오시), ▲징공강거우(精工鋼構)(안후이성 류안시) 등

4. 거시 전망

○ 중강국제공정기술주식회사는 중국시장를 넘어 러시아, 중남미, 아프리

카 등 해외 신흥공업국에서 플랜트공정과 기초인프라 건설 수주를 확대하면서 공격적으로 해외시장을 확대하고 있는 기업이다.

○ 이에 따라, 해외 자(子) 회사 설립과 수주 계약이 지속적으로 확장되고 있고, 해외 영업수입은 계속 증가하고 있고 바, 중앙정부의 일대일로(一帶一路) 정책과 접목을 이루며 추진되는 해외시장 확대 성공여부가 기업의 가장 중요한 경제 발전전략이 될 것으로 전망된다.

○ 또한 국제적 수준의 탄소섬유, 그래핀(graphene) 및 종합성 탄소제품 기술을 보유하고 있고, 신소재 기술과 3D프린터를 이용한 기술이 결합된 건축 기술도 이미 활용되고 있어 신소재를 활용한 산업은 건축토목 분야뿐 아니라 군수(軍需)산업 등으로 확대될 수 있을 것으로 전망된다.

○ 다만 중국 건축 시공회사의 포화 등으로 인해 2016년 9월 공급측개혁(供給側改革)에 따른 중국 국무원의 중강그룹의 구조조정 실시 방안이 추진되고 있어 중국 내에서의 공정 및 자원관리 분야는 조정이 불가피할 것으로 전망된다.

19
지린선린공업주식회사 吉林森林工業股份有限公司

◉ 기업 기본 개요

기업명	지린선린공업주식회사(吉林森林工業股份有限公司) (JiLin Forest Industry Co.Ltd.)
산업 분야	• 백두산 삼림채벌(森林採伐), 목재, 건축재료, 친환경 합판제조 판매 등 • 임업용 토지전용권, 삼림 부특산물(벌꿀, 보건약재 등), 국제무역, 화물물류 등
소재지	(창춘역에서 약 15m) • 중국 지린성 창춘시 구이구다제 4000호(우편번호130012) • 中國 吉林省 長春市 硅谷大街4000号(郵編130012)
종업원 수 (2016년 말)	2,469(▲母회사 2,153, ▲子회사 316 등)
산업 랭킹 (2017년 3월)	중국 목재업 가공 총자산 순위 7위
기업 홈페이지	http://www.jlsg.com.cn
대표 연락처	86-0431-88912969(fax 0431-88930595)

◉ 기업 발전 과정

1. 설립 과정

○ 지린선린공업주식회사는 중국 5대 삼림공업(森林工業) 기업인 중국지린임삼공업그룹(中國吉林林森工業)이 1998년 투자하여 설립한 북방지역

최대 목재 가공기업으로서, 백두산에서 채벌한 목재를 이용하여 합판 제조와 판매를 주로하고 있는 삼림공업(森林工業) 기업이다.

2. 기업발전

○ 회사는 창춘에 소재하여 있으나 백두산 서쪽의 지린성 바이산시(白山市) 산차즈(三岔子)에 국유임업구(林業區)를 소유하고 있으며, 백두산의 산차즈임업구를 중심으로, 연 목재 15만㎥, 곧은결제재목(quater sawn lumber) 6만㎥, 파티클보드(particleboard) 60만㎥, 중밀도섬유판 10만㎥, 방화목재 70만㎥, 접착화공목재 20만 톤, 벌꿀 3,5000만 톤을 생산하고 있다.

○ 백두산의 무한한 삼림자원을 활용하는 대표적인 기업으로, 최근에는 실내장식용 고급목재, 화공목재 등 특수합판을 생산하여 중국내수 확대는 물론 독일, 이탈리아 등 유럽으로 수출을 확장하고 하면서, 친자연 합판을 제조하는 녹색친환경, 신소재목재 기업으로의 이미지 변신을 추진중에 있어 이를 통한 기업 확장의 성공 여부가 주목된다.

◉ 기업 경영 현황

1. 지주회사

○ 지린선린공업주식회사는 ▲용칭지선아이리스무예유한회사(永清吉森爱丽思木業有限公司), ▲상하이쑤선국제무역회사(上海溯森國際貿易有限公司), ▲지린선공톈샹삼림식품유한회사(吉林森工天祥森林食品有限公司), ▲푸송현루수이허톈샹투특산유한회사(撫松縣露水河天祥土特産有限公司), ▲용칭훠얼츠먼예유한회사(永清霍爾茨門業有限公司), ▲베이징훠얼츠먼

예주식회사(北京霍爾茨門業股份有限公司) 등 자회사의 50% 이상 지분을 소유하고 있다.

2. 지린선린공업주식회사 주요 재무제표

❶ 최근 3년 주요지표 대비

단위 : 위안(RMB)

항목	2016년	2015년	전년대비 증감	2014년
영업수입	384,030,824.13	1,347,984,406.41	-71.51%	1,417,501,774.53
상장주식 주주순이윤	11,715,236.80	44,706,447.81	-73.80%	10,606,792.48
경영활동현금 유출입순이익	-53,031,716.59	156,312,555.59	-133.93%	3,847,996.68
총자산	4,026,569,349.40	4,604,173,438.83	-12.55%	3,874,353,715.35

❷ 2016년 주요 재무제표

단위 : 위안(RMB)

항목	연말	연초
유동자산	1,410,523,063.70	2,431,112,588.21
비유동자산	2,616,046,285.70	2,173,060,850.62
자산총계	4,026,569,349.4	4,604,173,438.83
유동부채	1,714,438,907.10	2,159,111,055.63
비유동부채	871,729,167.24	1,000,664,672.70
부채합계	2,586,168,074.34	3,159,775,728.33
매출액	384,030,824.13	1,374,515,235.44
매출원가	666,463,167.63	1,660,498,379.07
영업이윤	618,442.49	-228,689,255.20
경상이익	3,921,408.74	26,845,952.34
순이익	2,573,738.86	28,466,090.35
영업활동현금유입	656,503,784.99	1,720,256,320.59
영업활동현금유출	709,535,501.58	1,563,943,765.00
영업활동현금흐름순이익	-53,031,716.59	156,312,555.59

❸ 2016년 분기별 재무제표 현황

단위 : 위안(RMB)

항목	1분기	2분기	3분기	4분기
매출액	97,350,147.52	82,424,635.09	99,884,025.76	104,372,015.76
영업활동현금 흐름순이익	-215,005,039.06	-160,113,964.10	27,544,784.20	294,542,502.37

❹ 주요 상품 영업수입 또는 영업이익

단위 : 위안(RMB)

상품별	영업수입	영업원가	매출총이익률(%)
삼림(森林) 경영상품	56,138,419.05	31,712,984.14	43.51%
	전년대비 -80.35%	전년대비 -76.88%	전년대비 -8.49%
목재를 기본으로 하는 합판 (wood based panel)	272,754,639.15	189,948,498.76	30.36%
	전년대비 -69.16%	전년대비-76.43%	전년대비 21.48%

3. 주요임원 및 최근 2년 영업이익

❶ 기업 주요 인사

○ 지앙장룽(姜長龍) 동사장(董事長)(월급 38.50만 위안)

※ ▲남, 49세(2017년 4월 현재), ▲산차즈(三岔子)임업국 기술원, 부주임, 주임, 징산림목장(景山林場) 목장장, 산차즈입업국 징린회사(营林公司) 총경리, 산차즈임업자원처 처장, 수리난지선무예(蘇里南吉森木業) 부총경리, 산차즈삼업국(林業局) 부국장, 중국지린삼림공업그룹유한책임회사삼림자원부 경영부장, 완거우임업국(湾溝林業局) 국장, 당서기, ▲현재 중국지린삼림공업그룹유한책임회사 부총경리, 지린선린공업주식회사 당서기, 2016년 9월 26일부터 동사장(2019년 9월 25일 이임 예정)

○ 바오주오(包卓) 총경리(월급 38.50만 위안)

○ 왕하이(王海) 부총경리(월급 29.07만 위안)

○ 류보(劉波) 부총경리(월급 38.50만 위안)

○ 왕진후이(王盡暉) 부총경리(월급 9.24만 위안)

○ 쉐이(薛義) 재무총감(월급 27.90만 위안)

❷ **기업총자산/기업부채**(2017년 3월) : 39.28억 위안/25.86억 위안

❸ **최근 2년간 매출**

가. 2016년

○ 매출총이익 : 1.80억 위안

○ 매출총이익 판매상품별 비중

— ▲목재를 기본으로 하는 합판(wood based panel): 82.93%(2.73억 위안), ▲ 삼림(森林) 경영상품 : 17.07%(5613.84억 위안)

○ 각 상품판매별 매출총이익률(gross profit ratio to sales)

— ▲ 목재를 기본으로 하는 합판(wood based panel): 30.36%, ▲ 삼림(森林) 경영상품 : 43.51%

○ 매출총이익 판매지별 구분

— ▲화북지역 : 55.65%(1.92억 위안), ▲동북지역 : 23.66%(8161.89만 위안), ▲화동지역 : 15.03%(5183.89만 위안), ▲기타지역 : 5.66%(화남, 서북 등)

나. 2015년

○ 매출총이익 : 7.96억 위안

○ 매출총이익 판매상품별 비중

— ▲목재를 기본으로 하는 합판(wood based panel): 71.88%(8.84억 위안), ▲목재상품 : 23.22%(2.86억), ▲임산화공(林産化工) : 3.85%(4740.92만 위안), ▲기타 : 1.04%

○ 각 상품판매별 매출총이익률(gross profit ratio to sales)

— ▲목재를 기본으로 하는 합판(wood based panel): 8.88%, ▲목재상품 : 52%, ▲임산화공(林産化工) : 21.62%, ▲기타 : 56.16%

○ 매출총이익 판매지별 구분

— ▲동북지역 : 42.61%(5.24억 위안), ▲화북지역 : 30.37%(3.74억 위안), ▲화동지역 : 18.44%(2.27억 위안), ▲기타지역 : 8.57%(화남, 서북 등)

❹ 주식발행 현황

○ 주식상장 시기 : 1998년 10월 7일 상하이증권거래소

○ 총발행 주 : 3.10 주(발행가 5.35 위안/2017.7.3 현재 1주당 가격 10.01 위안)

○ 유통주 : 3.10억 주

○ 최대주주 : 중국지린삼림공업그룹유한책임회사(中國吉林森林工業集團有限責任公司)(42.57%)(※10대 주주의 주식점유비율 45.69%)

※ 실제지배주주는 지린성인민정부국유자산감독관리위원회(吉林省政府國有資産監督管理委員會)

❺ 지린선린공업주식회사와 최종 지배주주와의 관계도

지린성인민정부국유자산감독관리위원회
(吉林省政府國有資産監督管理委員會)

⇓ 65% 소유

중국지린삼림공업그룹유한책임회사
(中國吉林森林工業集團有限責任公司)

⇓ 45.56% 소유

지린선린공업주식회사
(吉林森林工業股份有限公司)

❻ 전문건축공정(시공) 주요 경쟁 기업(총자산 순)

○ ▲핑탄파잔(平潭發展)(푸젠성 푸저우시), ▲푸젠진선(福建金森)(푸젠성 산밍시), ▲위난징국(雲南景谷)(위난성 푸얼시) 등

4. 거시 전망

○ 지린선린공업주식회사가 갖고 있는 가장 큰 경쟁력은 백두산 기슭에 소유하고 있는 30만 헥타르 규모의 삼림채벌권(森林採伐權)이다. 1998년 회사 설립 당시 중국정부와 「삼림자원채벌권조차협의(森林資源採伐權租借協議」를 체결하였고 이에 따라 백두산의 자연자원을 활용할 수 있게 되면서, 회사 설립의 가장 큰 경쟁력이 된 것이다.

○ 협의에 따르면 향후 40년간 동 삼림지역의 채벌권을 갖고 있고, 채벌하여 판매하는 판매수익의 26%를 육림기금(育林基金)으로 지불하도록 되어 있으며, 국유삼림기지를 삼림이외의 토지로 변경할 수 있는 「임업용지 용지변경권」을 갖고 있는바, 이러한 요소들이 백두산 자원을 매우 안정적적으로 활용 수 있는 기업의 조건으로 나타나고 있는 것으로 평가된다.

○ 향후 시대와 기업환경의 변화에 따라 백두산의 생태환경을 변화하여 사용할 수 있어 기업의 측면에서 백두산 채벌권에서 나오는 경쟁력은 기업의 최대 핵심 요소라 할 수 있다.

○ 최근 지린성은 삼림 배양·육성·채벌을 바탕으로, 중국 내 삼림가공산업과 목재를 활용한 신소재 건축산업의 확대를 주도하고 있어, 동북진흥 측면에서의 발전 지원이 매우 큰 기업이라고 할 수 있으며, 백두산의 브랜드 가치 및 자원활용 산업의 성장과 함께 친환경 건축자재, 삼림(森林)가공, 현대화대형 삼림 확대 등에 있어 성장과 시장 확대가 주목된다.

20

지린고속도로주식회사 吉林高速公路股份有限公司

◉ 기업 기본 개요

기업명	지린고속도로주식회사(吉林高速公路股份有限公司) (Jilin Expressway Co. Ltd.)
산업 분야	• (지린성 내) 고속도로 건설, 운영, 투자, 관리 등 • 화물물류, 기술자문, 도시 설계 등
소재지	(창춘역에서 약 13m) • 중국 지린성 창춘시 징지지수카이파취 푸동루 4000호(우편번호 130033) • 中國 吉林省 長春市 經濟技術開發區浦東路4488号(郵編130033)
종업원 수 (2016년 말)	929(▲母회사 600, ▲子회사 329, ▲관리직원 211 등)
산업 랭킹 (2017년 3월)	중국 고속도로 건설업계 총자산 순위 14위
기업 홈페이지	http://www.jlgsgl.com
대표 연락처	86-0431-84664798(fax 0431-84664798)

◉ 기업 발전 과정

1. 설립 과정

○ 지린고속도로주식회사는 지린성교통운청이 2010년 3월 1일 창춘에 설립한 지린성 내 고속도로 구간(151.7㎞) 경영, 관리 회사이며, 2010년 상하이증권거래소에 상장하면서 자본규모를 확대하였다.

○ 경영 핵심 구간은 랴오닝성을 지나 지린성이 시작되는 쓰핑(四平)에서 북쪽 지린성의 중심 지역인 창춘까지 연결되는 창핑고속도로(長平高速公路)의 109.8㎞, 왕복8차선 도로이며, 동 구간은 중국 동북지역의 교통 중심이 되는 랴오닝성 북단과 지린성의 동북단인 지린성 연변(延邊)지역을 잇는 교통축이기 때문에 동북지역의 가장 중심에 있는 고속도로이다.

2. 기업발전

○ 창핑고속도로가 확장 공사를 마친 2015년 10월 30일부터 2040년까지 25년간 고속도로에 대한 경영권과 이를 통한 고속도로 통행료 전액을 기업이 독점하고 있어, 동북지역의 교통인프라 산업 구축을 위한 전략기업이라 할 수 있다.

◉ 기업 경영 현황

1. 지주회사

○ 지린고속도로주식회사는 ▲지린동가오커지요우즈유한회사(吉林東高科技油脂有限公司)(식품업), ▲창춘고속도로유한책임회사(長春高速公路有限責任公司), ▲지린고속도로비용관리회사(吉林高速公路收费管理公司), ▲지린더청단지관리회사(吉林高速德誠物業服務有限公司) 등 자회사의 50% 이상 지분을 소유하고 있다.

2. 지린고속도로주식회사 주요 재무제표

❶ 최근 3년 주요지표 대비

단위 : 위안(RMB)

항목	2016년	2015년	전년대비 증감	2014년
영업수입	774,886,453.29	561,507,251.88	38.00%	604,155,053.26
상장주식 주주순이윤	191,946,756.93	139,222,006.29	37.87%	254,466,153.98
경영활동현금 유출입순이익	453,977,979.63	304,911,665.65	48.89%	263,127,591.62
총자산	7,084,275,974.00	6,324,011,086.04	12.02%	5,122,777,846.21

❷ 2016년 주요 재무제표

단위 : 위안(RMB)

항목	연말	연초
유동자산	1,092,118,388.19	493,272,512.05
비유동자산	5,992,157,585.81	5,830,738,573.99
자산총계	7,084,275,974	6,324,011,086.04
유동부채	697,283,222.04	755,006,287.97
비유동부채	4,076,289,777.14	3,466,321,772.23
부채합계	4,773,572,999.18	4,221,328,060.23
매출액	774,886,453.29	561,507,251.88
매출원가	515,708,972.67	367,439,931.41
영업이윤	259,177,480.62	194,067,320.47
경상이익	258,417,251.41	191,142,138.88
순이익	192,758,899.44	150,066,147.35
영업활동현금유입	795,973,711.95	587,512,564.36
영업활동현금유출	341,995,732.32	282,600,898.71
영업활동현금흐름순이익	453,977,979.63	304,911,665.65

❸ 2016년 분기별 재무제표 현황

단위 : 위안(RMB)

항목	1분기	2분기	3분기	4분기
매출액	152,528,520.92	187,140,068.85	204,886,867.19	230,330,996.33
영업활동현금 흐름순이익	77,278,702.40	113,699,256.21	123,513,161.05	139,486,859.97

❹ 주요 상품 영업수입 또는 영업이익

단위 : 위안(RMB)

상품별	영업수입	영업원가	매출총이익률(%)
고속도로 통행료	761,447,909.71	256,547,274.77	66.31%
	전년대비 35.56%	전년대비 22.06%	전년대비 3.76%

3. 주요임원 및 최근 2년 영업이익

❶ 기업 주요 인사

○ 비중더(畢忠德) 동사장(董事長)

※ ▲남, 1962년 12월 출생, ▲공산당 당원, 석사, ▲중국토지관리국 토지가사무소 소장, 창춘시도시건설위원회 부주임, 창춘시국토자원국 부국장, 지린성 교통운수청 부청장, ▲ 지린성고속도로그룹유한회사 당서기, 2016년 9월 26일부터 동사장(2019년 9월 25일 이임 예정)

○ 펑시우밍(馮秀明) 부동사장 겸 총경리(월급 20.78만 위안)

○ 류셴푸(劉先福) 부동사장(월급 1.78만 위안)

○ 리샤펑(李曉峰) 동사(董事)(월급 7.14만 위안)(※동사는 기업의 이사에 해당)

○ 천시(陣希) 부총경리(월급 13.62만 위안)

○ 후창여우(胡長友) 부총경리(월급 13.58만 위안)

○ 장후이(張 輝) 부총경리(월급 13.54만 위안)

○ 장훙쥔(張洪俊) 부총경리(월급 13.75 위안)

❷ 기업총자산/기업부채(2017년 3월) : 71.39억 위안/40.84억 위안

❸ 최근 2년간 매출

가. 2016년

○ 매출총이익 : 7.75억 위안

○ 매출총이익 판매상품별 비중

— ▲고속도로 운용 수익 : 100%(7.75억 위안)

○ 각 상품판매별 매출총이익률(gross profit ratio to sales)

— ▲ 고속도로 운용 수익 : 66.31%

○ 매출총이익 판매지별 구분

— ▲동북지역 : 100%(7.75억 위안)

나. 2015년

○ 매출총이익 : 5.62억 위안

○ 매출총이익 판매상품별 비중

— ▲고속도로 운용 수익 : 100%(5.62억 위안)

○ 각 상품판매별 매출총이익률(gross profit ratio to sales)

— ▲ 고속도로 운용 수익 : 62.55%

○ 매출총이익 판매지별 구분

— ▲동북지역 : 100%(5.62억 위안)

❹ 주식발행 현황

○ 주식상장 시기 : 2010년 3월 19일 상하이증권거래소

○ 총발행 주 : 12.13억 주(발행가 1.79 위안/2017.7.4 현재 1주당 가격 3.81 위안)

○ 유통주 : 12.13억 주

○ 최대주주 : 지린성고속도로그룹유한회사(吉林省高速公路公路集團有限公司)(49.19%)(※10대 주주의 주식점유비율 66.45%)

※ 실제지배주주는 지린성교통운수청(吉林省交通運輸廳)

❺ 지린고속도로주식회사와 최종 지배주주와의 관계도

지린성교통운수청(吉林省交通運輸廳)

⇓ 100% 소유

지린성고속도로그룹유한회사(吉林省高速公路集團有限公司)

⇓ 49.19% 소유

지린고속도로주식회사(吉林高速公路股份有限公司)

❻ 고속도로 건설, 관리 주요 경쟁 기업(총자산 순)

○ ▲중위안고속(中原高速)(허난성 정저우시), ▲산둥고속(山東高速)(산둥성 지난시), ▲닝후고속(寧滬高速)(장쑤성 난징시), ▲쓰촨청위(四川成逾)(쓰촨성 청뚜시), ▲선고속(深高速)(광둥성 선전시), ▲간웨고속(贛粵高速)(장시성 난창시) 등

4. 거시 전망

○ 지린성의 교통기초인프라 구축을 위해 핵심지역에 대한 특허(독점)경영권을 보장받고 있고, 경영구간도 동북지역의 중심지역이기 때문에 ▲동북지역의 자동차 보유 증가, ▲물류산업, ▲관광산업 등의 동반성장과 함께 무한의 발전 잠재 영역을 보유한 기업이다.

○ 다만 현재까지 업무영역이 지린성으로 제한되어 있어 시장 수요가 제한을 받고 있고, 회사 매출총이익의 전액이 고속도로 사용료에 의존하고 있는 제한성을 갖고 있다.

○ 따라서 지린고속도로주식회사 고속도로 건설과 관리 산업을 중심으로 ▲건축, ▲부동산개발, ▲농림지 개발, ▲자동차 부품 생산 등의 영역으로 확대를 추진하고 있는바, 국가로부터 독점경영을 보장받는 기업이 이를 활용하여 어떻게 단독으로 성장하는지 매우 주목되는 부분이라 할 수 있겠다.

21
항텐커지홀딩그룹주식회사 航天科技控股集團股份有限公司

◉ 기업 기본 개요

기업명	항텐커지홀딩그룹주식회사(航天科技控股集團股份有限公司) (AEROSPACE HI -TECH HOLDING GROUP CO.LTD)
산업 분야	• 무인화 기술, 우주항공 기술, 정밀계측 기술, 환경보호 기술 등 • 로봇 개발, 자동차 부품 개발, 전자부품 개발 등
소재지	(하얼빈역에서 약 19m) • 중국 헤이룽장성 하얼빈시 핑팡취시루 45호(우편번호150060) • 中國 黑龍江省 哈爾濱市 平房區西路 45号(郵編150060)
종업원 수 (2016년 말)	5,679명(▲母회사691, ▲子회사 4,988, ▲생산직원 2,894 등)
산업 랭킹 (2017년 3월)	중국 계측기기 개발 총자산 순위 1위
기업 홈페이지	www.as-hitech.com
대표 연락처	86-010-83636061(fax 010-83636060)

◉ 기업 발전 과정

1. 설립 과정

○ 항텐커지홀딩그룹주식회사는 중국항텐커공그룹회사(中國航天科工集團公司)[31]가 1999년 1월 27일 헤이룽장성 하얼빈에 설립한 과학기술 장비

31 중국항텐커공그룹회사(中國航天科工集團公司, China Aerospace Science and Technology Corpora -tion)는 중국국방부제5연구소(1956년 최초 설립되었으며, 이후 명칭은 제7기계공업부, 항텐공업부, 항공항텐공업부, 중국항텐공업부 총회사 등으로 변경)를 전신으로, 국무원이 1997

제조 회사이며, 1999년 4월 1일 상하이증권거래소에 상장하였다.

○ 모기업이 항공우주 제품을 제조하여 중국의 우주굴기 등을 직접 추진 중이라면 항톈커지홀딩그룹주식회사(航天科技控股集團股份有限公司)는 최첨단 민용 용품을 제조하여 기업과 개인이 하이테크 상품을 생활 속에서 직접 활용할 수 있는 전략을 추진 중에 있다.

2. 기업발전

○ ▲자동차 및 공업과 관련한 연관 기술 제품, ▲자동자 전자제품, ▲민용항공기 및 부품, ▲석유측량기기, ▲전력설비 등 5대 분야의 하이테크 기술을 보유하고 있어, 이를 이용한 주유카드 시스템, 전자요금징수 장치 ETC(electronic toll collection), 초음파탐지기기, 차량관리시스템, 무인차량, 무인비행기, 스마트도시건설 시스템 구축, 환경보호 쓰레기 처리 제품 등 생활에서 필요한 최첨단 기술을 개발하여 공급하고 있다.

◉ 기업 경영 현황

1. 지주회사

○ ▲베이징 항톈커공커공관싱기술유한회사(航天科工慣性技術有限公司), ▲베이징 항톈이라이전자과학기술유한회사(北京航天益来電子科技有限公司), ▲산둥타이루이펑화자동자전자유한회사(山東泰瑞風華汽車電子有限公司), ▲장시항톈위안과학기술유한회사(江西航天運安科技有限公司), ▲IEE In-ternational Electronics and Engineering S.A(룩셈부르크), ▲As-hitec

---

년 베이징에 설립한 중국 최고의 하이테크 전략기업이다. 중국 유인우주선 선저우(神舟)와 우주로켓 창정(長征) 시리즈 프로젝트 등을 실행하면서 중국의 우주굴기(宇宙崛起)를 실행하고 있고, 항공우주분야를 포함하여, 군수와 민용분야에서 최첨단 기술을 보유하고 있다.

hitec Internationa Co.Limited(홍콩), ▲IEE Sensing Korea Limited(한국), ▲IEE SENSING USA Inc(미국), ▲GmbH(독일), ▲BMS CIRCUITS(프랑스) 등 32개 회사 50% 이상의 지분을 보유하고 있다.

2. 항텐커지홀딩그룹주식회사 주요 재무제표

❶ 최근 3년 주요지표 대비

단위 : 위안(RMB)

항목	2016년	2015년	전년대비 증감	2014년
영업수입	5,481,516,424.40	3,890,878,312.33	40.88%	2,903,335,577.84
상장주식 주주순이윤	102,640,377.03	73,717,822.81	39.23%	58,281,425.76
경영활동현금 유출입순이익	439,871,654.41	199,639,506.45	120.33%	166,292,478.61
총자산	5,729,811,301.63	5,331,783,739.72	7.47%	4,008,256,805.77

❷ 2016년 주요 재무제표

단위 : 위안(RMB)

항목	연말	연초
유동자산	1,092,118,388.19	493,272,512.05
비유동자산	5,992,157,585.81	5,830,738,573.99
자산총계	7,084,275,974	6,324,011,086.04
유동부채	697,283,222.04	755,006,287.97
비유동부채	4,076,289,777.14	3,466,321,772.23
부채합계	4,773,572,999.18	4,221,328,060.23
매출액	774,886,453.29	561,507,251.88
매출원가	515,708,972.67	367,439,931.41
영업이윤	259,177,480.62	194,067,320.47
경상이익	258,417,251.41	191,142,138.88
순이익	192,758,899.44	150,066,147.35
영업활동현금유입	795,973,711.95	587,512,564.36

영업활동현금유출	341,995,732.32	282,600,898.71
영업활동현금흐름순이익	453,977,979.63	304,911,665.65

❸ 2016년 분기별 재무제표 현황

단위 : 위안(RMB)

항목	1분기	2분기	3분기	4분기
매출액	338,889,632.17	465,616,951.30	385,487,765.60	4,291,522,075.33
영업활동현금흐름순이익	-11,807,493.94	-58,920,651.90	53,305,550.00	457,294,250.25

❹ 주요 상품 영업수입 또는 영업이익

단위 : 위안(RMB)

상품별	영업수입 (전년대비)	영업원가 (전년대비)	매출총이익률(%) (전년대비)
자동차 및 공업 생산 연결 제품	482,007,927.86	157,840,095.08	32.75%
	(6.83%)	(15.26%)	(2.39%)
항공 응용 제품	620,386,777.93	128,298,468.52	20.68%
	(50.69%)	(15.32%)	(-6.34%)
자동차 전자 제품	3,606,340,851.08	795,727,396.86	22.06%
	(60.24%)	(1,573.60%)	(-1.25%)
석유 계측 설비	282,855,691.71	19,647,323.91	6.95%
	(-11.17%)	(-28.17%)	(-1.64%)
전력설비	469,452,890.91	49,046,430.64	10.45%
	(14.34%)	(16.99%)	(0.24%)

3. 주요임원 및 최근 2년 영업이익

❶ 기업 주요 인사

○ 리리신(李立新) 동사장(董事長)

※ ▲남, 1966년 9월 출생, ▲1985년 공산당 입당, 석사, 연구원, ▲중국항톈기전그룹(中國航天機電集團) 제3연구원 33소 1실 기술원, 부주임, 주임, 중국항톈커공그룹

회사(中國航天科工集團) 제3연구원 부원장, 수석정보관, ▲현재 중국항텐커공그룹회사(中國航天科工集團公司) 제3연구원(第三研究院) 원장, 당위원회 부서기, 2015년 8월 3일부터 항텐과기홀딩그룹주식회사 동사장

○ 쉬타오(徐 濤) 부동사장

○ 한광룽(韓廣榮) 부동사장

○ 후파싱(胡發興) 총경리

○ 궈샤오위(郭曉宇) 부총경리(월급 48.54만 위안)

○ 덩쉐페이(鄧學飛) 부총경리(월급 48.54만 위안)

○ 펑궈신(馮國新) 부총경리(월급 48.48만 위안)

❷ 기업총자산/기업부채(2017년 3월) : 58.01억 위안/20.45억 위안

❸ 최근 2년간 매출

가. 2016년

○ 매출총이익 : 54.82억 위안

○ 매출총이익 판매상품별 비중

– ▲계측제조업 : 75.70%(41.50억 위안), ▲항공제조업 : 11.32%(6.20억 위안), ▲전력설비제조업 : 8.56%(4.69억 위안), ▲기타 : 4.41%(환경보호서비스업 2.22억 위안 등

○ 각 상품판매별 매출총이익률(gross profit ratio to sales)

– ▲계측제조업 : 22.68%, ▲항공제조업 : 20.68%, ▲전력설비제조업 : 10.45%, ▲환경보호서비스업 : 14.57% 등

○ 매출총이익 판매지별 구분

– ▲해외수출 : 58.81%(32.24억 위안), ▲화북지역 : 22.77%(12.48억 위안), ▲화동지역 : 3.11억 위안, ▲동북지역 : 1.95억 위안, ▲화중지역 : 8335.24만 위안 등

나. 2015년

○ 매출총이익 : 38.91억 위안

○ 매출총이익 판매상품별 비중

– ▲계측제조업 : 45.84%(7.90억 위안), ▲항공제조업 : 13.89%(4.12억 위안), ▲전력설비제조업 : 23.83%(4.69억 위안), ▲기타 : 6.44%(환경보호서비스업 1.50억 위안 등

○ 각 상품판매별 매출총이익률(gross profit ratio to sales)

– ▲계측제조업 : 23.58%, ▲항공제조업 : 27.02%, ▲전력설비제조업 : 10.21%, ▲환경보호서비스업 : 17.09% 등

○ 매출총이익 판매지별 구분

– ▲화북지역 : 46.20%(8.36억 위안), ▲화동지역 : 19.37%(8.36억 위안), ▲동북지역 : 2.30억 위안, ▲화중지역 : 5590.70만 위안 등

❹ 주식발행 현황

○ 주식상장 시기 : 1999년 4월 1일 상하이증권거래소

○ 총발행 주 : 4.09억 주(발행가 6.20 위안/2017.7.6 현재 1주당 가격 28.53 위안)

○ 유통주 : 3.24억 주

○ 최대주주 : 중국항텐커공비항기술연구원(中國航天科工飛航技術研究院)(21.35%)(※10대 주주의 주식점유비율 46.76%)

※ 실제지배주주는 국무원국유자산감독관리위원회(國務院國有資産監督管理委員會)

❺ 항텐커지홀딩그룹주식회사와 최종 지배주주와의 관계도

국무원국유자산감독관리위원회 (國務院國有資産監督管理委員會)

⇓ 100% 소유

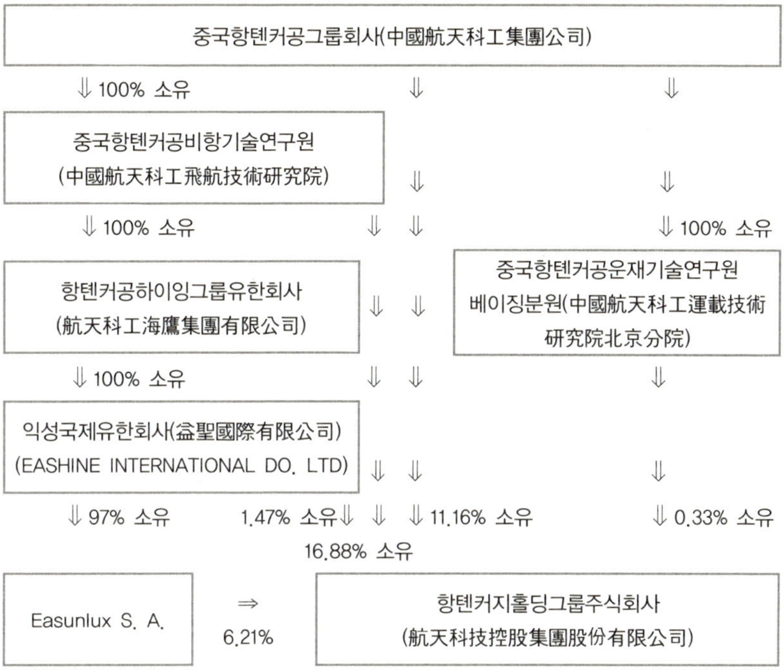

❻ 중국 계측기기 개발 업계 주요 경쟁 기업(총자산 순)

○ ▲하이싱전력(海興電力)(저장성 항저우시), ▲한웨이전자(韓威電子)(허난성 정저우시), ▲진카지능(金卡智能)(저장성 원저우시), ▲위안팡광전(遠方光電)(저장성 항저우시), ▲텐루이이치(天瑞儀器)(저장성 항저우시), ▲신텐커지(新天科技)(허난성 정저우시), ▲중항뎬처(中航電測)(산시성 한종시), ▲쉐디롱(雪迪龍)(베이징시) 등

4. 거시 전망

○ 항텐커지홀딩그룹주식회사는 중국의 4.0 공업 시대를 최전선에서 실현시키는 대표기업으로서, ▲자동차, ▲우주항공, ▲가정전기용품, ▲정밀기계 분야 등 하이테크 관련 제품에 있어 독점적인 기술로 중국 시장을 점유하고

있고, 점유한 시장을 지속적으로 주도하고 있는 특징을 갖고 있다.

○ 특히, 무인비행기, 무인자동차, 스마트도시 건설 등 최첨단 기술과 결합된 제품에 있어 실용화를 주도하면서 중국의 경제성장 및 관련 기업과의 동반성장이 예상된다.

○ 기업의 순이익 감소에 따른 문제점이 지적되고 있으나, 법인투자 및 해외수출을 통한 국외 수출이 증가를 보이며 성공적인 시장변화를 이루고 있고, 국외 시장 확대도 초기 단계를 지나 성공적인 단계에 진입한 것으로 전망되는바, 이러한 추세는 중국 하이테크 기술의 해외 수출도 주도할 수 있을 것으로 전망된다.

○ 시장점유를 위한 중복투자와 거대 경영으로 인한 순이익율의 감소가 재정구조의 가장 큰 문제로 지적되고 있어, 국유기업 구조조정 차원에서 조직의 변화가 예상되며, 기업의 조직 변화는 민영화 확대를 통해 유도될 것으로 예상된다.

22

헤이룽장베이다황농업주식회사 黑龍江北大荒農業股份有限公司

◉ 기업 기본 개요

기업명	헤이룽장베이다황농업주식회사(黑龍江北大荒農業股份有限公司) (Heilongjiang Agriculture Company Limited)
산업 분야	• 농작물(쌀, 옥수수, 대두 등) 생산 및 유통판매, 농산물 수출입 등 • 농경지 임대, 종자연구, 농업 기술자문, 부동상 개발 등
소재지	(하얼빈역에서 약 7㎞) • 중국 헤이룽장성 하얼빈시 난강취한수이루 45호(우편번호150090) • 中國 黑龍江省 哈爾濱市 南崗區漢水路263号(郵編150090)
종업원 수 (2016년 말)	32,304명(▲母회사32,233, ▲子회사71, ▲생산직원 27,058 등)
산업 랭킹 (2017년 3월)	중국 농작물 종자 생산 총자산 순위 1위
기업 홈페이지	http://www.hacl.cn
대표 연락처	86-0451-55195980(fax 0451-55195986)

◉ 기업 발전 과정

1. 설립 과정

○ 헤이룽장베이다황농업주식회사(黑龍江北大荒農業股份有限公司)는 헤이룽장베이다황농간그룹총회사(黑龍江北大荒農墾集團總公司)[32]가 1998년 헤

이룽장성 하얼빈에 설립한 농작물 생산을 기반으로 하는 기업으로서, 2002년 3월 상하이증권거래소에 상장되었다.

○ 현재 1,158만무(畝) 면적의 경지(耕地)에서 기술, 장비, 관리가 합쳐진 최첨단 현대화 농업을 통해 중국 내 최대 수준의 농작물 종자와 농작물을 생산하고 있어 중국의 중요한 농업생산기지의 역할을 하고 있다.

○ 2002년 기업 상장 이후 2014년 까지 기업이 생산한 벼, 옥수수, 대두(大豆) 등 농산량이 5,600톤에 달하고, 농업기계는 25.6만대를 보유하고 있으며, 중국내 최고 농업생산체인을 유지하고 있다.

2. 기업발전

○ 2008년 중국 삼중전회(三中全會)에서는 집체소유인 농지의 도급 등을 통해 농촌의 경제를 제고 시킬 수 있는 농지활용 지원에 관한 정책이 시행되었다. 동 법률은 농지의 성질과 농업의 용도는 여전히 변형시킬 수 없도록 제한하고 있으나, 토지를 기업들에게 도급하고, 집체토지를 유리하게 활용할 수 있는 방안들이 제시되고 있다.

○ 헤이룽장베이다황농업주식회사는 이러한 중앙정부의 정책적 지원 아래, 집체소유의 경지(耕地) 62.4만 헥타르의 토지사용권을 베이다황 이외의 농업 추체들에게 50년간(1988년 11월 29일부터 2048년 11월 28일까지) 도급하였다.

32 헤이룽장베이다황농간그룹총회사는 헤이룽장성에 소재한 중국 최대의 농산물 생산기업으로서, 세계 3대 흑토지(黑土地)로 불리는 헤이룽장성 토지의 543.9만 헥타르(헤이룽장성 토지의 12.6% 소유)를 소유하고, 212,4만 헥타르의 경작지에서 쌀, 옥수수, 대두 등 각종 농작물을 생산하고 있다.
중국 건국 전인 1947년 인민해방군 선양군구 헤이룽장 생산건설부대가 헤이룽장성 북부 토지를 개간하면서 최초의 농장을 시작하였고, 이후 전역군인 등이 그룹으로 이주하며 대규모 경작지을 갖게 되었으며, 1998년 베이다황그룹총회사 설립 이후 현재 104개의 농목장 1,136개의 가공 기업, 18개의 연구기관을 갖고 있다. 베이다황그룹이 생산하는 농산물은 중국 전체 농산물 생산량의 5%에 달하며, 기업으로서는 중국 최대의 생산량이다.

○ 이에 따라 현재 헤이룽장베이다황농업주식회사 영업수입의 80% 이상이 토지도급 수입에서 나오고 있어, 토지관리는 베이다황의 가장 중요한 경영요소가 되었으며, 농업생산력에서 있어 베이다황의 도급토지를 사용하는 기업들이 실질적인 농업생산력의 주체가 되는 매커니즘이 형성되었다고 할 수 있다.

◉ 기업 경영 현황

1. 지주회사

○ ▲헤이룽장베이다황제지업유한책임회사(黑龍江北大荒纸業有限責任公司)(제지산업), ▲베이다황농간맥아유한회사(北大荒龍墾麦芽有限公司)(맥아생산 및 판매), ▲베이다황신예징마오유한책임회사(北大荒鑫亞經貿有限責任公司)(양식수매 및 판매), ▲베이다황신두부동산개발유한회사(北大荒鑫都房地産開發有限公司)(부동산개발), ▲베이다황신두건축공정유한회사(北大荒鑫都建築工程有限公司)(건축시공), ▲헤이룽장베이다황투자관리유한회사(黑龍江北大荒投資管理有限公司)(투자관리 및 자문), ▲헤이룽장베이다황자오량허화페이(黑龍江北大荒浩良河化肥有限公司)(비료제조) 등 회사 50% 이상의 지분을 보유하고 있다.

2. 헤이룽장베이다황농업주식회사 주요 재무제표

❶ 최근 3년 주요지표 대비

단위 : 위안(RMB)

항목	2016년	2015년	전년대비 증감	2014년
영업수입	3,094,778,574.28	3,653,774,696.62	-15.30	5,109,087,463.61

항목	2016년	2015년	전년대비 증감	2014년
상장주식 주주순이윤	735,106,956.18	658,742,276.21	11.59	799,807,532.35
경영활동현금 유출입순이익	1,606,707,904.92	775,783,029.26	107.11	1,910,070,353.49
총자산	7,742,250,397.90	7,234,734,621.30	7.01	8,229,025,291.55

❷ 2016년 주요 재무제표

단위 : 위안(RMB)

항목	연말	연초
유동자산	3,220,890,076.75	2,653,719,209.34
비유동자산	4,521,360,321.15	4,581,015,411.96
자산총계	7,742,250,397.9	7,234,734,621.3
유동부채	1,994,717,237.56	1,687,101,953.30
비유동부채	30,665,804.73	21,157,945.98
부채합계	2,025,383,042.29	1,708,259,899.28
매출액	3,094,778,574.28	3,654,397,734.62
매출원가	2,366,258,073.81	3,004,668,014.86
영업이윤	735,806,554.57	672,705,555.71
경상이익	714,209,169.02	632,499,284.95
순이익	713,581,643.35	621,815,009.43
영업활동현금유입	3,898,283,381.24	3,561,341,205.16
영업활동현금유출	2,291,575,476.32	2,785,558,175.90
영업활동현금흐름순이익	-508,886,798.23	-1,037,269,214.16

❸ 2016년 분기별 재무제표 현황

단위 : 위안(RMB)

항목	1분기	2분기	3분기	4분기
매출액	543,959,517.13	1,137,212,876.04	689,731,947.85	723,874,233.26
영업활동현금 흐름순이익	1,544,172,171.29	581,429,688.58	-492,549,408.47	-26,344,546.48

❹ 주요 상품 영업수입 또는 영업이익

단위 : 위안(RMB)

상품별	영업수입 (전년대비)	영업원가 (전년대비)	매출총이익률(%) (전년대비)
농업상품 계열	2,563,091,960.64	60,930,369.17	97.62
	-2.82%	-61.59%	3.63%
(토지도급)	2,501,902,133.47	-	100.00%
	1.18%	-	-
(농산품 판매)	61,189,827.17	60,930,369.17	0.42
	-62.89	-61.59	-3.37
공업상품 계열	215,903,614.87	274,387,983.46	-27.09
	-41.95	-35.14	-13.34
부동산 상품 계열	14,237,471.29	11,281,390.22	20.76
	92.97	-92.50	-4.99

3. 주요임원 및 최근 2년 영업이익

❶ 기업 주요 인사

○ 류장여우(劉長友) 동사장(董事長)(주식소유 1.82만주)(월급 52.86만 위안)

※ ▲남, 1962년 출생, ▲1978년부터 사회활동 시작, 헤이룽장성 290농장 기술원, 농장 단위원회 서기, 공업과 과장, 헤이룽장베이다황농간그룹총회사보천령분회사(黑龍江北大荒農墾集團總公司寶泉嶺分公司) 부총경리, 총경리, 당부서기 등, ▲현재 헤이룽장베이다황농업주식회사(黑龍江北大荒農業股份有限公司) 당위원회 서기, 2012년 12월 9일부터 동사장(2019년 11월 19일 이임 예정)

○ 허톈위안하(賀天元) 총경리(주식소유 1.82만주)(월급 52.28만 위안)

○ 양잔하이(楊占海) 부총경리(주식소유 1.36만주)(월급 40.72만 위안)

○ 예펑이(葉鳳儀) 부총경리(주식소유 1.36만주)(월급 40.65만 위안)

○ 지앙슈치(姜秀奇) 감사(주식소유 0.38만주)(월급 30.15만 위안)

○ 양천장(楊臣江) 부총경리

❷ **기업총자산/기업부채**(2017년 3월) : 97.90억 위안/38.35억 위안

❸ **최근 2년간 매출**

가. 2016년

○ 매출총이익 : 39.95억 위안

○ 매출총이익 판매상품별 비중

– ▲토지도급 : 89.57%(25.02억 위안), ▲공업상품 판매 : 7.73%(2.16억 위안), ▲농업상품 판매 : 2.19%(2.16억 위안), ▲아파트 건축 판매 : 0.51%(1,423.75만 위안) 등

○ 각 상품판매별 매출총이익률(gross profit ratio to sales)

– ▲토지도급 : 100%, ▲공업상품 판매 : -27.09%, ▲농업상품 판매 : 0.42%, ▲아파트 건축 판매 : 20.76% 등

○ 매출총이익 판매지별 구분

– ▲헤이룽장성 100%

나. 2015년

○ 매출총이익 : 36.54억 위안

○ 매출총이익 판매상품별 비중

– ▲토지도급 : 76.98%(24.73억 위안), ▲공업상품 판매 : 11.58%(3.72억 위안), ▲아파트 건축 판매 : 6.31%(2.03억 위안), ▲농업상품 판매 : 5.13%(1.65억 위안) 등

○ 각 상품판매별 매출총이익률(gross profit ratio to sales)

– ▲토지도급 : 100%, ▲공업상품 판매 : -13.75%, ▲농업상품 판매 : 3.79%, ▲아파트 건축 판매 : 25.75% 등

○ 매출총이익 판매지별 구분

– ▲헤이룽장성 100%

❹ 주식발행 현황

○ 주식상장 시기 : 2002년 3월 29일 상하이증권거래소

○ 총발행 주 : 11.78억 주(발행가 5.38 위안/2017.7.6 현재 1주당 가격 11.30 위안)

○ 유통주 : 11.78억 주

○ 최대주주 : 헤이룽장베이다황농간그룹총회사(黑龍江北大荒農墾集團總公司)(64.14%)(※10대 주주의 주식점유비율 68.04%)

※ 실제지배주주는 중화인민공화국농업부(中華人民共和國農業部)

❺ 헤이룽장베이다황농업주식회사와 최종 지배주주와의 관계도

중화인민공화국농업부 (中華人民共和國農業部)

⇓ 100% 소유

헤이룽장베이다황농간그룹총회사 (黑龍江北大荒農墾集團總公司)

⇓ 64.14% 소유

헤이룽장베이다황농업주식회사 (黑龍江北大荒農業股份有限公司)

❻ 중국 식량생산 업계 주요 경쟁 기업(총자산 순)

○ ▲쑤컨농파(蘇墾農發)(장쑤성 난징시), ▲중싱쥔예(衆興菌業)(간수성 텐수이시), ▲쉐롱성즈(雪榕生物)(상하이시), ▲싱허성무(星河生物)(광둥성 둥관) 등

4. 거시 전망

○ 중국 내에서 농작물 생산량을 가장 많이 생산하는 헤이룽장성의 잠재 경제 성장에 있어 가장 핵심이 농업 전략 기업이다. 베이다황 그룹의 농업 생산량은 중국 전체 농업 생산량의 5%에 달하고 있고, 이미 중국 식량기지로서의 중요한 위치를 차지하고 있지만, 이에 따른 과잉생산과 순이익 감소 및 동종업계의 치열한 경쟁은 피할 수 없을 것으로 전망된다.

○ 헤이룽장베이다황농업주식회사는 전통적인 농산물의 증산에서 벗어난 고급 유기농 녹색식품의 생산과 유통망 확대에 베이다황의 새로운 발전 명운이 달려있다고 판단하고, ▲전자상거래를 통한 유통로 확대, ▲쌀, 옥수수, 대두의 2차가공을 통한 부가가치 증대, ▲홍콩 등을 통한 해외 수출 확대 등의 전략을 농업부 차원에서 적극 추진 중에 있으며, 중장기적 측면에서 주변국(한반도, 아시아 등)으로의 기술협력과 완성품 수출 등은 매우 중요한 발전 전략이 될 것으로 전망된다.

○ 농지활용 지원에 관한 정책이 시행된 2008년 이후 매출총이익의 대부분이 토지 도급비 수익에 의존하고 있어, 기업은 장기적 차원에서의 안정적인 수입체인을 형성하게 되었지만, 중단기적으로 기업의 수입 구조 제한 및 고용인원 등에 따른 구조조정의 필요성을 대두시키고 있다.

○ 또한 토지도급기간이 만료되는 2048년 이후 토지사용권 반환 등에 있어, 계약 만료 후 제3자와의 계약 가능여부, 사용권 환수 후 자체 사용 가능여부 등에 있어 현실적인 제약이 발생할 수 있는바, 중국의 농지 토지 소유권 사용권에 관한 중국 정부의 해결 방안 등도 주목된다.

23
하얼빈공조주식회사 哈爾濱空調股份有限公司

◉ 기업 기본 개요

기업명	하얼빈공조주식회사(哈爾濱空调股份有限公司) (Harbin Air Conditioning Co.Ltd.)
산업 분야	• 고중저압 공냉기 설계 · 제조 · 판매, 기계 · 전기설비 제조 등 • 환경보호 공기조절기, 건축재료, 기술자문 등
소재지	(하얼빈역에서 약 7㎞) • 중국 헤이룽장성 하얼빈시 난강취 고신기술산업개발구 총산루 26호(우편번호150090) • 中國 黑龍江省 哈爾濱市 南岗區高新技術産業開發區嵩山路26号(郵編150090)
종업원 수 (2016년 말)	713명(▲母회사680, ▲子회사33, ▲생산직원 381 등)
산업 랭킹 (2017년 3월)	중국 전원설비(電源設備) 업계 총자산 순위 46위
기업 홈페이지	http://www.hac.com.cn
대표 연락처	86-0451-84644521(fax 0451-84676205)

◉ 기업 발전 과정

1. 설립 과정

○ 하얼빈공조주식회사(哈爾濱空调股份有限公司)는 신중국 초기인 1952년 설립된 하얼빈공기조절공장(哈爾濱空氣調節機廠)을 전신으로 1993년 6

월 25일 설립된 냉각기 기술설비 및 생산 전문기업이다.

○ 하얼빈시가 하얼빈공기조절공장(哈爾濱空氣調節機廠)의 지분을 민영화하기 위해 주식회사 형태로 전환하여, 1999년 6월 3일 상하이증권거래소에 상장하면서 현재의 회사 구조를 갖추었다.

2. 기업발전

○ 헤이룽장성 냉각기술의 발원지(發源地)라고 하는 별칭이 붙을 만큼, 신중국 초기에 설립되어 시대의 변화에 맞춰 그 기술을 발전시켜 왔고, ▲석유화학식 냉각기(石化空冷器), ▲전기식 냉각기, ▲공조기 상품(air conditioner)을 중심으로 기술, 설비, 생산을 갖추고 있다.

○ 석유화학식 냉각기의 중국내 50% 이상을 점유하고 있고, 중국내 최초로 핵 전기를 냉각하여 사용하는 핵 공기냉각(核空冷) 기술을 개발하여 보유하고 있으며, 10년 이상 핵에너지 냉각(核空冷) 상품을 안전하게 운영하여 핵안전 2급 설비의 자격을 갖추고 있다.

◉ 기업 경영 현황

---

1. 지주회사

○ 하얼빈 톈공 금속경구공정유한회사(哈爾濱天功金属结構工程有限公司)(금속공업 제조), ▲하얼빈 톈양 설비안정공정책임유한회사(哈爾濱天洋設備安裝工程有限責任公司)(제조 및 설치)의 50% 이상 지분을 보유하고 있다.

2. 하얼빈공조주식회사 주요 재무제표

❶ 최근 3년 주요지표 대비

단위 : 위안(RMB)

항목	2016년	2015년	전년대비 증감	2014년
영업수입	264,894,277.45	757,259,219.6	-65.02	1,058,990,520.98
상장주식 주주순이윤	-181,179,289.94	13,948,741.43	-1,398.89	22,554,471.46
경영활동현금 유출입순이익	258,100,981.27	-67,218,350.57		264,811,412.69
총자산	1,914,822,014.94	2,502,896,153.21	-23.50	2,615,351,940.95

❷ 2016년 주요 재무제표

단위 : 위안(RMB)

항목	연말	연초
유동자산	1,207,648,003.89	1,793,375,906.22
비유동자산	1,914,822,014.94	2,502,896,153.21
자산총계	3,122,470,018.83	4,296,272,059.43
유동부채	1,207,648,003.89	1,793,375,906.22
비유동부채	707,174,011.05	709,520,246.99
부채합계	1,914,822,014.94	2,502,896,153.21
매출액	264,894,277.45	757,259,219.66
매출원가	470,059,435.67	818,910,380.66
영업이윤	-213,307,343.98	3,878,187.9
경상이익	-197,785,897.45	13,243,784.72
순이익	-181,179,289.94	13,948,741.43
영업활동현금유입	795,807,687.15	799,958,411.97
영업활동현금유출	537,706,705.88	867,176,762.54
영업활동현금흐름순이익	258,100,981.27	-67,218,350.57

❸ 2016년 분기별 재무제표 현황

단위 : 위안(RMB)

항목	1분기	2분기	3분기	4분기
매출액	73,103,403.63	93,651,194.66	51,962,991.28	46,176,687.88
영업활동현금 흐름순이익	119,139,908.85	-5,720,062.54	56,514,805.69	88,166,329.27

❹ 주요 상품 영업수입 또는 영업이익

단위 : 위안(RMB)

상품별	영업수입 (전년대비)	영업원가 (전년대비)	매출총이익률(%) (전년대비)
석화식 냉각기 (石化空冷器)	171,883,953.21	162,304,316.81	5.57%
	-44.48%	-35.47%	13.19%
전기냉각기	31,747,974.66	31,253,322.63	1.56%
	-91.34	-89.24	19.21%

3. 주요임원 및 최근 2년 영업이익

❶ 기업 주요 인사

○ 양펑밍(楊鳳明) 동사장(董事長)(월급 54.28만 위안)

※ ▲남, 1963년 출생, 1987년 대학졸업, ▲하얼빈 공기조절기공장(哈爾濱空气调节機廠) 제3분공장 공장장, 생산처 처장, 생산부 부장, 부총경리, 상하이톈보에너지설비(上海天勃能源設備)유한회사 동사장, 상하이화얼제지뎬장비제조유한책임회사(上海爾華杰機電裝備制造有限責任公司) 동사, 홍콩 하얼빈공조주식회사 이사. ▲현재 상하이화얼제지전자장비제조유한책임회사 동사장, 하얼빈공조주식회사 당위원회 서기, 2017년 4월 3일부터 하얼빈공조주식회사 동사장

○ 류만리(劉萬里) 총경리(월급 54.28만 위안)

○ 류메이옌(劉美妍) 부총경리(월급 38만 위안)

○ 양청(楊承) 동사(월급 6만 위안)

※동사(董事)는 우리기업의 이사에 해당

○ 장진송(張勁松) 동사(월급 6만 위안)

○ 싱바이쥔(邢百軍) 감사(월급 30.75만 위안)

❷ 기업총자산/기업부채(2017년 3월) : 17.53억 위안/10.95억 위안

❸ 최근 2년간 매출

가. 2016년

○ 매출총이익 : 2.65억 위안

○ 매출총이익 판매상품별 비중

— ▲석화식냉각기(石化空冷器) : 84.41%(1.72억 위안), ▲전기냉각기(電站空冷器) : 15.59%(3,174.80만 위안)

○ 각 상품판매별 매출총이익률(gross profit ratio to sales)

— ▲석화식냉각기 : 5.571%, ▲전기냉각기(電站空冷器) : 1.56%

○ 매출총이익 판매지별 구분

— ▲헤이룽장성이 대부분

나. 2015년

○ 매출총이익 : 7357억 위안

○ 매출총이익 판매상품별 비중

— ▲석화식냉각기 : 52.42%(3.67억 위안), ▲전기냉각기 : 45.78%(3.10억 위안)

○ 각 상품판매별 매출총이익률(gross profit ratio to sales)

— ▲석화식냉각기(石化空冷器) : 20.77%, ▲전기냉각기 : 18.76%

○ 매출총이익 판매지별 구분

— ▲헤이룽장성이 대부분

❹ 주식발행 현황

○ 주식상장 시기 : 1999년 6월 3일 상하이증권거래소

○ 총발행 주 : 3.83억 주(발행가 6.08 위안/2017.7.10. 현재 1주당 가격 13.56 위안)

○ 유통주 : 3.83억 주

○ 최대주주 : 하얼빈공업투자그룹유한회사(哈爾賓工業投資集團有限公司)(34.03%)(※10대 주주의 주식점유비율 37.85%)

※ 실제지배주주는 하얼빈시인민정부국유자산감독관리위원회(哈爾賓市人民政府國有資産監督管理委員會)

⑤ 하얼빈공조주식회사와 최종 지배주주와의 관계도

하얼빈시국유자산감독관리위원회 (哈爾濱市國有資産監督管理委員會)

⇓ 100% 소유

하얼빈공업투자그룹유한회사 (哈爾濱工業投資集團有限公司)

⇓ 34.03% 소유

하얼빈공조주식회사 (哈爾濱空调股份有限公司)

⑥ 중국 전원설비(電源設備) 업계 업계 주요 경쟁 기업(총자산 순)

○ ▲중라이구펑(中來股份)(장쑤성 쑤저우), ▲톈넝중공(天能重工)(산둥성 칭다오시), ▲타이하이허덴(臺海核電)(쓰촨성 웨이산시), ▲커다리(科達利)(광둥성 선전시), ▲푸스터(福斯特)(저장성 항저우시), ▲화광구펀(華光股份)(저장성 우시시), ▲싱지구펀(隆基股份)(산시성 시안시), ▲항궈구펀(杭鍋股份)(저장성 항저우시), ▲동팡르성(東方日昇)(저장성 닝안시), ▲커스다(科士達)(광둥성 선전시)

4. 거시 전망

○ 하얼빈공조주식회사(哈爾濱空调股份有限公司)는 핵전력을 이용한 공기 냉각 처리 특수 기술을 보유하고 있는 중국 최고 핵전력 기술 기업 중 한 곳이다. 그러나 현재 공기조절 방식 및 냉각 방식에 있어 핵 냉각에 의한 수요가 크지 않아 시장이 크게 형성되고 있지 않고 있어, 하얼빈공조주식회사의 규모 성장도 제한을 받고 있다.

○ 하얼빈공조주식회사는 이에 따라 최근, 핵전력 기술을 해외로 수출하는

이른 바, '핵전력 발전 기술의 일대일로(一帶一路) 전략'을 추진 중에 있으며, 최근의 성과로 볼 때 성공적인 launching 으로 평가되고 있어, 핵전력 분야에 대한 해외시장 점유의 확대여부가 주목되는 기업이다.

○ 중국내에서는 타이산2기(泰山二期) 핵전력소(浙江省嘉興市海鹽縣泰山鎮 소재)에 핵 전력기술 공급을 시작하였고, 해외로는 동남아과 서남아로 관련 기술을 지속 확대 수출하고 있는바, 파키스탄 하시마 핵전력소와 인도 바라트(bharat) 중형전기(重型電氣)유한회사(2017년 3월 현재 계약금액 7억 위안)와의 핵 전력기술 공급에 대한 계약 체결을 이미 완료하였다.

○ 중국 에어컨 시장 과대 경쟁으로 매출총이익이 감소하고 있으나, 냉각 기술 시장 및 이와 관련한 핵전력 기술을 해외로 동시에 수출하고 있어, 동북지역의 일대일로 전략에 따른 원전 기술의 해외수출과 이에 따른 해외시장 선점 등이 주목된다.

24
다칭화커주식회사 大慶華科股份有限公司

◉ 기업 기본 개요

기업명	기업명 : 다칭화커주식회사(大慶華科股份有限公司) (Daqing Huake Company Limited)
산업 분야	• 석유화학 제품 생산 판매(폴리프로필렌 · 방향족 탄화수소 · 에틸렌 · 타르 · 의약품 등) • 화장품 · 중의약 · 보건제품 개발, 수출입 등
소재지	(다칭역에서 약 13㎞)(※하얼빈역에서 다칭역까지 200㎞) • 중국 헤이룽장성 다칭시 고신기술개발건설로 239호(우편번호 163316) • 中國 黑龍江省 大慶市 高新技術産業開發區建設路239号(郵編 163316)
종업원 수 (2016년 말)	670명(▲母회사670, ▲생산직원 456 등
산업 랭킹 (2017년 3월)	중국 화학제품 업계 총자산 순위 69위
기업 홈페이지	www.huake.com
대표 연락처	86-04596280287(fax 04596280287)

◉ 기업 발전 과정

1. 설립 과정

○ 다칭화커주식회사는 다칭시(大慶市) 다칭유전(大慶油田)을 토대로 하고 있는 화학제품 생산 기업으로서, 중국석유천연가스주식회사가 1998년

화학공업 전문기업으로 설립하여, 2000년 7월 26일 선전증권거래소에 상장하였다.

○ 다칭화커는 중국 최대의 다칭유전을 산업기지로 하고 있기 때문에 다칭시(大慶市)와 다칭유전(大慶油田)의 발전을 통해, 기업의 설립과 발전을 이해하여야 한다.

2. 다칭유전과 다칭시의 발전

○ 다칭시는 중국 북동부의 대평원인 송넌(松嫩) 평원 중부에 위치하고 있는 헤이룽장성 최대의 부유(富裕) 도시인데, 다칭시의 이러한 부(富)는 중국이 자랑하는 다칭유전의 석유 생산에서 비롯되었기 때문에 다칭시는 일명 석유의 도시로 불리기도 한다.

○ 중국 건국(1949년 10월) 10년이 되는 1959년 9월 다칭의 송기삼정(松基三井)에서 석유가 분출하면서 중국의 큰(大) 경사(慶)라는 의미로 다칭유전(大慶油田)이라는 이름이 명명(命名)되었고, 1979년 12월 14일 도시 이름을 안다시(安達市)에서 다칭시(大慶市)로 개명하였다.

○ 이후 석유생산을 중심으로, 석유화학 등의 관계산업이 발달하면서 2011년 이미 다칭시 주민 1인당 국민소득이 2만 달러를 넘어섰고, 2016년 1인당 국민소득이 2만 7천 달러를 넘어서면서, 동북지역 부유한 도시 중 한 곳이 되었다.

○ 최근 국제원유가격 하락 등의 원인으로 원유감산이 지속되면서 경제성장률이 주춤해지고 있으나, 다칭시는 석유가치의 감소시기를 대비하여 석유로 축적된 자본을 토대로 새로운 산업으로의 전환을 추진한 바, 최근에는 신소재, 보건바이오, 신에너지, 서비스업, 관광업, 전자상거래 등의 산업이 다칭시에서 주목받고 있다.

3. 다칭유전과 지주기업

○ 다칭유전에서는 1959.9월 처음으로 석유가 발견되었고, 1962년부터 대량 생산을 시작하였으며, 현재까지 보고된 석유 매장량은 56.7억 톤이다. 1976부터 2002년 사이에는 연 5,000만 톤의 석유를 생산하였으나, 2003년부터는 연간 4,000만 톤을 생산하기 시작하였다.

○ 다칭유전은 다칭시의 사얼투(薩爾圖), 싱수강(杏樹崗), 라마뎬(喇嘛甸) 지역 등 6,000㎢가 넘는 지역의 52개 유전으로 이루어져 있어, 이를 경영하기 위한 51개 국영기업에서 24만 명을 고용하고 있다. 산업분야는 탐사개발, 시추(試錐), 공정기술, 건설, 장비제조, 유전화학공업, 교육, 도시관리, 대체에너지 개발 등이며, 수단, 베네수엘라, 인도네시아, 카자흐스탄, 몽골 등 국가의 석유 자원 개발에 적극 참여 중에 있다.

○ 최근 원유 감산폭이 확대되면서 러시아와 송유관을 연결하여 러시아산 원유를 수입하기도 하나, 다칭유전의 원유는 여전히 중국 원유 생산량의 21%를 점유하고 있으며, 동북지역을 중심으로 중국에 원유를 공급하는 최대 기지역할을 하고 있다.

○ 중국 국무원 산하의 중국석유천연가스주식회사(中國石油天然氣股份公司)는 다칭유전의 석유와 천연가스 경영을 핵심으로 하는 다칭유전유한책임회사(大慶油田有限責任公司)를 1962년 설립하였으며, 2000년 10월 구조조정을 통해 다칭유전유한책임회사 산하의 회사를 ▲다칭유전화공총공장(大慶油田化工總廠), ▲린위안석화분회사(林源石化分公司), ▲중국석유천연가스주식회사다칭연화분회사(中國石油天然機股份公司大慶煉化公司) 등을 중심으로 재편하였다.

○ 중국석유천연가스주식회사는 1998년 화학공업 전문기업 다칭화커그룹(大慶華科集團)을 설립하고, 2000년 7월 26일 선전증권거래소에 상장하였으며, 2002년 4월 3일 회사 명칭을 현재의 다칭화커주식회사로 변경하여 경영 중에 있다.

1. 다칭화커주식회사 주요 재무제표

❶ 최근 3년 주요지표 대비

단위 : 위안(RMB)

항목	2016년	2015년	전년대비 증감	2014년
영업수입	1,032,507,822.68	789,582,737.45	30.77%	1,422,843,435.78
상장주식 주주순이윤	33,341,964.74	-16,630,942.46	-300.48%	13,917,606.34
경영활동현금 유출입순이익	87,922,381.64	10,795,938.81	714.40%	108,458,151.47
총자산	662,779,824.33	607,476,389.93	9.10%	635,076,424.08

❷ 2016년 주요 재무제표

단위 : 위안(RMB)

항목	연말	연초
유동자산	210,163,640.33	132,989,642.25
비유동자산	452,616,184.00	474,486,747.68
자산총계	662,779,824.33	607,476,389.93
유동부채	95,351,314.90	74,529,615.12
비유동부채	49,091,788.82	50,833,507.36
부채합계	144,443,103.72	125,363,122.48
매출액	1,032,507,822.68	789,582,737.45
매출원가	996,054,923.37	810,620,379.12
영업이윤	36,559,211.81	-20,931,329.17
경상이익	39,252,621.33	-19,674,101.06
순이익	33,341,964.74	-16,630,942.46
영업활동현금유입	1,217,340,202.73	932,138,358.11
영업활동현금유출	1,129,417,821.09 921,342,419.30	1,129,417,821.09 921,342,419.30
영업활동현금흐름 순이익	87,922,381.64	10,795,938.81

❸ 2016년 분기별 재무제표 현황

단위 : 위안(RMB)

항목	1분기	2분기	3분기	4분기
매출액	173,864,273.19	248,664,828.08	291,231,715.36	318,747,006.05
영업활동현금 흐름순이익	2,457,236.78	16,843,768.11	59,883,888.11	8,737,488.64

❹ 주요 상품 영업수입 또는 영업이익

단위 : 위안(RMB)

상품별	영업수입 (전년대비)	영업원가 (전년대비)	매출총이익률 (%) (전년대비)
화공계열 제품	1,030,778,245.58	884,007,547.27	14.24%
	(31.54%)	(27.48%)	(2.73%)
의약약품 계열	1,729,577.10	4,523,071.33	-161.51%
	(-70.92%)	(-52.92%)	(-99.99%)
방향족 탄화수소 (aromatic hydrocabon)	180,406,386.55	138,724,503.83	23.10%
	(33.51%)	(13.89%)	(13.24%)
에틸렌, 타르 (ethylene, tar)	141,849,449.58	120,552,502.70	15.01%
	(14.36%)	(5.75%)	(6.91%)
폴리프로필렌 (polypropyiene)	283,294,171.52	256,231,414.55	9.55%
	124.79%	125.41%	-0.25%

2. 주요임원 및 최근 2년 영업이익

❶ 기업 주요 인사

○ 쉬용닝(徐永寧) 동사장(董事長)

※ ▲남, 1962년 5월 출생, ▲석사, ▲다칭석유화공총공장(大慶石油化工总廠) 질량관리처 부처장, 기술발전처 처장, 법률사무처장, 기업관리처장, 중국석유천연가스주식회사 다칭지점(中國石油天然气股份有限公司) 부총공정사(副总工程师), ▲2013년 6월 14일부터 현재, 다칭화커주식회사 동사장(2020년 4월 25일 이임 예정)

○ 쩡즈쥔(曾志軍) 총경리(월급 30.03위안)

○ 저위쉐메이(周雪梅) 감사(월급 1.8만 위안)

○ 펑판리(孟凡禮) 부총경리(월급 34.54만 위안)

○ 쟝샹동(張向東) 부총경리(월급 34.75만 위안)

○ 리동밍(李東明) 부총경리(월급 34.85만 위안)

○ 왕 위(王 禹) 기술총감(技術總監)(월급 34.56만 위안)

❷ **기업총자산/기업부채**(2017년 3월) : 6.78억 위안/1.41억 위안

❸ 최근 2년간 매출

가. 2016년

○ 매출총이익 : 10.33억 위안

○ 매출총이익 판매상품별 비중

— ▲폴리프로필렌(polypropyiene) : 27.45%(2.83억 위안), ▲방향족 탄화수소(aromatic hydrocabon) : 17.48%(1.80억 위안), ▲에틸렌, 타르(ethylene, tar) : 13.74%(1.42억 위안), ▲기타 : 41.32%(의약품 0.17% 등)

○ 각 상품판매별 매출총이익률(gross profit ratio to sales)

— ▲폴리프로필렌(polypropyiene) : 9.55%, ▲방향족 탄화수소(aromatic hy- drocabon) : 23.10%, ▲에틸렌,타르(ethylene, tar) : 15.0% 등

○ 매출총이익 판매지별 구분

— ▲중국내수 : 98.04%(10.12억 위안), ▲해외수출 : 1.96%(2020.88만 위안) 등

나. 2015년

○ 매출총이익 : 7.90억 위안

○ 매출총이익 판매상품별 비중

— ▲방향족 탄화수소(aromatic hydrocabon) : 17.12%(1.35억 위안), ▲폴리프로필렌(polypropyiene) : 15.97%(1.26억 위안), ▲에틸렌, 타르(ethylene, tar) : 15.72%(1.24억 위안), ▲기타 : 51.19%(의약품 0.75% 등)

○ 각 상품판매별 매출총이익률(gross profit ratio to sales)

— ▲방향족 탄화수소(aromatic hydrocabon) : 9.86%, ▲폴리프로필렌(poly-propyiene) : 9.80%, ▲에틸렌,타르(ethylene, tar) : 8.100% 등

○ 매출총이익 판매지별 구분

— ▲중국내수 : 96.47%(7.62억 위안), ▲해외수출 : 3.53%(2,785.04만 위안) 등

❹ 주식발행 현황

○ 주식상장 시기 : 2000년 7월 26일 선전증권거래소

○ 총발행 주 : 1.30억 주(발행가 8.34 위안/2017.7.17. 현재 1주당 가격 23.42 위안)

○ 유통주 : 1.30억 주

○ 최대주주 : 중국석유다칭석유화공창장(中國石油大慶石油化工總廠)(39.34%)(※10대 주주의 주식점유비율 71.28%)

※ 실제지배주주는 국무원국유자산감독관리위원회(國務院國有資産監督管理委員會)

❺ 다칭화커주식회사와 최종 지배주주와의 관계도

국무원국유자산감독관리위원회(國務院國有資産監督管理委員會)

⇓ 100% 소유

중국석유천연가스그룹회사
(中國石油天然氣集團公司)

⇓ 100% 소유 ⇓ 100% 소유

다칭석유화공총공장
(大慶石油化工總廠)

린위안란요우공장
(林源燃油廠)

⇓ 39.34% 소유 ⇓ 39.34% 소유

다칭화커주식회사(大慶華科股份有限公司)

⑥ 중국 화학제품 업계 주요 경쟁 기업(총자산 순)

○ ▲산쥐환바오(三聚環保)(베이징시), ▲룽멍바이리(龍蟒佰利)(허난성 지아오쭤스), ▲신아오구펀(新澳股份)(허난성 스쟈좡시), ▲스다이신차이(時代新材)(후난성 주저우시), ▲쟈화넝위안(嘉化能源)(저장성 쟈싱시), ▲신룬커지(新綸科技)(광둥성 선전시), ▲중허타이바이(中核鈦白)(간수성 쟈위관시), ▲아오커구펀(澳克股份)(랴오닝성 랴오양시), ▲광둥룽타이(廣東榕泰)(광둥성 제양시), ▲진허실업(金禾實業)(안후이성 추저우시) 등

3. 거시 전망

○ 다칭화커주식회사는 중국에서 가장 큰 석유화학 기지인 다칭유전에서 원료를 공급받기 때문에 제품의 독점 선점 구매와 가격경쟁력 측면에 있어 최대의 강점을 갖고 있어, 기업 구조, 재무구조, 생산력 등에 있어 장기적인 안정적 발전이 전망된다.

○ 최근 석유화학 분야의 제품응용 범위를 확대하여, ▲첨단 기술개발, ▲화학공업 수요 확대, ▲신에너지 개발, ▲제약업 확대 등 4대 분야에 적극 투자하고 있으며, 의약제품, 화장품 원료 분야 등에 있어서는 직접 생산을 시작하였으나, 매출총이익에서의 점유율은 극히 제한적이며, 큰 발전을 나타내지는 못하고 있다.

○ 다칭유전의 특성상 중앙의 직접 지배를 받고 있다는 특징이 있는데, 중앙에서는 지분구조의 다변화 및 민영화 확대 등에 대한 필요성을 제기하고 있어, 다칭유전 전체 조직에 대한 구조조정 등도 예상된다.

25 완샹더농주식회사 萬向德農股份有限公司

◉ 기업 기본 개요

기업명	완샹더농주식회사 萬向德農股份有限公司 WanxiangDoneed Co. ltd
산업 분야	• 농업 종자 생산(옥수수, 해바라기, 면) 연구 등 • 옥수수 가공 기술, 농업기계 부품, 농업 유통 소프트웨어 등
소재지	(하얼빈역에서 약 7㎞) • 중국 헤이룽장성 하얼빈시 난강취위산루 18호(우편번호150090) • 中國 黑龍江省 哈爾濱市 南崗區玉山路18号(郵編150090)
종업원 수 (2016년 말)	259명(▲母회사6, ▲子회사253, ▲생산직원 50 등)
산업 랭킹 (2017년 3월)	중국 종자생산 업계 총자산 순위 7위
기업 홈페이지	www.wxdoneed.com
대표 연락처	86-0451-82368448(fax 0451-82368448)

◉ 기업 발전 과정

1. 설립 과정

○ 완샹더농주식회사는 저장성(浙江省)에 본부를 두고 있는 제조업체 완샹그룹(萬向集團)이 1995년 중국 최대 농작물 생산지인 헤이룽장성에 설립한 농작물 종자(種子) 전문 생산 기업으로서, 2002년 상하이증권거래소에 상장하였다.

○ 모든 매출총이익이 옥수수, 해바라기, 면화 등 농작물 종자 판매를 통해서만 이루어지고 있는 것처럼, 헤이룽장성의 농업 과학화와 현대화를 이끄는 핵심 기업이며, 옥수수 종자는 중국 내 종자의 10% 이상을 공급하고 있어, 옥수수 종자 공급 점유율에 있어 중국내 최고 기업이다.

○ 1990년대부터 옥수수 품종 더단(德單) 시리즈를 생산하고 있다. 더단5호(德單5號)는 여름에 파종을을 하여, 재배기간을 100일을 필요로 하는데, 일조량 및 토지 성분 등을 감안할 때 허난성(河南省) 지역의 옥수수 재배에 적합하기 때문에 허난성에서 주로 파종을 하고 있고, 더단123호는 장쑤성, 안후이성 등에서 파종하고 있으며, 동북지역은 더단1266호가 지역에 적합하여 파종을 하는바, 각 지역에 맞는 품종을 개발하여 시장을 확대하고 있다.

2. 기업발전

○ 완샹그룹(萬向集團)은 저장성 항저우에 소재한 중국의 대형 민영기업으로서, 창업주 루관추(魯冠球)가 1969년 농업기계를 생산하는 닝웨이농기계(寧圍農機) 공장을 시작으로 현재의 완샹그룹을 일으켰다.

○ 완샹그룹은 농업기계 기술을 바탕으로 OEM 방식으로 자동차 부품을 생산하여 중국에서 처음으로 미국 GM사에 자동차 부품을 납품하였고, 이후 자동차 부품, 기계 부품, 농업기계 부품을 전문적으로 생산하는 제조업체로서 성장하였다.

○ 현재 자동차 부품, 농업제품, 신에너지 등의 기업을 지배하고 있는 자동차 부품 생산 최고 기업 중 한곳이며, 2016년 기준 중국 기업종합 경쟁력 125위를 차지하였다.

1. 지주회사

○ 완샹더농주식회사는 ▲베이징더농종자업유한회사(北京德農种業有限公司), ▲헤이룽장더농종자업유한회사(黑龍江德農种業有限公司), ▲베이징더농북방육종과하기술유한회사(北京德農北方育种科技有限公司) 등 회사의 50% 이상 지분을 보유하고 있다.

2. 완샹더농주식회사 주요 재무제표

❶ 최근 3년 주요지표 대비

단위 : 위안(RMB)

항목	2016년	2015년	전년대비 증감	2014년
영업수입	318,502,363.87	371,715,892.15	-14.32	438,199,300.97
상장주식 주주순이윤	54,909,185.42	5,678,124.42	867.03	4,433,012.22
경영활동현금 유출입순이익	141,002,440.84	111,079,995.71	26.94	275,862,425.04
총자산	748,513,220.78	668,315,265.53	12.00	794,956,551.61

❷ 2016년 주요 재무제표

단위 : 위안(RMB)

항목	연말	연초
유동자산	466,358,668.33	361,617,304.90
비유동자산	282,154,552.45	306,697,960.63
자산총계	748,513,220.78	668,315,265.53
유동부채	273,537,181.00	241,515,738.88
비유동부채	28,153,953.60	30,668,262.88
부채합계	301,691,134.60	272,184,001.76
매출액	318,502,363.87	371,715,892.15

매출원가	280,333,323.60	361,808,893.33
영업이윤	50,979,270.52	18,078,364.93
경상이익	56,712,403.62	6,239,804.45
순이익	56,540,975.05	6,239,804.45
영업활동현금유입	355,783,484.12	332,002,870.97
영업활동현금유출	214,781,043.28	220,922,875.26
영업활동현금흐름순이익	141,002,440.84	111,079,995.71

❸ 2016년 분기별 재무제표 현황

단위 : 위안(RMB)

항목	1분기	2분기	3분기	4분기
매출액	85,238,643.42	55,465,987.22	43,642,681.25	134,155,051.98
영업활동현금흐름순이익	140,492,109.40	44,425,954.38	28,767,088.08	-72,682,711.02

❹ 주요 상품 영업수입 또는 영업이익

단위 : 위안(RMB)

상품별	영업수입 (전년대비)	영업원가 (전년대비)	매출총이익률(%) (전년대비)
종자 계열	314,297,022.46	194,371,631.45	38.16
	(-13.82%)	(-24.97%)	(9.19%)
(옥수수)	307,391,243.06	187,951,545.74	38.86
	(-9.16%)	(-21.50%)	(9.62%)
(해바라기)	938,386.08	730,560.88	22.15%
	(-95.62%)	(-95.28%)	(-5.62%)
(cottonseed 및 기타)	5,967,393.32	5,689,524.83	4.66%
	(100%)	(100%)	(100%)

3. 주요임원 및 최근 2년 영업이익

❶ 기업 주요 인사

○ 관다위안(管大源) 동사장(董事長)(주식소유 19.99만주)

※ ▲1963년, 저장성 항저우 출생, 남 ▲1980년 완샹 입사, 완샹그룹 총경리판공실 주임, 선전완샹투자유한회사 총경리 등, ▲현재 완샹그룹 부총재, 완샹그룹 발전부총경리, 완샹창업투자주식회사 총경리, 허베이청더루루(河北承德露露)주식회사 동사장, 순파헝예(顺發恒業)주식회사 동사장, 다양스자(大洋世家)주식회사 동사장, 완샹첸차오(萬向錢潮)주식회사 부동사장, 2004년 12월 10일부터 완샹덕농주식회사(萬向德農股份有限公司) 동사장(2020년 5월 17일 이임 예정)

○ 천귀이장(陳貴樟) 총경리(월급 21.10만 위안)

○ 린 헝(林 衡) 부총경리(월급 25.00만 위안)

○ 치 쿤(祁堃) 부총경리(월급 26.55만 위안)

○ 뤼수친(吕淑琴) 동사(월급 5.24만 위안) ※동사는 기업이사에 해당

❷ **기업총자산/기업부채**(2017년 3월) : 7.46억 위안/2.85억 위안

❸ 최근 2년간 매출

가. 2016년

○ 매출총이익 : 3.19억 위안

○ 영업수입 판매상품별 비중(※종자 판매 100%)

– ▲옥수수 : 97.80%(3.07억 위안), ▲cottonseed 및 기타 : 1.90%(596.74만 위안), ▲해바라기 : 0.30%(93.84만 위안)

○ 각 상품판매별 매출총이익률(gross profit ratio to sales)

– ▲옥수수 : 38.86%, ▲cottonseed 및 기타 : 4.66%, ▲해바라기 : 22.15%

○ 매출총이익 판매지별 구분

– ▲화중 및 화북지역 : 50.09%(1.57억 위안), ▲동북지역 : 48.44%(1.52억 위안), ▲서북지역 : 1.47%(463.42만 위안)

나. 2015년

○ 매출총이익 : 33.72억 위안

○ 영업수입 판매상품별 비중(※종자 판매 100%)

— ▲옥수수 : 94.05%(3.38억 위안), ▲해바라기 : 5.95%(2,141.88만 위안)

○ 각 상품판매별 매출총이익률(gross profit ratio to sales)

— ▲옥수수 : 29.24%, ▲해바라기 : 27.77%

○ 매출총이익 판매지별 구분

— ▲화중 및 화북지역 : 69.69%(2.54억 위안), ▲동북지역 : 28.15%(1.03억 위안), ▲서북지역 : 2.15%(785.25만 위안)

❹ 주식발행 현황

○ 주식상장 시기 : 2002년 9월 16일 상하이증권거래소

○ 총발행 주 : 2.25억 주(발행가 3.47 위안/2017.7.19. 현재 1주당 가격 10.77 위안)

○ 유통주 : 2.25억 주

○ 최대주주 : 완샹산농그룹유한회사(萬向三農集團有限公司)(48.76%)

(※10대 주주의 주식점유비율 55%)

※ 실제지배주주는 루관추(魯冠球)(※남, 1945년 저장성 출생, 저장 완샹그룹 이사회 주석)

❺ 완샹더농주식회사와 최종 지배주주와의 관계도

루관추(魯冠球)
(※ 완샹그룹 이사회 주석)

⇓ 95% 소유

완샹산농그룹유한회사
(萬向三農集團有限公司)

⇓ 48.76% 소유

완샹더농주식회사
(萬向德農股份有限公司)

⑥ **중국 종자생산 업계 주요 경쟁 기업**(종자산 순)

○ ▲룽핑가오커(隆平高科)(후난성 창사시), ▲덩하이종자업(登海種業)(산둥성 옌타이시), ▲선농지인(神農基因)(하이난성 하이커우시), ▲둔황종자업(敦煌種業)(간쑤성 지우취안시), ▲펑러종자업(豊樂種業)(안후이성 허페이시), ▲취안인가오커(荃銀高科)(안후이성 허페이시) 등

4. 거시 전망

○ 2015년 수정 반포된 중국 종자법(種子法)은 ▲종자기업 관리, ▲종자 연구개발자 지원, ▲민족종자 연구 등에 관한 내용을 강하게 표명하고 있다. 이에 따라 중국은 2016년부터 농산품 종자산업의 구조조정을 추진하고 있으며, 2020년까지 옥수수 재배 면적을 5,000만무(萬畝)(1무는 666.667㎡) 감소시킬 계획이다.

○ 동시에 옥수수 종자를 공급하는 기업이 증가하면서 종자시장에서의 기업 간 경쟁은 더욱 가속화 되고, 2015년부터 가공 옥수수 가격이 하락을 하고 있어 기업의 옥수수 종자 수급에도 변화가 있을 것으로 전망된다.

○ 이러한 배경 하에 완샹더농의 2016년 매출액이 감소하였으나, 순이윤은 대폭 증가한바, 이는 기업이 관리를 통한 기업의 영업비용 감소로 순이익율을 최대화 한 것으로 분석된다.

○ 최근 완샹더농은 신종품 개발과 기업관리의 변화를 강하게 추진 중에 있으며, 제품 생산에 있어서는 옥수수와 옥수수 부산물(副産物) 가공 품종 연구, 맥주 전용 당액(糖液), 맥아(麥芽), 호정(糊精, dextrin) 등에 대한 개발을 추진 중에 있는바, 현대농업과 기업의 전환 관점에서 완샹더농의 시장 변화에 주목하여야 할 것이다.

26
하얼빈동안자동차동리주식회사
哈爾濱東安汽車動力股份有限公司

◉ 기업 기본 개요

기업명	하얼빈동안자동차동리주식회사(哈爾濱東安汽車動力股份有限公司) (HARBIN DONGAN AUTO ENGINE CO. LTD)
산업 분야	• 자동차 소형엔진, 자동차 부품(변속기) 등 • 교통설비, 부품개발, 자동차 판매 등
소재지	(하얼빈역에서 약 8㎞) • 중국 헤이룽장성 하얼빈시 난강취 고신기술개발구 13동(우편번호150036) • 中國 黑龍江省 哈爾濱市 南崗區 高新技術開發區13栋(郵編150036)
종업원 수 (2016년 말)	2,442명(▲母2,442, ▲생산직원 1,605 등)
산업 랭킹 (2017년 3월)	중국 자동차 부품 업계 총자산 순위 35위
기업 홈페이지	www.daae.com.cn
대표 연락처	86-045186528172(fax 0451-86505502)

◉ 기업 발전 과정

1. 설립 과정

○ 하얼빈동안자동차동리주식회사(哈爾濱東安汽車動力股份有限公司)는 하얼빈동안엔진제조회사(哈爾濱東安發動機製造公司)가 1998년 10월 8일 하얼

빈에 설립한 자동차 엔진 및 부품 생산 전문기업으로서 1998년 10월 14일 상하이증권거래소에 주식 상장을 하였다.

○ 하얼빈동안엔진제조회사(哈爾濱東安發動機製造公司)는 중국 항공기 엔진 연구개발 기업 중국항공공업그룹(中國航空工業集團公司)(1948년 8월 설립) 산하의 연구개발 기업으로 헤이룽장성의 대표적인 중점 기술 육성 국영기업 중 한곳이다. 그간 항공기, 헬리콥터 등 군수용 비행 엔진과 소형자동차 엔진을 전문적으로 연구 생산하면서 2000년까지 누적 생산한 항공 엔진은 20개 종류 15,000여개에 달하며, 80년대 후반부터 군민결합경제(軍民結合經濟) 정책에 따라 항공기 엔진 생산과 정비기술이 민용으로 활용되기 시작하였다.

○ 엔진제조 등 부품기술의 민용화가 확대되면서 하얼빈동안엔진제조회사는 1998년 10월 8일 헤이룽장성 하얼빈에 자동차 엔진 및 부품 생산 전문기업 하얼빈동안자동차동리주식회사(哈爾濱東安汽車動力股份有限公司)를 설립하게 된다.

2. 기업발전

○ 중국의 대표 군수기업 중국병기장비그룹(中國兵器裝備集團)과 중국항공공업그룹회사(中國航空工業集團公司)가 2009년 11월 10일 합병 등을 통한 자동차 산업 부분에 관한 구조조정을 난행하면서 새로운 중국창안자동차그룹주식회사(中國長安汽車集團股份有限公司)가 탄생하게 되었고, 중국항공공업그룹의 지분조정으로 하얼빈동안자동차동리주식회사는 중국창안자동차그룹(中國長安汽車集團)의 지배를 받게 되었다.

○ 하얼빈동안자동차동리주식회사은 현재 연간 40만대의 자동차 엔진 생산 능력을 갖추고 있는 중국 최대 규모의 소형자동차 엔진 생산기업이

며, DA4650 시리즈, DABS 시리즈 등을 생산하면서, 중국창안자동차(베이징), 베이징현대자동차(베이징), 동안미쓰비시(東安三菱)(하얼빈), 선양항공신광(瀋陽航空新光)(선양) 등의 자동차 완성업체에 엔진과 부품을 공급하고 있다.

◉ 기업 경영 현황

1. 지주회사

○ 하얼빈동안자동차엔진제조유한회사(哈爾濱東安汽車發動機制造有限公司)의 35% 지분을 보유하고 있다.

2. 하얼빈동안자동차동리주식회사 주요 재무제표

❶ 최근 3년 주요지표 대비

단위 : 위안(RMB)

항목	2016년	2015년	전년대비 증감	2014년
영업수입	2,537,934,266.13	1,261,395,057.73	101.20%	743,204,362.45
상장주식 주주순이윤	78,546,767.85	23,435,894.87	235.16%	32,430,345.27
경영활동현금 유출입순이익	-106,683,859.48	79,272,362.90	-234.58%	-87,493,641.91
총자산	4,361,731,971.13	3,421,532,170.04	27.48%	2,864,298,577.82

❷ 2016년 주요 재무제표

단위 : 위안(RMB)

항목	연말	연초
유동자산	2,306,688,360.65	1,462,824,066.43
비유동자산	2,055,043,610.48	1,958,708,103.61
자산총계	4,361,731,971.13	3,421,532,170.04
유동부채	2,359,310,409.59	1,415,255,904.69

항목	연말	연초
비유동부채	171,931,495.17	257,454,652.63
부채합계	2,531,241,904.76	1,672,710,557.32
영업수입	2,537,934,266.13	1,261,395,057.73
영업이윤	69,396,243.95	18,001,105.16
경상이익	78,546,767.85	23,435,894.87
순이익	78,546,767.85	23,435,894.87
영업활동현금유입	2,076,288,242.02	1,255,946,310.48
영업활동현금유출	2,182,972,101.50	1,176,673,947.58
영업활동현금흐름순이익	-106,683,859.48	79,272,362.90

❸ 2016년 분기별 재무제표 현황

단위 : 위안(RMB)

항목	1분기	2분기	3분기	4분기
매출액	552,390,072.51	645,955,615.05	572,709,781.81	766,878,796.76
영업활동현금 흐름순이익	-68,023,232.36	24,451,349.51	-82,759,550.08	19,647,573.45

❹ 주요 상품 영업수입 또는 영업이익

단위 : 위안(RMB)

상품별	영업수입 (전년대비)	영업원가 (전년대비)	매출총이익률(%) (전년대비)
자동차 부품	2,522,146,716.92	2,219,299,708.59	12.01%
	(101.70%)	(91.55%)	(4.67%)
(소형자동차 엔진)	2,228,607,210.83	1,980,965,809.74	11.11%
	(108.42%)	(97.19%)	(5.06%)
(소형자동차 부품)	293,539,506.09	238,333,898.85	18.81%
	(62.03%)	(54.75%)	(3.82%)

3. 주요임원 및 최근 2년 영업이익

❶ 기업 주요 인사

○ 천리바오(陳笠寶) 총경리(總經理)(월급 43.04만 위안)

※ ▲남, 1968년 10월 출생, 석사, ▲동안(東安)회사 제1설계소 설계원, 설계실 주임, 부과장, 206공장 부주임, 202 공장 주임, 자동차설계소 부주임, 동안산링(東安三菱) 기술개발부 부주임, 부장, 부총경리, 하치(哈氣)그룹 부총경리, 총경리, ▲ 현재 하얼빈동안자동차동리주식회사(哈爾濱東安汽車動力股份有限公司) 당위원회 서기, 2015년 12월 31일부터 총경리(2018년 6월 25일 이임 예정)

○ 송즈창(宋志强) 동사(董事)(월급 17.10만 위안) ※동사는 기업이사에 해당

○ 리웨이(李 偉) 감사(월급 24.41만 위안)

○ 류하이보(劉海波) 부총경리(월급 31.92만 위안)

○ 리쉐쥔(李學軍) 부총경리(월급 31.92만 위안)

○ 양바오취안杨寶全) 부총경리(월급 31.92만 위안)

❷ 기업총자산/기업부채(2017년 3월) : 42.12억 위안/23.56억 위안

❸ 최근 2년간 매출

가. 2016년

○ 매출총이익 : 25.38억 위안

○ 영업수입 판매상품별 비중

— ▲자동차 부품 : 100%

※▲소형자동차 엔진 : 88.36%(22.29억 위안), ▲소형자동차 부품 : 11.64%(2.94억 위안)

○ 각 상품판매별 매출총이익률(gross profit ratio to sales)

— ▲소형자동차 엔진 : 11.11%, ▲소형자동차 부품 : 18.81%

○ 매출총이익 판매지별 구분

— ▲화동지역 : 39.10%(9.86억 위안), ▲화남지역 : 26.65%(6.72억 위안), ▲화북지역 :20.85%(463.42만 위안), ▲기타지역 13.31%(동북지역 : 3.38억 위안 등)

나. 2015년

○ 영업수입 판매상품별 비중

— ▲자동차 부품 : 100%

※ ▲소형자동차 엔진 : 85.51%(10.69억 위안), ▲소형자동차 부품 : 14.49%(1.81억 위안)

○ 각 상품판매별 매출총이익률(gross profit ratio to sales)

— ▲소형자동차 엔진 : 6.05%, ▲소형자동차 부품 : 14.99%

○ 매출총이익 판매지별 구분

— ▲화남지역 : 35.74%(4.47억 위안), ▲동북지역 : 26.30%(3.29억 위안), ▲화동지역 : 18.73%(2.34억 위안), ▲기타지역 19.24%(화북지역 : 2.03억 위안 등)

❹ 주식발행 현황

○ 주식상장 시기 : 1998년 10월 14일 상하이증권거래소

○ 총발행 주 : 4.62억 주(발행가 7.00 위안/2017.7.19. 현재 1주당 가격 8.80 위안)

○ 유통주 : 4.62억 주

○ 최대주주 : 중국창안자동차그룹주식회사(中國長安汽車集團股份有限公司)(51.42%)(※10대 주주의 주식점유비율 54.34%)

※ 실제지배주주는 국무원국유자산감독관리위원회(國務院國有資産監督管理委員會)

❺ 하얼빈동안자동차동리주식회사와 최종 지배주주와의 관계도

국무원국유자산감독관리위원회(國務院國有資産監督管理委員會)
⇓ 100% 소유
중국병기장비그룹(中國兵器裝備集團公司)
⇓ 77% 소유
중국창안자동차그룹주식회사(中國長安汽車集團股份有限公司)

⇓ 51.42% 소유

하얼빈동안자동차동리주식회사(哈爾濱東安汽車動力股份有限公司)

❻ 중국 자동차부품 업계 주요 경쟁기업(총자산 순)

○ ▲웨이차이동리(濰柴動力)(산둥성 웨이팡시), ▲화위자동차(華域汽車)(상하이시), ▲중국동리(中國動力)(허베이성 바오딩시), ▲쥔성전자(均胜電子)(저장성 닝보시), ▲푸야오보리(福耀玻璃)(푸젠성 푸저우시), ▲웨푸가오커(威孚高科)(장쑤성 우시시), ▲중딩구펀(中鼎股份)(안후이성 쉔청시), ▲닝보화샹(寧波華翔)(저장성 닝보시), ▲이젠구펀(易見股份)(쓰촨성 청뚜시), ▲만샹첸차오(萬向錢潮)(저장성 항저우시) 등

4. 거시 전망

○ 헤이룽장성의 대표적인 핵심기술 보유 기업이며, 중국내 최대 규모의 소형 자동차 엔진을 생산하고 있어, 소형엔진 개발의 기지(基地)로 불릴 만큼 투자가 집중되고 있는 곳이다.

○ 자동차 부품에 있어 환경부분과 결합된 친환경 신제품에 대한 개발 의지가 높고, 소형엔진에 대한 응용 범위도 자동차, 경비행기, 드론 등으로 확대하고 있어, 경쟁이 치열한 자동차 부품 산업에서 기술을 중심으로 하는 새로운 분야의 선도 여부가 주목된다.

○ 모(母)기업 중국창안(中國長安) 자동차의 생산 라인이 승용차, 상용차, 전용차 등으로 확대되고, 생산기지도 충징(重慶), 난징(南京), 남창(男昌), 바오딩(保定), 타이위안(太原) 등으로 확대되면서, 하얼빈동안자동차동리주식회사의 부품 공급도 다각화 되고 있어, 중단기적 시각에서 전국적인 중국 자동차 부품회사로서의 위치가 확고해 질 것으로 전망된다.

27
무단장헝펑즈예주식회사 牡丹江恒豊纸業股份有限公司

◉ 기업 기본 개요

기업명	무단장헝펑즈예주식회사(牡丹江恒豊纸業股份有限公司) (MUDANJIANG HENGFENG PAPER CO.LTD)
산업 분야	• 펄프제지, 담배용 종이, 특수종이 생산 및 판매, 기술 자문 등
소재지	(무단장역에서 약 8㎞)(하얼빈역에서 무단장역은 340㎞) • 중국 헤이룽장성 무단장시 양밍취 헝펑루 11호(우편번호157013) • 中國 黑龍江省 牡丹江市 陽明區 恒豊路11号(郵編157013)
종업원 수 (2016년 말)	2,198명(▲母회사2,047, ▲子회사151, ▲생산직원 1,934 등)
산업 랭킹 (2017년 3월)	중국 제지업계 총자산 순위 16위
기업 홈페이지	www.hengfengpaper.com
대표 연락처	86-0453-6886668(fax 0453-6886667)

◉ 기업 발전 과정

1. 설립 과정

○ 무단장헝펑즈예주식회사는 무단장헝펑즈예그룹유한책임회사의 전신인 무단장제지공장(牧丹江造紙廠)이 하얼빈궐련공장(哈爾濱卷烟廠), 옌지궐련공장(延吉卷煙)과 함께 공동으로 투자하여, 1994년 3월 6일 헤이룽장성 무단장시에 설립한 펄프제지 전문 기업이다.

○ 동북지역 최대 담배제조 공장이 공동설립에 참여하면서, 무단장헝펑즈

예의 최대 경쟁력은 담배용 종이의 생산이 되었으며, 이를 뒷받침하기 위한 중국 내 최대 규모의 궐련(卷烟) 용지 제조 생산 설비도 구비하고 있어, 펄프산업뿐 아니라 중국 담배 생산에 있어서도 중요한 위치를 차지하고 있는 기업이다.

2. 기업발전

○ 연초지(煙草紙)(궐련용지, 담배용 종이) 부분에 있어 생산량뿐 아니라 제품 질량에서도 고품질 기술을 함께 보유하고 있고, 중국 130여개의 담배제조사 중에 70여 사가 헝펑의 연초지를 사용하고 있으며, 연초지를 중심으로 초박형 인쇄용지, 광택지(glossy paper), 필터지 등 특수용지를 환경보호 기술을 부각하여 지속 개발 중에 있다.

◉ 기업 경영 현황

1. 지주회사

○ 무단장헝펑즈예주식회사 ▲후베이헝펑즈예유한책임회사(湖北恒豊紙業有限責任公司)의 50% 이상 지분을 보유하고 있다.

2. 무단장헝펑즈예주식회사 주요 재무제표

❶ 최근 3년 주요지표 대비

단위 : 위안(RMB)

항목	2016년	2015년	전년대비 증감	2014년
영업수입	1,360,458,692.96	1,395,026,674.53	-2.48%	1,497,278,939.95
상장주식 주주순이윤	94,670,006.86	87,968,052.93	7.62%	79,574,362.64

경영활동현금 유출입순이익	313,846,092.04	391,915,270.79	-19.92%	276,497,990.28
총자산	2,722,071,801.61	2,658,785,596.91	2.38%	2,702,843,893.65

❷ 2016년 주요 재무제표

단위 : 위안(RMB)

항목	연말	연초
유동자산	1,474,826,742.53	1,472,024,808.07
비유동자산	1,247,245,059.08	1,186,760,788.84
자산총계	2,722,071,801.61	2,658,785,596.91
유동부채	686,647,338.94	687,916,472.89
비유동부채	7,976,500.00	10,202,500.00
부채합계	694,623,838.94	698,118,972.89
매출액	1,360,458,692.96	1,395,026,674.53
매출원가	1,234,917,880.35	1,279,538,915.36
영업이윤	125,863,018.13	115,487,759.17
경상이익	127,982,864.77	118,576,291.57
순이익	93,667,168.65	87,813,450.70
영업활동현금유입	1,240,595,700.22	1,228,221,531.70
영업활동현금유출	584,609,699.45	149,244,589.42
영업활동현금흐름순이익	-310,203,076.94	-149,244,589.42

❸ 2016년 분기별 재무제표 현황

단위 : 위안(RMB)

항목	1분기	2분기	3분기	4분기
매출액	328,400,747.27	312,304,894.21	334,670,854.47	385,082,197.01
영입활동현금흐름 순이익	-128,888,190.13	165,490,013.02	35,863,681.34	241,380,587.81

❹ 주요 상품 영업수입 또는 영업이익

단위 : 위안(RMB)

상품별	영업수입 (전년대비)	영업원가 (전년대비)	매출총이익률(%) (전년대비)
제지(纸制)품목	1,356,765,088.97	978,018,460.99	27.92%
	(-2.53%)	(-4.19%)	(1.25%)

상품별	영업수입 (전년대비)	영업원가 (전년대비)	매출총이익률(%) (전년대비)
(연초(烟草)공업용제지)	1,053,788,842.81	717,487,783.13	31.91
	(-3.03%)	(-5.03%)	(1.43%%)
(기계광택제지)	219,726,163.25	187,265,145.75	14.77%
	(-10.38)	(-5.38)	(-4.51)
(얇은인쇄용제지)	53,079,519.66	45,090,847.78	15.05
	(45.03%)	(6.12%)	(31.15%)

3. 주요임원 및 최근 2년 영업이익

❶ 기업 주요 인사

○ 쉬 샹(徐 祥) 동사장(董事長)(주식소유 0.82만주)(월급 75.13만 위안)

※ ▲남. 1962년 12월출생, 경영학 석사, 공산당원, 무단장제조공장(牡丹江造纸廠) 부공장장, 무단장헝펑제업그룹유한책임회사(牡丹江恒豊纸業集團有限責任公司) 부동사장, 총경리, ▲현재 무단장헝펑즈예그룹유한책임회사 총경리, 동사장, 당위원회 서기, 2006년 4월 28일부터 무단장헝펑즈예주식회사 동사장(2018년 5월 27일 이임 예정)

○ 리잉춘(李迎春) 부동사장, 총경리(월급 61.98만 위안)

○ 판취안리(潘泉利) 부총경리(월급 56.89만 위안)

○ 스창쥔(施長君) 부총경리(월급 51.69만 위안)

○ 왕칭쥔(王慶君) 감사(월급 14.90만 위안)

❷ 기업총자산/기업부채(2017년 3월) : 27.03억 위안/6.49억 위안

❸ 최근 2년간 매출

가. 2016년

○ 매출총이익 : 13.60억 위안

○ 영업수입 판매상품별 비중(※제지 100%)

— ▲연초공업용제지 : 77.67%(10.54억 위안), ▲기계광택제지 : 16.19% (2.20억 위안), ▲얇은인쇄용제지 : 3.91%(2.22만 위안), ▲기타 : 2.22% (3,017.06만 위안)

○ 각 상품판매별 매출총이익률(gross profit ratio to sales)

— ▲연초공업용제지 : 31.91%, ▲기계광택제지 : 14.77%, ▲얇은인쇄용제지 : 15.05%, ▲기타 : 6.62%

○ 매출총이익 판매지별 구분

— ▲서남지역 : 32.71%(4.44억 위안), ▲남부지역 : 28.54%(3.87억 위안), ▲서북지역 : 24.09%(3.27억 위안), ▲해외수출 : 14.66%(1.99억 위안)

나. 2015년

○ 매출총이익 : 13.95억 위안

○ 영업수입 판매상품별 비중(※제지 100%)

— ▲연초공업용제지 : 78.07%(10.87억 위안), ▲기계광택제지 : 17.61% (2.45억 위안), ▲얇은인쇄용제지 : 2.63%(3,660만 위안), ▲기타 : 1.69% (2,349.89만 위안)

○ 각 상품판매별 매출총이익률(gross profit ratio to sales)

— ▲연초공업용제지 : 30.17%, ▲기계광택제지 : 6.30%, ▲얇은인쇄용제지 : 3.76%, ▲기타 : 1.9%

○ 매출총이익 판매지별 구분

— ▲남부지역 : 32.05%(4.46억 위안), ▲서남지역 : 31.23%(4.35억 위안), ▲북부지역 : 27.11%(3.77억 위안), ▲해외수출 : 9.61%(1.34억 위안)

❹ 주식발행 현황

○ 주식상장 시기 : 2001년 4월 19일 상하이증권거래소

○ 총발행 주 : 2.99억 주(발행가 7.09 위안/2017.7.24. 현재 1주당 가격 9.80

위안)

○ 유통주 : 2.99억 주

○ 최대주주 : 무단장헝펑즈예그룹유한책임회사(牧丹江恒豊紙業集團有限責任公司)(31.60%)(※10대 주주의 주식점유비율 47.75%)

※ 실제지배주주는 무단장시국유자산감독관리판공실(牧丹江市國有資產監督管理辦公室)

❺ 무단장헝펑즈예주식회사와 최종 지배주주와의 관계도

무단장시국유자산감독관리판공실
(牧丹江市國有資産監督管理辦公室)

⇓ 100% 소유

무단장시국유자산투자홀딩유한회사
(牧丹江市國有資産投資控股有限公司)

⇓ 100% 소유

무단장헝펑즈예그룹유한책임회사
(牧丹江恒豊紙業集團有限責任公司)

⇓ 31.60% 소유

무단장헝펑즈예주식회사
(牧丹江恒豊紙業股份有限公司)

❻ 중국 제지업계 주요 경쟁 기업(총자산 순)(총자산 순)

○ ▲룽성환바오(荣晟環保)(저장성 자싱시), ▲천밍즈예(晨鸣纸業)(산둥성 웨이팡시), ▲타이양즈예(太陽纸業)(산둥성 지닝시), ▲진타이양(金太陽)(산둥성 둥관시), ▲보후이즈예(博匯纸業)(산둥성 쯔보시), ▲중순지로우(中顺洁柔)(광둥성 중산시), ▲징싱즈예(景興纸業)(저장성 자싱시), ▲화타이구펀(華泰股份)(산둥성 동잉시), ▲산잉즈예(山鷹纸業)(안후이성 마안산시) 등

4. 거시 전망

○ 헤이룽장성은 중국 최고 수준의 목재(木材)와 아마(亞麻,flax)를 생산하여 공급하는 펄프 핵심 기지이며, 무단장헝펑즈에 신하의 헤이룽장성제지(製紙)기술연구센터는 지역적 특색 연구를 바탕으로 펄프(pulp)에 관한 첨단기술을 보유하고 있어, 생산기지와 기술을 함께 보유하고 있는 경쟁력 있는 기업이다.

○ 중국 내 최대 연초지(煙草紙) 생산 설비시설과 31개 분야의 특허를 보유하고 있어, 연초지 산업의 시장점유율이 높은 장점이 있으나, 중국의 공급측개혁에 따른 구조조정으로 담배 재고에 관한 문제가 언급되고 있으며, 2018년에는 담배 재고 100만 박스 과잉에 관한 문제가 직접 언급되고 있다.

○ 무단장헝펑즈에의 최근 2년간의 매출총이익 감소는 공급과잉 등으로 형성된 중국 시장에서의 과다 경쟁에 따른 결과로서, 향후 업계의 구조조정이 진행되는 시기동안 성장보다는 안정으로 향하는 조직의 변화가 예상된다.

○ 무단장헝펑즈에에 있어 가장 주목해야할 부분은 해외시장 확대 전략으로서, 영업총액의 감소에도 불구하고, 해외수출은 지속증가하고 있으며, 해외 시장 또한 러시아, 동남아, 북한 등으로 확대되고 있다. 중국 내의 과잉 경쟁을 해외 수출을 통해서 해소하려는 산업전략 및 수출국 다각화전략에 따라, 향후 펄프, 담배 분야의 시장 변화에도 주목해야 할 것이다.

28
자통타이어주식회사 佳通輪胎股份有限公司

◉ 기업 기본 개요

기업명	자통타이어주식회사(佳通輪胎股份有限公司) (GITI TIRE CORPORATION)
산업 분야	• 타이어 생산, 타이어 원료 생산 등
소재지	(무단장역에서 약 30㎞)(하얼빈역에서 무단장역은 340㎞) • 중국 헤이룽장성 무단장시 화린전(우편번호157012) • 中國 黑龍江省 牡丹江市 樺林鎮(郵編1157032)
종업원 수 (2016년 말)	3,362명(▲母회사42, ▲子회사3,404, ▲생산직원 2,030 등)
산업 랭킹 (2017년 3월)	중국 타이어(tire) 제조 업계 총자산 순위 9위
기업 홈페이지	www.giticorp.com
대표 연락처	86-0453-6306973(fax 0453-6306973)

◉ 기업 발전 과정

1. 설립 과정

○ 자통타이어주식회사는 헤이룽장성 라텍스(latex) 생산 전문업체인 화린그룹(樺林集團有限責任公司)과 헤이룽장성룽화롄잉회사(黑龍江省龍樺聯營公司)등 헤이룽장성 라텍스 생산 5개사가 공동으로 투자하여 1993년 헤이룽장성 무단장에 설립한 타이어 제조 전문 기업으로서, 공동설립 당시의 회사명칭은 화린타이어주식회사(樺林輪胎股份有限公司)이며, 1999년 상

하이증권거래소에 상장되었다.

2. 기업발전

○ 누적되는 적자경영으로 인해 국영 소유 지분을 외부로 매각하게 되었고, 싱가포르의 타이어 제조기업인 GITI TIRE(자통타이어)가 상하이의 중국자통타이어투자유한회사(佳通輪胎中國投資有限公司)를 통해 2003년 7월 44.43%의 지분을 매입하면서 자통타이어가 최대 주주가 되었고, 이로서 주식 매각을 통해 국영회사가 민영화로 변화되는 과정을 마치게 되었다.

○ 이후 싱가포르 자통타이어는 푸젠자통타이어주식회사(福建佳通輪胎股份有限公司) 등을 통해 지분을 지속 매입하여 51%의 지분을 확보하였고, 2005년 5월 18일 회사 명칭을 자통타이어주식회사(佳通輪胎股份有限公司)로 변경하였다.

○ 타이어 생산 원재료 공급과 생산 설비를 모두 구비하고 있는 타이어 전문 기업으로, 해외수출을 통해 기업 성장을 확대하고 있는 기업이다.

◉ 기업 경영 현황

---

1. 지주회사

○ 자통타이어주식회사는 ▲푸젠자통타이어주식회사(福建佳通輪胎有限公司)의 50% 이상 지분을 보유하고 있다.

2. 자동타이어주식회사 주요 재무제표

❶ 최근 3년 주요지표 대비

단위 : 위안(RMB)

항목	2016년	2015년	전년대비 증감	2014년
영업수입	3,023,590,441.80	3,169,597,873.59	-4.61%	3,988,135,272.84
상장주식 주주순이윤	151,158,290.15	202,304,649.00	-25.28%	209,133,572.72
경영활동현금 유출입순이익	680,177,556.08	633,014,989.21	7.45%	1,190,379,925.00
총자산	2,349,576,244.85	2,861,328,929.09	-17.89%	3,159,855,084.81

❷ 2016년 주요 재무제표

단위 : 위안(RMB)

항목	연말	연초
유동자산	1,274,905,322.41	1,716,567,058.78
비유동자산	1,074,670,922.44	1,144,761,870.31
자산총계	2,349,576,244.85	2,861,328,929.09
유동부채	503,131,024.89	865,394,457.73
비유동부채	149,863,979.27	104,592,703.11
부채합계	652,995,004.16	969,987,160.84
매출액	3,023,590,441.80	3,169,597,873.59
매출원가	2,607,100,558.79	2,632,187,114.61
영업이윤	416,489,883.01	537,410,758.98
경상이익	419,883,220.60	543,704,764.89
순이익	311,108,494.57	405,492,451.36
영업활동현금유입	3,595,635,304.41	3,505,137,806.07
영업활동현금유출	2,915,457,748.33	2,872,122,816.86
영업활동현금흐름순이익	680,177,556.08	633,014,989.21

❸ 2016년 분기별 재무제표 현황

단위 : 위안(RMB)

항목	1분기	2분기	3분기	4분기
매출액	649,334,379.08	675,007,502.49	852,983,408.39	846,265,151.84
영업활동현금 흐름순이익	233,230,103.40	360,394,881.51	41,552,891.05	44,999,680.12

❹ 주요 상품 영업수입 또는 영업이익

단위 : 위안(RMB)

상품별	영업수입 (전년대비)	영업원가 (전년대비)	매출총이익률(%) (전년대비)
타이어(tire)	2,995,335,994.85	2,343,582,628.40	21.76%
	(-4.83%)	(-2.10%)	(-2.18%)

3. 주요임원 및 최근 2년 영업이익

❶ 기업 주요 인사

○ 리후아이징(李懷靖) 동사장(董事長)

※ ▲국적 : 중국홍콩, ▲남. 53세, 경영학 석사, ▲현재 자통타이어 중국투자유한회사(佳通輪胎中國投資有限公司) 부동사장, 안후이(安徽)자통타이어유한회사 동사(董事), 총경리, PT Gajah Tunggal Tbk 감사, 2006년 4월 28일부터 자통타이어주식회사(佳通輪胎股份有限公司) 동사장

○ 천잉이(陳應毅) 부동사장(국적 : 말레이시아)

○ 샤오홍잉(肖紅英) 동사(월급 12.11만 위안) ※동사는 기업의 이사에 해당

○ 팡청(方成) 감사(월급 69.20만 위안) 奮 분

○ 첸페이펀(錢倍奮) 부총경리(월급 67.19만 위안)

○ 왕전핑(王振兵) 재무총감(월급 72.84만 위안)

❷ 기업총자산/기업부채(2017년 3월) : 24.56억 위안/7.04억 위안

❸ 최근 2년간 매출

가. 2016년

○ 매출총이익 : 30.24억 위안

○ 영업수입 판매상품별 비중(※타이어 제품 판매가 매출총이익의 100%)

– ▲타이어 : 99.99%(29.95억 위안)

○ 각 상품판매별 매출총이익률(gross profit ratio to sales)

– ▲타이어 : 21.76%

○ 매출총이익 판매지별 구분

– ▲해외수출 : 51.77%(15.51억 위안), ▲중국내수 : 48.23%(14.45억 위안)

나. 2015년

○ 매출총이익 : 31.70억 위안

○ 영업수입 판매상품별 비중((※타이어 제품 판매가 매출총이익의 100%)

– ▲타이어 : 99.99%(31.47억 위안)

○ 각 상품판매별 매출총이익률(gross profit ratio to sales)

– ▲타이어 : 23.94%

○ 매출총이익 판매지별 구분

– ▲해외수출 : 65.22%(20.53억 위안), ▲중국내수 : 37.78%(10.95억 위안)

❹ 주식발행 현황

○ 주식상장 시기 : 1999년 5월 7일 상하이증권거래소

○ 총발행 주 : 3.40억 주(발행가 3.36 위안/2017.7.24. 현재 1주당 가격 23.16 위안)

○ 유통주 : 1.70억 주

○ 최대주주 : 자통타이어중국투자유한회사(佳通輪胎中國投資有限公司)(44.43%)(※10대 주주의 주식점유비율 52.31%)

※ 실제지배주주는 린메이펑(林美鳳)(여, 화교, 국적 : 싱가포르), 린전웨이(林振偉)(남, 화교, 국적 : 인도네시아), 천잉이(陳應毅)(남, 화교, 국적:말레이시아, 자통타이어중국투자유한회사 동사장, 안후이자통투자유한회사 동사장) 등 3인

⑤ 자퉁타이어주식회사와 최종 지배주주와의 관계도

린메이펑(林美鳳) / 린전웨이(林振偉) / 천잉이(陳應毅)

⇓ 51% 소유 ⇓ 25% 소유 ⇓ 24% 소유

자퉁홀딩스
(GITI Holdings LTD)

⇓ 100% 소유

자퉁야타이홀딩사인유한회사
(佳通亞太控股私人有限公司)

⇓ 100% 소유

싱가포르자퉁타이어사인유한회사
(Singapore佳通輪胎私人有限公司)

⇓ 100% 소유

자퉁타이어중국투자유한회사
(佳通輪胎中國投資有限公司)

⇓44.43

자퉁타이어주식회사
(佳通輪胎股份有限公司)

⑥ 중국 타이어 제조 업계 주요 경쟁 기업(총자산 순)

○ ▲화이그룹(華誼集團)(상하이시), ▲링룽타이어(玲瓏輪胎)(산둥성 옌타이시), ▲사이룬진즈(賽輪金宇)(산둥성 칭다오시), ▲산자오타이어(三角輪胎)(산둥성 웨이하이), ▲첸타이어(黔輪胎)(구이저우성 구이양시), ▲칭다오쐉싱(青島雙星)(산둥성 칭다오시), ▲펑선구펀(風神股份)(허난성 지아오쭤시), ▲퉁융구펀(通用股份)(장쑤성 우시시) 등

4. 거시 전망

○ 동북지역 및 타이어 업계의 대표적인 화교(華僑) 자본으로서, 중국 내 최초로 외자기업이 상장기업의 주식을 매입하여 기업의 지배력을 갖추면서 국영기업을 민영화한 기업이다.

○ 최종지배주주인 린메이펑(林美鳳), 린전웨이(林振偉), 천잉이(陳應毅) 등 3인의 국적은 모두 다르지만, 같은 화교이며 혈연관계로 맺어져 있어 주주이사회 등의 경영에 있어 일치된 견해로 회사를 운영하고 있는 것으로 평가된다.

– 과거로부터 이어진 경영적자 폭의 연장선이긴 하나, 최근 몇 년간의 매출총이익이 감소를 보이고 있어, 향후 주식발행 등을 통한 경영의 변화에도 관심이 모아지고 있다.

○ PCR, SUV, LTR、TBR 타이어 제품의 지속적인 기술 고급화로 푸젠자통을 통한 수출이 지속 증가하고 있어, 동북지역 뿐 아니라 세계적인 자동차 산업의 발전과 함께 동반성장을 하고 있는 기업이며, 중국내수보다 유럽, 미국 등으로의 해외수출 비중이 더 큰 기업구조를 갖고 있어, 수출기업으로서의 경쟁력 제고 측면을 중심으로 지속적인 관찰이 필요하다.

29
동팡그룹주식회사 東方集團股份有限公司

◉ 기업 기본 개요

기업명	동팡그룹주식회사(東方集團股份有限公司) (ORIENT GROUP INCORPORATION)
산업 분야	• 농산물 유통 · 가공, 부동산, 건축, 금융 등 종합
소재지	(하얼빈역에서 약 7㎞) • 중국 헤이룽장성 하얼빈시 난강취창장루368호 징카이취빌딩 제9층901실(우편번호150090) • 中國 黑龍江省 哈爾濱市 南崗區 長江路368号 經開區大厦第9层901室(郵編150090)
종업원 수 (2016년 말)	564명(▲母회사85, ▲子회사479, ▲행정직원 130 등)
산업 랭킹 (2017년 3월)	헤이룽장성 민영기업 총자산 순위 1위
기업 홈페이지	http://www.china-orient.com
대표 연락처	86-0451-53666028(fax 0451-53666028)

◉ 기업 발전 과정

1. 설립 과정

○ 중국이 13기 3중전회를 통해 소위 계급투쟁을 마치고 개혁개방이 선포되자, 헤이룽장성 농촌에서 정치하방(政治下方)을 하고, 농촌의 건축기술관리를 하던 장홍웨이(張宏偉)가 1978년 인민공사 지식청년대의 50명을

이끌고 하얼빈에서 건축공정을 처음 시작한 것이 둥팡그룹의 시작이다.

○ 이후 1984년 10월 4일 하얼빈둥팡건축공정회사(哈爾濱東方建築工程公司)를 설립하여, 하얼빈 헤이룽장검찰원(黑龍江檢察院) 등 국영건물을 단기간에 최소의 비용으로 완공하면서 건축기업으로 자리를 잡았고, 1993년 무역회사를 인수하여 수출입을 시작하였으며, 1996년 런서우보험주식회사(人壽保險股份有限公司)의 주주로 참여하면서 금융업을 시작하였다.

2. 기업발전

○ 둥팡그룹은 건축, 부동산, 금융, 농업, 교육, 수출입, 에너지 개발, 물류 분야 등의 53개가 넘는 자(子)회사를 경영하는 헤이룽장성 최대의 민영기업이다. 농업과 부동산 분야를 중심으로 경영하고 있는 둥팡그룹주식회사는 1994년 1월 6일 상하이증권거래소에 상장하였다.

○ 개혁개방 이후 중국 저장성 원저우에서 시작된 가내수공업이 민영기업 성공스토리의 시작이라면, 둥팡그룹 대표 장훙웨이(張宏偉)의 기업스토리는 헤이룽장성 민영기업의 성공스토리로 평가될 만큼 유명하며, 장훙웨이는 중국 개혁개방 초기 환경에 부응하여 민영기업을 성장시킨 헤이룽장성이 자랑하는 기업인이다.

◉ 기업 경영 현황

1. 지주회사

○ 둥팡그룹주식회사 ▲시짱둥팡전자상거래투자유한회사(西藏東方電商投資有限公司), ▲둥팡그룹상업투자유한회사(東方集團商業投資有限公司), ▲베이징다청호텔유한회사(北京大成飯店有限公司)등 53개 자(子)회사의 지

분 50% 이상을 보유하고 있다.

2. 둥팡그룹주식회사 주요 재무제표

❶ 최근 3년 주요지표 대비

단위 : 위안(RMB)

항목	2016년	2015년	전년대비 증감	2014년
영업수입	6,343,195,708.09	6,214,369,312.16	2.07	5,755,568,065.19
상장주식 주주순이윤	762,270,149.91	549,135,477.11	38.81	1,020,555,120.77
경영활동현금 유출입순이익	-1,563,936,292.11	-96,353,790.83	-	351,856,019.22
총자산	47,618,986,223.16	21,104,855,088.84	125.63	19,844,940,415.43

❷ 2016년 주요 재무제표

단위 : 위안(RMB)

항목	연말	연초
유동자산	29,440,030,219.13	4,931,627,239.48
비유동자산	18,178,956,004.03	16,173,227,849.36
자산총계	47,618,986,223.16	21,104,855,088.84
유동부채	12,159,791,911.10	6,847,664,286.31
비유동부채	15,719,399,974.41	3,661,087,053.91
부채합계	27,879,191,885.51	10,508,751,340.22
매출액	6,343,195,708.09	6,214,369,312.16
매출원가	7,202,836,769.23	6,957,104,766.86
영업이윤	629,913,820.83	803,427,971.32
경상이익	685,870,458.64	406,670,843.60
순이익	720,480,077.16	396,596,263.12
영업활동현금유입	8,523,362,455.55	8,595,442,532.63
영업활동현금유출	10,087,298,747.66	8,691,796,323.46
영업활동현금흐름순이익	-1,563,936,292.11	-96,353,790.83

❸ 2016년 분기별 재무제표 현황

단위 : 위안(RMB)

항목	1분기	2분기	3분기	4분기
매출액	1,470,064,647.61	1,112,451,025.04	989,888,028.12	2,770,792,007.32
영업활동현금 흐름순이익	-487,397,900.60	-1,627,585,457.65	-1,174,443,961.76	1,725,491,027.90

❹ 주요 상품 영업수입 또는 영업이익

단위 : 위안(RMB)

상품별	영업수입 (전년대비)	영업원가 (전년대비)	매출총이익률 (%) (전년대비)
곡물 구매 및 판매 (원재료 구매, 가공 등)	562,484.13	551,453.61	1.96
	(-10.25%)	(-11.25)	(0.89)
토지 및 부동산 개발 (토지사용권 임대비. 토지 징수 보상비 등)	71,740.82	51,910.83	27.64
	(27.64%)	(해당없음)	(해당없음)

3. 주요임원 및 최근 2년 영업이익

❶ 기업 주요 인사

○ 장홍웨이(張宏偉) 동사장(董事長)(보유주식 869.16만 주)(월급 96.70만 위안)

※ ▲남. 62세, 하얼빈공업대학 경영학 석사, ▲제11기 전국인민정치협상회의 위원, 제10기 전국인민정치협상회의 상무위원, 전국공상(工商)연합회 부주석, 지전우강주식회사(錦州港股份有限公司) 동사장, ▲현재 둥팡그룹(東方集團)주식회사 동사장, 둥팡그룹투자홀딩유한회사 동사장, 연합에너지그룹(聯合能源集團)유한회사 주석, 중국민성은행(中國民生银)주식회사 부동사장, 중국국제해외촉진회 부회장, 제11기 헤이룽장정치협상회의 상무위원, 2005년부터 둥팡그룹주식회사 동사장(2020년 6월 29일 이임 예정)

○ 쑨밍타오(孫明涛) 부동사장(월급 91.25만 위안)

○ 관줘화(關焯華) 부동사장(월급 87.95만 위안)

○ 톈 젠(田健) 부총재(월급 75만 위안)

○ 신자오성(辛趙昇) 부총재(월급 29만 위안)

○ 당룽이(党荣毅) 재무총감(월급 34.26만 위안)

❷ **기업총자산/기업부채**(2017년 3월) : 502.78억 위안/304.43억 위안

❸ **최근 2년간 매출**

가. 2016년

○ 매출총이익 : 63.43억 위안

○ 영업수입 판매상품별 비중

— ▲곡물 구매 및 판매 : 88.69%(56.25억 위안), ▲토지 및 부동산 개발 : 11.31%(7.17억 위안)

○ 각 상품판매별 매출총이익률(gross profit ratio to sales)

— ▲곡물 구매 및 판매 : 1.96%, ▲토지 및 부동산 개발 : 24.64%

나. 2015년

○ 매출총이익 : 62.14억 위안

○ 영업수입 판매상품별 비중

— ▲곡물 구매 및 판매 : 99.99%(62.01억 위안)

○ 각 상품판매별 매출총이익률(gross profit ratio to sales)

— ▲곡물 구매 및 판매 : 1.07%

❹ **주식발행 현황**

○ 주식상장 시기 : 1994년 1월 6일 상하이증권거래소

○ 총발행 주 : 37.15억 주(발행가 6.69 위안/2017.7.26. 현재 1주당 가격 5.15 위안)

○ 유통주 : 32.73억 주

○ 최대주주 : 시짱둥팡룬란투자유한회사(西藏東方润瀾投資有限公司)(24.10%)(※10대 주주의 주식점유비율 58.04%)

※ 실제지배주주는 장홍웨이(張宏偉)(※현재 둥팡그룹주식회사 동사장)

❺ 둥팡그룹주식회사와 최종 지배주주와의 관계도

장홍웨이(張宏偉) (※둥팡그룹주식회사 지분 직접소유 0.3%)
⇓ 100% 소유
밍쩌둥팡투자유한회사 (名澤東方投資有限公司)
⇓ 94% 소유
둥팡그룹투자홀딩유한회사 (東方集團投資控股有限公司) (※둥팡그룹주식회사 지분 직접소유 11.87%)
⇓ 100% 소유
시짱(tibet)둥팡룬란투자유한회사 (西藏東方润瀾投資有限公司)
⇓ 16.39% 소유
둥팡그룹주식회사 (東方集團股份有限公司)

❻ 종합적인 상품을 경영하는 주요기업(에너지, 의약, 농업, 부동산, 로봇, 친환경 등)

○ ▲타이다구펀(泰达股份)(톈진시), ▲이리지닝(億利洁能)(내몽고자치주 어얼둬쓰시), ▲중국바오안(中國寶安)(광둥성 선전시), ▲둥후고신(東湖高新)(후베이성 우한시), ▲산산구펀(杉杉股份)(저장성 닝보시), ▲중신궈안(中信國安)(베이징시), ▲둥지커지(同濟科技)(상하이시), ▲닝보롄허(寧波聯合)

(저장성 닝보), ▲펑치커지(鵬起科技)(상하이시) 등

4. 거시 전망

○ 둥팡그룹이 최근 사업을 확장하는 분야는 농산물 유통 가공 그리고 토지개발 분야로서, 중국내 최고 곡물 생산지인 헤이룽장성의 농산물 유통시장을 독점적으로 확보하여. 가공을 통한 농산물 부가가치의 독점적 제고에 전력을 다하고 있는 모습을 보이고 있어, 농산물 분야에서의 지속적인 관심이 필요한 기업이다.

○ 2013년부터는 헤이룽장성 최고 품질의 쌀 재배지역인 우창시(五常市)에 12,000무(畝)의 농업첨단기술개발단지를 확보하여 농지를 개발하고 있고, 2017년에는 베이징 주변에 56.21억 위안을 지불하고 토지사용권을 확보하여 개발하기 시작하였다.

○ 토지구매 및 농산물 가격 하락 등이 이어지면서, 최근 몇 년간 현금유동성 부족과 경영악화가 지적되고 있으나, 재정적인 탄탄한 구조를 갖고 있어, 중기적 시기를 지나면서 영업이익은 크게 증가할 것으로 전망된다.

30
하야오그룹주식회사 哈藥集團股份有限公司

◉ 기업 기본 개요

기업명	하야오그룹주식회사(哈藥集團股份有限公司) (HARBIN PHARMACEUTICAL GROUP CO.LTD.)
산업 분야	• 의약품 개발 · 생산 · 판매
소재지	(하얼빈역에서 약 5㎞) • 중국 헤이룽장성 하얼빈시 난강취 쿤룬상청 룽순제 2호(우편번호 150090) • 中國 黑龍江省 哈爾濱市 南岗區昆仑商城隆顺街2号 (郵編150090)
종업원 수 (2016년 말)	16,949명(▲母회사9,729, ▲子회사7,220, ▲생산직원 9,529 등)
산업 랭킹 (2017년 3월)	중국 의약제제 업계 총자산 순위 6위
기업 홈페이지	http://www.hayao.com
대표 연락처	86-0451-51870077(fax 0451-51870277)

◉ 기업 발전 과정

1. 설립 과정

○ 하야오그룹은 하얼빈시인민정부가 하얼빈의약그룹(哈爾濱醫藥集團)을 전신으로 하얼빈시 의약관리국 소속의 31개 국유기업 통합 구조조정을 거쳐 1988년 5월 16일 하얼빈에 설립한 헤이룽장성 최대 의약그룹이다.

○ 하야오그룹은 1991년 12월 28일 의약품 생산을 중심으로 하는 하야오그룹주식회사(哈藥集團股份有限公司)를 설립하고, 헤이룽장성 기업 최초로 하야오그룹주식회사를 1993년 6월 29일 상하이증권거래소에 상장하였다.

2. 기업발전

○ 의약품 제조·연구·유통을 종합적으로 하고 있으며, 면역제, 화학약물, OTC(비처방약품), 보건식품, 중의약, 수의약(獸醫藥) 등 6개 분야에서 1,000종류의 의약제(醫藥劑)를 생산하고 있다.

○ 중국 의약업계에서는 처음으로 주식 상장을 하였으며, 현재 연 판매액 1억 위안 이상의 제품만 20개를 보유하면서, 자산 150억 위안 규모의 대형 의약 기업으로 성장하였다.

◉ 기업 경영 현황

1. 지주회사

○ 하야오그룹주식회사는 ▲하야오그룹산징제약유한회사(哈藥集團三精制藥有限公司), ▲하야오그룹스이탕중의약유한책임회사(哈藥集團世一堂中藥饮片有限責任公司), ▲하야오그룹중약유한회사(哈藥集團中藥有限公司), ▲하얼빈하야오건강산업유한회사(哈爾濱哈藥健康産業有限公司), ▲하얼빈하야오그룹광고관리유한회사(哈爾濱哈藥集團廣告管理有限公司), ▲하야오그룹판매유한회사(哈藥集團銷售有限公司), ▲하야오그룹생물공정유한회사(哈藥集團生物工程有限公司), ▲하야오그룹런민통타이의약주식회사(哈藥集團人民同泰醫藥股份有限公司), ▲하얼빈하제약업술발전유한회사

(哈爾濱哈藥艺術文化發展有限公司), ▲헤이룽장하리창과학기술유한회사(黑龍江合利創科技有限公司)의 50% 이상 지분을 보유하고 있다.

2. 하야오그룹주식회사 주요 재무제표

❶ 최근 3년 주요지표 대비

단위 : 위안(RMB)

항목	2016년	2015년	전년대비 증감	2014년
영업수입	14,126,885,954.82	15,856,207,778.74	-10.91%	16,508,912,525.75
상장주식 주주순이윤	788,103,136.95	580,132,712.53	35.85%	247,105,656.17
경영활동현금 유출입순이익	2,778,011,578.93	1,660,015,400.12	67.35%	1,136,099,588.38
총자산	15,052,744,911.68	13,766,008,708.13	9.35%	16,243,077,506.30

❷ 2016년 주요 재무제표

단위 : 위안(RMB)

항목	연말	연초
유동자산	10,059,427,776.11	8,342,684,455.51
비유동자산	4,993,317,135.57	5,423,324,252.62
자산총계	15,052,744,911.68	13,766,008,708.13
유동부채	6,069,641,714.18	5,594,057,332.51
비유동부채	684,999,120.71	688,945,177.99
부채합계	6,754,640,834.89	6,283,002,510.50
매출액	14,126,885,954.82	15,856,207,778.74
매출원가	13,166,549,672.97	15,115,238,497.70
영업이윤	966,340,356.98	741,305,604.31
경상이익	1,053,232,847.41	786,206,574.80
순이익	843,795,610.36	614,479,200.63
영업활동현금유입	14,793,588,904.36	14,977,281,704.50
영업활동현금유출	12,015,577,325.43	13,317,266,304.38
영업활동현금흐름순이익	2,778,011,578.93	1,660,015,400.12

❸ 2016년 분기별 재무제표 현황

단위 : 위안(RMB)

항목	1분기	2분기	3분기	4분기
매출액	3,451,755,671.97	3,663,184,437.23	3,230,265,433.86	3,781,680,411.76
영업활동현금 흐름순이익	1,034,909,621.37	911,384,544.26	340,091,348.26	491,626,065.04

❹ 주요 상품 영입수입 또는 영업이익

단위 : 위안(RMB)

상품구분	영업수입 (전년대비)	영업원가 (전년대비)	매출총이익률(%) (전년대비)
항감염성면역제	1,972,405,059.66	1,284,493,845.59	34.88
	(-28.50%)	(-30.55%)	(1.92%)
감기약	621,080,925.93	260,613,314.95	58.04
	(3.87%)	(-19.01%)	(11.85%)
심뇌혈관	743,055,646.85	163,024,575.78	78.06
	(6.07%)	(2.51%)	(0.76%)
소화계통	240,582,969.03	134,734,102.88	44.00
	(-15.36%)	(-24.80%)	(7.03%)
항종양(항암)	158,695,790.77	62,455,761.76	60.64
	(-33.43%)	(-12.74%)	(-9.33%)
영양보충제	1,183,430,106.06	268,820,436.12	77.28
	(2.58%)	(52.16%)	(-7.40%)

3. 주요임원 및 최근 2년 영업이익

❶ 기업 주요 인사

○ 장리쥔(張利君) 동사장(董事長)(보유주식 0.03만주)

※ ▲남. 1957년 출생, 약학석사, 약사, ▲하얼빈베이팡제약공장(哈爾濱北方制藥) 공장장, 하얼빈제6공장 총경리, ▲현재 하야오그룹 당위원회 서기, 동사장, 런민퉁타이(人民同泰) 동사장, 2010년 11월 26일부터 하야오그룹주식회사 총경리, 동사장

○ 멍샤오동(孟曉東) 부총경리(보유주식 45.50만주)(월급 150만 위안)

○ 우즈쥔(吳志軍) 부총경리(월급 88만 위안)

○ 류보(劉波) 부총경리(보유주식 54.47만주)(월급 150만 위안)

○ 샤메이(沙梅) 부총경리(보유주식 54.04만주)(월급 150만 위안)

○ 웨이쐉잉(魏雙瑩) 부총경리(보유주식 41.60만주)(월급 150만 위안)

○ 저우항(周行) 부총경리(보유주식 41.60만주)(월급 150만 위안)

❷ **기업총자산/기업부채**(2017년 3월) : 146.72억 위안/76.54억 위안

❸ 최근 2년간 매출

가. 2016년

○ 매출총이익 : 141.27억 위안

○ 영업수입 판매상품별 비중

– ▲항감염성면역제 : 38.66%(19.72억 위안), ▲영양보충제 : 23.20%(11.83억 위안), ▲심뇌혈관 : 14.57%(7.43억 위안), ▲기타 : 23.58%(감기약 6.24억 위안 등)

○ 각 상품판매별 매출총이익률(gross profit ratio to sales)

– ▲항감염성면역제 : 34.88%, ▲영양보충제 : 77.28%, ▲심뇌혈관 : 78.06%, ▲항종양(항암) : 60.64%

○ 매출총이익 판매지별 구분

– ▲중국내수 : 99.43%(140.03억 위안), ▲해외수출 : 0.57%(8,086.89만 위안)

나. 2015년

○ 매출총이익 : 158.56억 위안

○ 영업수입 판매상품별 비중

– ▲항감염성면역제 : 48.62%(29.37억 위안), ▲영양보충제 : 19.10%(11.54

억 위안), ▲심뇌혈관 : 11.60%(7.01억 위안), ▲기타 : 20.69%(감기약 4.20억 위안 등)

○ 각 상품판매별 매출총이익률(gross profit ratio to sales)

— ▲항감염성면역제 : 32.12%, ▲영양보충제 : 84.69%, ▲심뇌혈관 : 77.30%, ▲항종양(항암) : 69.97%

○ 매출총이익 판매지별 구분

— ▲중국내수 : 98.53%(155.50억 위안), ▲해외수출 : 1.47%(2.32억 위안)

❹ 주식발행 현황

○ 주식상장 시기 : 1993년 6월 29일 상하이증권거래소

○ 총발행 주 : 25.41억 주(발행가 1.0 위안/2017.7.24. 현재 1주당 가격 5.57위안)

○ 유통주 : 24.93억 주

○ 최대주주 : 하야오그룹유한회사(哈藥集團有限公司)(46.17%)(※10대 주주의 주식점유비율 56.63%)

※ 실제지배주주는 하얼빈시국유자산감독관리위원회(哈爾濱市國有資産監督管理委員會)

❺ 하야오그룹주식회사와 최종 지배주주와의 관계도

하얼빈시국유자산감독관리위원회
(哈爾濱市國有資産監督管理委員會)

⇓ 45% 소유

하야오그룹유한회사
(哈藥集團有限公司)

⇓ 46.17% 소유

하야오그룹주식회사
(哈藥集團股份有限公司)

⑥ 중국 화학제제(化學製劑) 업계 주요 경쟁 기업(총자산 순)

○ ▲런푸의약(人福醫藥)(후베이성 우한시), ▲커룬약업(科伦藥業)(쓰촨성 청뚜시), ▲젠캉위안(健康元)(광둥성 선전시), ▲헝루이의약(恒瑞醫藥)(장쑤성 례윈강시), ▲셴다이제약(现代制藥)(상하이시), ▲리주그룹(丽珠集團)(광둥성 주하이시), ▲하이난하이야오(海南海藥)(하이난성 하이커우시), ▲화룬쐉허(華润雙鹤)(베이징시) 등

4. 거시 전망

○ 항감염성면역제, 심뇌혈관, 항종양(항암) 등 치료 의약품 개발을 전문적으로 주도하면서도 최근에는 감기약, 영양보충제 등 비처방을 요하는 OCT(over the counter drug) 대체조제 시장에 주력하고 있어, 대중화되고 있는 ▲의료, ▲보건, ▲실버산업의 시장 점유 확대를 전략적으로 추진 중이다.

○ 중국 동북지역을 중심으로 탄탄한 내수시장을 갖고 있으나, 중국 의약시장이 과다경쟁 등으로 사실상 침체기를 맞이하였고, 하야오는 전문의약 기술 부분과 해외시장 개척에서 한계성을 보여주면서 의료개혁에 대한 구조조정 요구를 받고 있다. 향후 의료대중화 시장 및 전문의약품 개발 시기 등에 주목하여야 할 것이다.

제 3 장

중국 동북의 미래 경제, 한국은 어떻게 대응해야 할 것인가

1. 전망과 시사점
2. 한국의 기회와 도전

1. 전망과 시사점

중국 동북 경제가 다시금 과거의 역동성을 되찾고, 중국 경제의 신흥 발전 지역으로 자리 잡을 것인가? 이에 대한 답은 결국 중국 정부의 의지와 깊은 연관성을 갖고 있다.

긍정적으로 평가할 것은 중국 정부가 신(新)동북진흥전략 추진에 착수하고 있다는 점이다. 구(舊)전략에 비해 보다 구체적인 개혁 방안과 산업발전 방향을 제시하고 있는 신전략은 분명 중국 정부의 동북 경제 부흥에 대한 강한 의지의 소산이라 할 수 있다. 그러나 새로이 전략이 제시된 것만으로 동북진흥의 성공을 담보하기란 쉽지 않은 현실이다. 중요한 것은 실제 전략을 수행하는 의지와 실행여부에 달려있다고 할 수 있다.

특히, 성공의 핵심은 동북에 소재한 국유기업에 대한 개혁 작업이라 할 수 있다. 구(舊)동북진흥전략 역시 동북 경제의 부흥을 위한 비전과 관련 세부정책이 제시되었으나 실제로 그 실행이 지연되었고, 특히 구조조정의 지연은 현재의 경제현상을 낳게 되었다. 무엇보다 핵심 개혁대상인 동북 소재의 중앙 국유기업은 그대로 있고, 동북의 지방 국유기업이 주로 구조조정이 이루어졌다는 점에서 그간 개혁이 충실히 이루어졌다고 평가하기 어려운 측면이 있다.

결국 신동북진흥전략의 성공 여부는 중앙 국유기업으로 대별(大別)되는 국유기업에 대한 구조조정과 신흥산업의 발전, 대외개방의 확대 등으로 판가름 날 것이다. 왜냐하면 중앙 국유기업이 미치는 정치적, 경제적 영향력을 감당하고, 이를 조율하기 위해서는 정치적인 큰 결정이 수반되어야하기 때문이다. 왜냐하면 중앙 국유기업이 미치는 정치적, 경제적 영향력을 감당하고, 이를 조율하기 위해서는 정치적인 큰 결정이 수반되어야 하기 때문이다.

2017년 10월 제19차 전국대표대회가 개최되면서, 중국 최고지도부가 새롭게 정비되었고, 국가 전략과 세부 정책들에 있어서도 각각 연속과 변화가 있을 것이다. 신(新)동북진흥전략 역시 마찬가지로, 그 성공은 동북 경제의 미래를 구상하는 중국 지도부의 정치적 의지와 결정에 달려있다고 해도 과언이 아니다.

따라서 본서는 중국 신(新)지도부의 재편과 이에 따른 정치적 변화, 그리고 이어지는 동북 국유기업에 대한 구조조정을 예의주시하면서 동북 경제의 미래를 보다 면밀하게 판단할 것을 제안한다.

만약 중국 중앙지도부가 과감히 동북 소재 국유기업에 대한 개혁과 구조조정 드라이브를 실천할 경우, 우리가 주목해야할 핵심은 실제 동북의 경제를 이끌어갈 경제주체들, 즉 기업들이 될 것이다. 신(新)동북진흥전략이 성공적으로 추진될 경우, 동북진흥은 동북기업들의 진흥을 통해 실현될 것이기 때문이다.

2. 한국의 기회와 도전

지금의 동북경제 침체 국면과 신(新)동북진흥전략이 새로이 추진되는 기조에 대해서 한국의 정부와 기업, 여러 경제주체들은 동북의 새로운 비스니스 기회를 탐색해볼 것을 제의하는 바이다.

우선 개혁의 대상이 되는 중앙 국유기업의 개혁과 동시에 신흥산업을 육성하는 과정에서 한국이 직간접적인 투자를 고려해볼 수 있을 것이다. 핵심 개혁조치인 대형의 중앙 국유기업의 구조조정 과정을 예의주시하면서 투자 기회를 모색해보는 것이다.

가령, 최근 동북 금융기관과 상업채권들이 부실채권으로 전환되는 경우가 늘고 있다. 중앙정부에서도 지방의 부실채권문제를 해결하기 위해 지방성 자산관리회사들을 설립하여, 부실채권(NPL)처리와 불량자산 유동화 작업에 착수하고 있다. 이러한 맥락에서 한국의 자산관리회사나 금융기관들이 합작 진출하는 방안 역시 있을 것이다.[33]

반면, 신(新)동북진흥전략의 성공적인 추진은 글로벌 비즈니스 및 아시아 역내에 보다 강력한 경쟁자가 출현한다는 점에서 도전요인이 될 수 있다. 가령, 동북의 굴지의 철강기업인 안산철강그룹(鞍山钢铁集团公司)과 본계철강그룹(本溪钢铁(集团)有限责任公司)이 실질적으로 합병이 된다면, 한국의 대형 철강그룹에 강력한 경쟁자가 생기는 것을 의미한다. 이뿐만 아니라 중국 동북의 산업 업그레이드 흐름에 따라 장비제조업, 화학공업 기업들이 한층 개선된다면, 이는 한국의 관련 산업 및 기업들에게 큰 도전이 될 것이다.

따라서 한국은 현재의 낙후된 동북 경제에 잠재해있는 기회요인을 잘 활용하는 지혜를 발휘하는 동시에 잠재적 도전 요인에 대해 사전에 판단하는 기민함이 필요할 것이다. 특히, 동북의 개혁과 구조조정 과정에서 대외적인 협력이 절실하다는 점에서 한국의 기업과 여러 경제주체들은 이상적인 파트너가 될 수 있는 역량이 충분하다고 할 수 있다. 따라서 동북 경제의 미래를 겨냥한 한국 기업과 경제주체들의 보다 입체적이고, 능동적인 동북 진출이 이루어져야 한다. 이러한 점에서 첫 걸음은 바로 동북진흥을 견인하는 기업들에 대한 이해라 할 수 있다.

아울러 한국 정부 역시 중국 동북을 교두보로 하여 신북방정책 추진에 박차를 가하고자 하고 있다. 중국의 일대일로 구상과 한국의 신북방정책이 융합될 수 있는 공간을 중국 동북으로 판단한 결과이다.[34] 특히,

---

33 이현태외(2017)를 참고하였음.

34 현재 한국의 신북방정책은 중국의 일대일로 구상의 연계 공간을 중국 동북 지역으로 설정하고

신북방정책의 주요 사업이 한반도 북방인 중국 동북에서 실현될 경우, 만약 남북관계가 개선된다면, 한국 정부의 또 다른 구상인 한반도신경제지도 역시 연계될 수 있다. 이러한 맥락에서 판단해본다면, 중국 동북에서 신북방성책 성공하기 위해서는 바로 동북진흥전략의 추진 동향을 면밀히 이해하고, 이를 통해 보다 치밀하고, 입체적인 전략 수립을 출발점으로 삼아야 할 것이다.

있으나, 현재까지는 뚜렷한 협력 성과가 없다. 자세한 내용은 김준영, 이현태(2017). 참고.

참고문헌

문헌 / 언론

1. 고바야시 히데오 지음, 임성모 옮김, 2004. 만철: 일본 제국의 싱크탱크.
3. 홍면기외, 중국 동북지역과 환동해지역의 관계성, 2017, 경희대학교 출판문화원.
4. KIEP 베이징사무소, 2003, 중국 동북노후공업기지 발전전략의 기본방향과 향후 전망.
5. 최지원, 2017, 중국 동북진흥정책 성과 평가 및 신정책의 방향 분석. KIEP.
6. 김부용·임민경, 2013, 중국의 동북진흥전략 10년 평가와 전망, KIEP.
7. 이문형 외, 2015, 중국 동북지역의 주요 산업별 진출 전략 1(통상 산업편), KIET.
8. 이현태·이상훈·김준영·윤규섭 2017, 13·5 규획시기 한국의 중국 동북지역 경제협력 과제와 전략, KIEP.
9. 박종상, 2017, CEO들이 챙겨보는 중국토지법 이얼싼, 학자원.
10. 동북아국제협력환경과 출로, 진창이, 퍄오동쉰, 사회과학문헌출판사, 2014.
11. 심영숙, 2016, 중국조선족력사독본, 민족출판사.
12. 연합뉴스, 「韓中, 동북3성 중심 일대일로-유라시아 이니셔티브 연계 강화」 2016. 5.27.
13. 연합뉴스, 「中연변은 신북방전략 거점…동북아 자유무역지대로 육성해야」 2017.9.8.
14. 임수호·김준영·박종상·안국산·박일봉, 2017, 한국과 중국연변조선족자치주 경제협력과 향후 발전방안, KIEP.
15. 김준영·이현태, 2017, 일대일로 구상하에서의 중국 동북-한국의 협력평가와 시사점, 『현대중국연구』 제19집 3호.
16. 동북3성 투자 및 생활법률 길라잡이, 2016. 주선양대한민국총영사관.

포털 및 기관 웹사이트

1. http://www.szse.cn/main (SHENZHEN STOCK EXCHANGE)
2. http://www.sse.com.cn(SHANGHAI STOCK EXCHANGE)
3. http://www.ndrc.gov.cn(National Development Reform Commission)
4. http://www.mofcom.gov.cn(Ministery of Commerce the Peopl's Republic of China)
5. http://dbzxs.ndrc.gov.cn(東北等老工業基地振興司)
6. http://www.jl.gov.cn(吉林省人民政府)
7. http://www.ln.gov.cn(遼寧省人民政府)
8. http://www.hlj.gov.cn(黑龍江省人民政府)
9. https://www.tianyancha.com(天眼查)
10. https://www.baidu.com(百度)
11. https://www.yahoo.com
12. https://www.yahoo.co.jp
13. 国家发展改革委, 2012, 国家发展改革委关于印发东北振兴"十二五"规划的通知
14. 国家发展改革委, 2016, 国家发展改革委关于印发东北振兴"十三五"规划的通知
15. 네이버 지식백과: 만주 [滿洲] (한국민족문화대백과, 한국학중앙연구원)

기업 웹사이트

1. http://www.ansteel.com.cn(鞍鋼股份有限公司)
2. http://www.smtcl.com(瀋陽機床股份有限公司)
3. http://www.siasun.com, http://siasun.robot-china.com(瀋陽新松機器人自動化股份有限公司)
4. http://www.neusoft.com(東軟集團股份有限公司)
5. http://www.nepharm.com.cn(東北製藥集團股份有限公司)
6. http:// bfgdgd.dlzb.com(瀋陽金山能源股份有限公司)
7. www.hnainvestment.com(海航投資集團股份有限公司)
8. http://u71467336.b2bname.com(聯美量子股份有限公司)
9. www.dhidcw.com(大連華銳重工集團股份有限公司)
10. http://www.fs-ss.com(撫顺特殊鋼股份有限公司)

11. http://www.cbmt.com.cn(長白山旅游股份有限公司)

12. http://www.fawfw.com.cn(長春一汽富维汽車零部件股份有限公司)

13. http://www.hwdz.com.cn(吉林華微電子股份有限公司)

14. http://www.yatai.com(吉林亞泰集團股份有限公司)

15. www.cn-eurasiagroup.com(長春歐亞集團股份有限公司)

16. http://www.jlcfc.com(吉林化纖股份有限公司)

17. http://www.cchn.com.cn(長春高新技術産業集團股份有限公司)

18. http://mecc.sinosteel.com(中鋼國際工程技術股份有限公司)

19. http://www.jlsg.com.cn(吉林森林工業股份有限公司)

20. http://www.jlgsgl.com(吉林高速公路股份有限公司)

21. www.as-hitech.com(航天科技控股集團股份有限公司)

22. http://www.hacl.cn(黑龍江北大荒農業股份有限公司)

23. http://www.hac.com.cn(哈爾濱空调股份有限公司)

24. www.huake.com(大慶華科股份有限公司)

25. www.wxdoneed.com(萬向德農股份有限公司)

26. www.daae.com.cn(哈爾濱東安汽車動力股份有限公司)

27. www.hengfengpaper.com(牡丹江恒豊纸業股份有限公司)

28. www.giticorp.com(佳通輪胎股份有限公司)

29. http://www.china-orient.com(東方集團股份有限公司)

30. http://www.hayao.com(哈藥集團股份有限公司)

동북진흥 13·5 규획 東北振興十三五規劃 핵심 요약

국가발전개혁위원회 2016.12.19. 발표

동북진흥 13·5 규획 東北振興十三五規劃

발개진흥[2016]2397호

○ 중국 국무원은 동북진흥 13·5 규획을 공포함. 랴오닝성(遼寧省), 지린성(吉林省), 헤이룽장성(黑龍江省), 내몽고자치구(內蒙古自治區), 국무원 진흥동부지구등 노공업기지 영도소조 기구, 공상총국, 지식산권국, 관광국, 민항국은 국무원의 요구와 지도사상에 따라 목표와 중점 임무를 강화하고, 책임을 다해 정책을 실시하여야 함.

제1장 진흥을 위한 새로운 국면 창조

○ 동북지역은 중국공업의 요람이며 중요 농업기지로 중국 경제의 중요한 역할을 담당하고 있음. 13·5 기간은 동북노공업기지의 전면진흥을 추진하는 시기로, 동북경제의 어려움을 극복하고, 중국 경제발전과 구조전환의 큰 방향 속에서 창업과 혁신, 협조, 개방, 공영의 발전이념아래 발전의 기초를 맞이함.

1. 발전 환경

○ 수요부족, 원가상승, 과잉생산 등의 문제에 있어 구조전환을 통해 발전을 이루고, 농업의 안정과 전통공업을 발전시키고, 새로운 산업을 육성함.

– 장비제조업 분야의 새로운 체계 형성과 신형 도시화를 이룩하고, 기초 인프라, 공공서비스 인프라의 발전 및 자원절약형 환경을 발전시켜 국민생활의 발전을 이룩함.

– 일대일로 건설, 징진지(京津冀), 장강(長江)경제벨트 발전의 3대 전략과 환발해(環渤海)지역의 협력을 적극 추진하여 노공업기지의 개혁개방과 발전의 중요한 기회를 맞이함.

○ 동북지역은 기업 구조전환/국유기업의 활력/민영경제가 부족하고, 자원형/전통형/중공업의 높은 비중과 자원고갈, 산업쇄락, 기본서비스 공급부족, 기층정부 사상 부족의 문제점이 있으며, 도시와 농촌의 이원화 구조가 존재함.

○ 동북지역은 장기간 형성된 구조적, 체질적 모순을 극복하고 공급측개혁과 신구동력의 전환을 통해 재정수입과 사회영역을 확대하여야 하며, 종합적으로 중앙과 국무원의 정책과 유리한 조건을 충분히 이용하여 경제적 발전을 이룩하여야 함.

2. 지도사상

○ ▲중앙당의 18차대회와 제3중, 4중, 5중, 6중 대회 정신, ▲시진핑 총서기의 정신, ▲국무원의 5위1체(五位一體), ▲4개전면(四個全面), ▲공급측개혁이 동북진흥의 새로운 발전 지도 사상이 됨.

– 13·5 기간 동북지역 발전의 기본 요구는 ▲경제구조 메커니즘 건설, ▲구조조정, ▲창신(創新), ▲민생의 발전임.

3. 진흥 목표

○ 동북지역의 체재개혁과 창신, 경제 발전의 전환은 2020년에 중대한 진전을 목표로 하며, 주민평균수입은 2010년의 2배, 서비스사업 비중은 47.4% 이르는 것을 목표로 함.

※ 주요목표 지수 : ▲식량종합생산능력 13,210 만 톤(평균6.2%↑), ▲가정 인터넷 보급률 72.6%(연평균 24.3%↑), ▲이동통신인터넷 보급률 86.5%(연평균28.1%↑), ▲고신기술산업 비중 13.3%(연평균3.3%↑), ▲서비스업 비중 47.4%(연평균2.7%↑), 주민가처분 수입 성장 연평균 6.5% 등

제2장 심화개혁을 통한 신구조 구축

○ 시장과 정부의 관계/행정관리체계/규제완화 개혁을 통해 투자환경과 시장의 부드러운 환경을 조성하고, 시장의 활력을 주도하여 동북진흥의 새로운 체재를 구축함.

1. 정부직능의 변환

○ 지방정부의 규제완화, 투명한 권력, 책임있는 권력, 제도를 통해 행정비준제도를 개혁하고 기업투자항목을 관리하여 시장의 전면적인 제도에 진입함. 시장에 맞지 않는 행정허가를 삭제하고, 책임행정과 책임사업부문의 개혁을 추진함.

– 정부의 서비스를 최대화하여 법치동북(法治東北), 신용동북을 건설하고, 인터넷과 정부의 서비스가 결합된 공개행정을 확대함.

2. 국유기업 개혁

○ 현대농업/전략성 신흥사업/신서비스업의 구도 아래 교통/에너지/장비

제조 등 기본인프라와 전통제조업 분야의 국유기업을 구조조정하고, 국유자본을 경쟁력 우수기업에 집중시킴.

석탄, 철광 등 과잉생산 영역은 우승열태(優勝劣太)의 시장 메커니즘에 따라 처리하고, 기업 조정/합병을 통해 우수한 방향으로 조정함.

동북국유기업 개혁을 위한 전문방안을 계획하고, 행정, 감독, 책임, 실력 등에 따라 기업을 분리하여 단계에 맞는 개혁을 추진함.

○ 혼합소유제경제(混合所有制經濟)의 안정적 발전을 적극 추진함. 각 기업 특징에 맞는 국유기업의 시장경쟁력을 강화하여 새로운 투자자를 모집하고, 조직을 변화시켜서 우리사주 및 주식 형태의 다양한 투자형태를 갖는 혼합경 경제를 확대함.

– 국유기업의 혼합소유제 시범 개혁을 시작하고, 지방기업과 민영투자의 적극적인 참여를 유도하며, 동북지역의 중앙기업 및 그 자회사의 재산제도를 개혁함.

○ 국유자산의 관리강화를 중심으로 권력을 집중하고, 관리감독을 위한 책임 있는 주체를 강화함.

– 국유자산출자인력감독관리 기구를 건립하고, 책임과 투명성을 높이며, 국유자산의 통일적 관리를 강화함. 국유자본경영 예산제도와 의법경영을 강화하고, 엄격한 책임관리제를 추진함.

3. 민영경제의 발전

○ 친화와 투명으로 새로운 정부와 기업간의 좋은 관계를 조성하고, 민영기업의 어려움을 정부는 즉시 해결 함. 투명과 명확한 권한으로 현대재산권과 민영기업의 합법적 권익을 지켜냄.

– 창업/인재배양/시장개척/법률정책을 통해 민영 중소기업을 지원하고, 세금인하/원가감소 등 기업의 실질적 경쟁력을 도울 수 토지지원 정책을 확대 추진함.

○ 민영기업 금지부분의 허가를 확대하고 철도/도로/항공 등 기초 인프라 시설에 대한 투자를 확대함.

– 민생과 관련한 교육/문화/의료/위생/양로 등 사회 부분의 발전 메커니즘을 구축함.

– 수익성 예측이 가능한 부분에서 정부와 사회의 합자 모델인 PPP 발전모델을 확대함.

– 무담보 대출/신용대출/융자/회사채 발행 등의 금융지원을 확대하고, 민영은행, 소비금융회사 등 금융 기구를 확대하며, 소기업을 도울 수 있는 지원 메커니즘을 구축함.

4. 중점 프로젝트 개혁

○ 동북지역에 특수하게 존재하고 있는 역사적인 문제를 해결함에 있어 국유기업의 주식자금(주식의 민영매각, 정부의 지분 판매)을 다양화 하고, 합자/합작/매각 등의 방식으로 재산권을 명확히 하며, 시장 메커니즘에 따른 이익의 실체를 명확히 함.

– 국영기업이 직원에게 지불하던 3공1업(수도, 전기, 난방, 관리비)을 2018년 말까지 완전히 분리시킴.

○ 국유 임업, 임업지역의 개혁을 추진하고, 정부와 산림기업의 직능을 조정하며, 임업구 지역을 조정함. 다샤오싱안령(大小興安嶺)/백두산 산림구(長白山林區)의 생태를 보호하고, 임업관광 등 생태 보호 산업을 지지함. 사회보장 메커니즘을 이용하여 직원의 새로운 이직을 도움.

– 농장의 발전개혁 추진에 있어, 농장의 기업화/집단화/서비스의 수준을 제고하고, 국유농장의 사회책임과 서비스 관리의 통일적 관리를 강화함.

– 기업의 농업협력개발과 역외 가공을 장려하고, 헤이룽장 농업개발과 식량의 자영수출입권한을 부여함.

– 선양경제구를 신형종합개혁시범구로 건설하고, 전통산업의 새로운 체제로의 전환과 산업연맹의 창조와 혁신 메커니즘을 구축함.

– 헤이룽장성은 양대평원(헤이룽강, 쑹화강, 우수리강이 만나며 만들어진 三江평원과 쑹화강과 넌강이 만나 형성된 松嫩평원)에 현대농업종합개혁시험구 건설 및 농촌금융/생산가격제/농촌토지관리제를 추진함.

– 지린성은 농촌금융종합개혁시범을 추진함.

제3장 창업과 혁신 발전, 신동력 육성

○ 창업과 혁신을 통해 새로운 발전동력을 육성함.

1. 혁신과 창업체계 구축

○ 정산학(政産學) 일체화를 통해 기업/연구소/대학/직업학교간의 연맹을 구축하고 중국과학원과 동북지역간의 협력을 통해 과학발전 계획을 이끌어감.

– 선양과 다롄에 창신시범구를 건설하고, 조건이 적합한 도시에 국가 신형도시건설/ 고신기술개발구를 건설하며, 선양시 훈남(渾南)에 쌍창(雙創, 도시와 기업의 창업) 시범기지를 건설하여 기업이 창업하기 좋은 새로운 무대로 만들어 나감.

– 인터넷을 결합한 서비스 클러스터를 조성하고, 장비제조 연구산업원/대학교 산업원을 통해 인재를 영입함.

– 헤이룽장 다미왕(大米網, 쌀판매 인터넷망)/랴오위안(遼源) 양말산업원/후루다오(葫蘆島) 수영복기지/퉁랴오(通遼) 농축산산업구 등의 전자상거래 기능을 강화하고, 금융/자동차/생물의약 등 전문 분야의 산업을 발전시킴.

○ 중점 창업 클러스터

— 선양(瀋陽)재료과학 실험실, 다롄(大連)첨단신구2025 창신(創新)중심, 다롄축전기술 창업 중심, 중국농업과학원 북방과수(果樹)연구소(랴오닝), 종합극단조건 실험장비(지린대학), 고속열차 실험중심(창춘객차), 하얼빈공대환경장비, 국가철로화물장비공정 기술(헤이룽장), 국가유업공정 기술(헤이룽장), 후룬베이얼(呼倫貝爾)과학기술중심, 선양위안다(遠大)과기원, 선구다공(沈鼓大工)연구원, 중국과학원로봇지능신연구원, 국가정밀광학기지원(지린), 지린성화공신재로 기지, 중국과학원 동북지리와 농업 생태 연구(지린), 스페이스 관측기지(지린), 703연로 산업원(헤이룽장), 헤이룽장기술연구원, 하얼빈공대 로봇 산업그룹, 내몽고 퉁랴오 국가농업기술원, 내몽고 신재료기술연구원, 내몽고 의약공정기술원

2. 창업과 혁신 그룹 육성

○ 천인(千人)계획, 만인(萬人)계획으로 인재를 배양하고, 외자유치와 대외교류 프로젝트를 확대함. 인재관리개혁시험구를 건립하고, 대학, 직업학교의 국제교류를 지지함.

○ 창업자 그룹을 양성함. 대학졸업자/경험이 있는 실업자/퇴역군인/농촌으로 돌아온 농민공 등이 창업을 할 수 있도록 공업원을 설립하고, 현재 활용되지 않는 과거의 기구와 공간을 이용하며, 농민의 창업을 도울 수 있는 창업 인큐베이터 시스템을 건설함.

— 정부/기업/학교간의 밀접한 관계를 통해 공공 기능기지를 만들고, 기술인재 양성을 위한 개혁지역을 건설함.

○ 기능인재 육성 개혁 시범 도시

— 랴오닝성 : 선양시, 판진(盤錦)시, 번시(本溪)시, 안산시

— 지린성 : 창춘시, 지린시, 랴오위안시

— 헤이룽장성 : 하얼빈시, 치치하얼시, 다칭시, 쟈무스(佳木斯)시, 무단

장시

— 내몽고자치주 동부: 퉁랴오(通遼市)시, 후룬베이얼(呼倫貝爾)시, 츠펑(赤峰市)시

3. 창업과 혁신 기업에 대한 지원정책

○ 재정지원을 강화함. 재정관리 시스템을 개혁하고, 과학기술계획(전문프로그램, 펀드 등)을 추진하며, 직간접 투자방식으로 자본과 금융을 통해 창신/창업을 지원함.

— 창업주식채 발행 등의 방식으로 기업/학교/연구소의 연구 결과를 구매함.

— 발전 잠재력이 있는 기업에 대해 투자 및 금융을 통해 재정을 지원하고, 지식재산권 정책을 제정 강화함.

제4장 농업현대화

○ 농업 공급측개혁과 현대농업화로 현대농업생산기지를 건설함.

1. 식량종합생산력 제고

○ 안정된 쌀 생산/과학기술/시장서비스 시스템을 구축함. 대두(大豆) 생산기지를 확대하고, 우수 옥수수 품종을 확대하며, 알칼리성 토지와 중저 생산 기지를 개조함. 옥수수 수매/저장제도를 개혁하고, 시장구매의 주체를 다원화함.

○ 경지보호 전략을 추진함에 있어, 수량, 질량, 생태를 보호하고, 경지보호와 시범지역의 보조금 전략을 확대함. 옥수수/대두/땅콩/고구마 등 경지의 보조정책을 확대하고, 경지보호를 위한 메커니즘을 구축함.

— 현대농업시범구/농업표준화시범구/농업기술원/농업기상(氣象)/생태 기능을 강화하여 재해손실을 예방하는 제도를 구축함.

○ 식량생산 제고를 위한 중점 공정

— 생산기지공정, 현대농업화 공정, 표준농지 건설, 흑토지(黑土地) 보호 공정, 농작물생산 기계화 공정, 경지질량보호 공정, 관개(灌溉)개조 공정, 알칼리토지 개조 공정, 종자배양공정, 유기대두공정, 양식안정 보장공정, 식물보호공정, 양식예비축적공정, 양식수출건설공정

2. 농산품 금융의 발전

○ 농산품의 우수품종을 개발함. 규모화/집약화/표준화로 생태가정목장을 건설하고, 임균(林菌)/과수/화훼묘목/특용작물 재배에 중점을 두고 생태원상품보호시범구를 건설함.

○ 농업을 1차, 2차, 3차, 산업과 융합하여, 가공과 기술 중심의 농업생산 서비스를 제고하고, 대경(代耕), 대종(代種), 대수(代收)를 권장하며, 농기계임대/물류/기업과 융합된 발전모델을 육성함.

— 인터넷과 빅데이터가 융합된 인터넷 현대농업을 육성함.

○ 농촌산업융합 발전 중점 공정

— 가금류 생태표준화 건설 공정, 특색설비 농업사업 공정, 양식발전공정, 과수발전공정, 현대목축공정, 녹색기지건설 공정, 농산품 생산서비스 공정, 도시농업발전공정, 상품브랜드화 공정, 농상품유통과 검측공정

3. 농촌체제개혁

○ 농촌집체재산권 제도의 개혁을 추진함. 농촌집체의 자산을 명확히 하고, 다양한 주식제도 등를 통해 집체농민의 재산권을 보호함.

— 농촌토지소유권/토지도급권/경영권의 구체적인 소유형식을 연구하

고, 농촌토지 수용/택기지(농촌 거주주택)의 시범 개혁 및 농지 전용을 연구함.

○ 농촌 금융체계를 개혁하고, 농촌신용사의 운영위험에 대처하며, 농민전용 자금을 지원함. 신용담보체계를 확립하고, 농업현(縣)에 인터넷을 활용한 금융제도를 안착하며, 수매가격 안정을 위한 보험제도를 확립함.

— 농민전문합작사와 가정농장 프로젝트에 대한 보조금을 지급하고, 농업과 서비스업이 융합된 신농업 주체를 육성함.

4. 농촌 건설

○ 농촌의 하드웨어 건설을 강화하고, 물/전기/도로/가스 등 기본 인프라를 강화함.

— 개간지와 임목축 지역의 도로/식수/정보망 및 학교기숙사의 문화시설 확대를 추진하고, 위험주택과 농가에 대한 지진 방지 시설을 추진하며, 쓰레기/생활폐수 처리 등 농촌 환경을 종합적으로 정비함.

○ 도농간 공공서비스 제도와 양로/의료보험 제도를 통일적으로 구축하며, 학교를 합리적으로 배치하여 학업 및 교사들의 업무 환경을 개선함.

— 공공/과학 서비스를 강화하고, 부녀자/노인을 위한 돌봄 서비스 시스템을 구축함.

제5장 현대산업 시스템 구축

○ 현대 서비스업을 통해 제조업의 산업 경쟁력 강화하고, 경제성장을 위한 새로운 동력을 배양하며, '중국제조2025'의 선행구를 조성함.

1. 장비제조업 업그레이드

○ 장비제조업의 구조조정을 추진하고 장비제조업 혁신센터를 건설함. 장

비제조업의 표준화/품질제고 계획을 실시하며, 품질과 브랜드 이미지를 제고함.

- 노공업기지의 비교우위를 활용한 자주혁신 시스템과 가스터빈, 항공 엔진 분야의 프로젝트를 추진하고, 중소기업의 진입을 위한 장비제조 산업 클러스터를 조성함.
- '중국제조 2025'을 통해 해외시장을 개척하고, 자동차 생산기지를 조성하여 엔진 등 핵심부품의 기술력을 제고함.
- 산업화간 융합 정보화를 추진함. CNC(수치제어) 공작기계, 로봇 등 스마트 제조장비의 발전을 추진하고, 현대정보 디지털 작업장을 건설함.
- 군민(軍民) 융합 산업발전 메커니즘을 구축하고, 방산업체를 산업 클러스터에 진입시킴. 기업/대학/연구소의 군수품 연구 생산을 지원하고, 군민융합 공공서비스 플랫폼을 구축함.

○ 장비제조업 중점 항목 및 주요 기지

- 전력장비 분야 : 원자력 발전 장비, 청정 석탄 발전기, 초대용량 수력 발전기, 초고압 변전기, 스마트 전력망 설비 등 / 하얼빈 전력장비 제조기지, 치치하얼 핵발전 장비 제조기지, 자무스 전력장비 제조기지, 지린 전력장비 제조기지, 선양 전력장비 제조기지, 다롄 바나듐 레독스 흐름전지 장비산업화 기지 등
- 우주항공 장비 분야 : 헬리콥터, 일반항공기, 경량급 다용도 항공기, 지선 항공기, 무인기, 위성, 우주선, 항공 엔진, 진동시스템, 핵심 부품 등 / 하얼빈 항공 장비 제조기지, 지린 일반항공 산업기지, 선양 항공장비 제조기지, 다롄 일반항공 산업기지 등
- 궤도 교통장비 분야 : 고속열차, 신형 내연기관 자동차, 화물열차, 궤도차량 등 / 창춘 궤도 교통장비 제조기지, 하얼빈 궤도 교통장비 제조기지, 치치하얼 궤도 교통장비 제조기지, 다롄 궤도 교통장비 제조기지, 랴오양 장비제조 산업기지 등

– 스마트 제조장비 분야 : 고정밀 측량 설비, 고정밀 수치제어 장비, 3D 프린터 설비, 로봇 등 / 하얼빈 스마트 장비 제조기지, 치치하얼 수치제어 제조기지, 창춘 첨단 스마트장비 산업기지, 선양 첨단장비 산업기지, 선양 로봇 산업기지, 다롄 스마트 제조장비 기지, 푸순 스마트 장비 기지, 안산 레이저 전자 및 자동화 장비 산업기지 등

– 신에너지 관련 장비 분야 : 고효율 풍력 발전기, 태양에너지 전지, 복사열 발전소 등 / 하얼빈 신 에너지 장비 산업기지, 무단장 풍력발전 장비 산업기지, 헤이허 풍력장비 산업기지, 자무스 풍력발전 장비산업기지, 바이청 풍력발전 장비산업단지, 다롄 풍력발전 핵심부품 연구기지, 차오양 신에너지 산업기지, 진저우 복사열 산업기지 등

– 석유화학 장비 분야 : 석유화학 관련 제품 생산 라인, 대형 천연액화가스 생산라인, 석탄화학 생산라인, 석유 제련 화학장비, 석유 채굴장비 / 다칭 석유화학 장비제조기지, 치치하얼 석유화학 장비제조기지, 무단장 석유 장비제조기지, 선양 석유화학 장비제조기지, 다롄 석유화학 장비제조기지, 판진 석유.천연가스 장비제조기지 등

2. 신산업 및 유망업종 육성

○ 신정보기술/신에너지 차량/첨단장비/디지털 아이디어/친환경/생태보호 등 신흥산업과 스마트 교통/정밀의료/증강현실 등 신분야의 산업화를 적극 추진함.

– 선양/하얼빈 등에 선도적 신흥산업 혁신 발전기지를 건설하고, 국가의 전략적 신흥산업을 동북지역에 우선 배치함.

○ 특색산업 육성

– 농산품 가공/중몽(中蒙) 전통 의약/원격의료/원격교육 등 인터넷과 융합된 기반을 조성함.

○ 전략적 신흥산업 클러스터

– 랴오닝성 : 선양 민용항공, 선양-다롄 로봇, 다롄-판진 해양공정장비, 선양 신에너지 자동차 산업, 다롄-번시 바이오 의약산업, 선양 정보서비스 산업, 안산 레이저 응용 산업, 다롄 정보기술 산업, 다롄 집적회로 설계 제조 산업 등

– 지린성 : 창춘-통화—연변 바이오의약 산업, 창춘-지린 전자상품 산업, 지린-통화 고성능 섬유 복합재료 산업, 창춘 원격탐지 위성 산업, 창춘 궤도객차 산업, 창춘 자동차 전자 산업 등

– 헤이룽장성 : 하얼빈—다칭—무단장 바이오 의약 산업, 하얼빈 클라우드 컴퓨팅 산업 , 지시—허강 흑연 신재료 산업, 하얼빈 로봇 산업, 하얼빈-치치하얼 청정에너지 장비 산업, 다칭 첨단 석유화학 산업, 치치하얼 중형 수치제어 프레스 산업 등

– 내몽고 동부 : 퉁랴오—츠펑 바이오 의약/제조 산업, 싱안멍—츠펑 바이오 육종(生物育種) 산업, 츠펑 클라우드 산업, 스멍(石盟)—츠펑 신에너지 산업 등

3. 서비스업 발전

○ 물류정보 플랫폼 및 표준화 시스템을 완비하고, 현대 물류산업 발전을 추진함.

– 동북에 상하이와 선전증권거래소 사무처를 설치하고, 다롄 상품거래소의 기능을 국제 수준으로 제고함.

– 디자인/지적재산권/검측/인증 등의 산업발전을 지원하고, 전세계 수준의 소프트웨어 기지를 건설하며, 컨벤션 산업의 발전을 추진함.

– 선양/창춘/하얼빈 지역에 서비스 산업과 제조업의 융합을 위한 시범기지 건설을 추진함.

○ 선양, 창춘, 하얼빈, 치치하얼에 건강, 양로 휴양지를 건설하고, 역사/문화 도시를 선정하여, 전통 보존과 현대식 거주 조화롭게 발전하며, 인터넷, 모바일, 영화 등 영상 산업을 전통산업과 융합발전함.

○ 동북지역의 관광 상품

– 생태관광 : ▲후룬베이얼(呼倫貝爾), 시린궈러(錫林郭勒), 커얼미(科爾泌) 등 초원생태 관광지, ▲다싱안링(大興安嶺), 샤오싱안링(小興安嶺), 백두산(長白山), 랴오둥(遼東) 산지 등 삼림 관광지, ▲산장(三江), 쑹넌(松嫩), 랴오허(遼河) 하류 등 습지 관광지 등

– 공업관광 : 선양 톄시 등 장비제조구, 푸신(阜新) 하이저우루톈광업(海州露天礦) 광산 공원, 다칭 지질박물관 등

– 변경관광 : 만저우리, 헤이허(黑河), 쑤이펀허(綏芬河), 퉁장(同江), 얼롄하오터(二蓮浩特), 단둥(丹東), 훈춘(琿春), 투먼(圖們) 등 변경 통상구 관광, 모허(漠河), 푸위안(撫遠), 동닝(東寧), 지안(集安), 어얼구나(額爾古納) 등 변경 지역 관광지 조성

– 문화관광 : ▲공룡화석, 홍산문화, 상경, 원수도, ▲고구려, 발해 및 요 · 금 · 원 · 청 시기 등의 역사 노선, ▲9.18 역사 박물관, 동북 항일연합(抗日聯合) 박물관, 항미원조 기념관, 북대황 개척 역사 등을 관광 상품으로 개발

– 빙설관광 : ▲하얼빈—야부리—무단장, ▲창춘—지린 스포츠 레저, ▲장바이산 레포츠 관광, ▲아얼산—차이허 스키장 등 조성

– 빈해(濱海)관광 : 후루다오—진저우—판진—잉커우—다롄—단둥 노선 조성

제6장 지역발전을 위한 새로운 공간 확대

○ 인간 중심의 도시화/동북3성과 내몽고자치구간 협력 발전/징진지 지역과의협력 강화/국내외 및 육해간 지역발전 구도를 구축함.

1. 도시화 기능 제고

○ 호적제도/거주증 제도/농민공의 도시 주민화 등 인구 도시화율을 제고

하고, 동북 지역에 맞는 도시화를 건설함.

○ ▲하얼빈—창춘—선양—다롄/하얼빈—창춘간 도시 클러스터를 건설하고, ▲하얼빈—다칭—치치하얼—무단장 및 창춘—지린—투먼 발전 벨트를 구축하며, ▲선양—다롄/선양 경제구와 랴오닝 연해경제벨트/선양—푸순/랴오닝 중남부 지역간 협력을 강화함.

– ▲동북동부 경제벨트/내몽고 동부의 도시화 과정을 확대하고, ▲베이징—선양/환발해 경제 발전 축을 구축하며, ▲치치하얼—츠펑/쑤이펀허—만저우리/훈춘—아얼산/단둥—훠린허/진저우—시린하오터 등 2급 경제벨트 구축함.

○ 특성에 맞는 국가급 신구 건설을 추진함.

– 다롄 진푸신구 : 동북아 국제 항운 구축

– 하얼빈신구 : 대러 협력, 무역관리를 통해 동북아 협력 시스템 구축

– 창춘신구 : 과학기술, 동북아 국제 내륙항, 공항 인프라를 활용한 두만강지역 협력개발 모색

○ 현(縣)지역의 경제를 강화함.

– 지역 특색에 맞는 클러스터 발전과 개간구, 임업구, 광업구, 유전구, 변경구간 효과적인 융합발전 시스템을 구축함.

2. 3성 1구(三省一區) 협력 강화

○ 동북지역의 내부협력을 강화하여, 협농발전 메커니즘을 완비함.

– 고위급 연석회의를 제도화하고, 중점 프로젝트 협력 메커니즘을 구축하며, 개발 성격의 금융기구와 상업은행의 참여를 권장함.

– ▲동북3성 서부지역과 내몽고 동부지역간/스핑, 랴오위안, 톄링, 퉁랴오, 바이산, 통화, 단둥간/시린궈러, 츠펑, 차오양, 진저우간 협력 발전을 추진하고, ▲성(省)간 에너지, 교통, 수리 등 인프라 건설을 적극 추진하며, ▲중복건설을 방지함.

3. 징진지 지역과 협력 강화

○ 징진지(京津冀)지역과의 산업 협력을 강화하고, 징진지와의 협력 발전 전략을 진행할 수 있는 선행구를 건설함.

– 동다이허(東戴河)—중관촌(中關村) 협력단지 건설을 추진하고, 통상구/도로/철도/항공/파이프 라인/과학기술 연구/성과 전환/에너지/시장 건설/대기오염/사회사업/교육/의료/양로/문화 등 영역에서의 협력을 강화함.

– 환발해 지역/산둥반도 지역/창장3각지(長江三角)/주강 3강지(珠江三角)/홍콩/마카오/ 타이완과의 특성에 맞는 협력 메커니즘을 구축함.

○ 징진지 지역과 협력 산업 분야

– 랴오닝성 : 첨단과학 및 핵심기술 관련 산업

– 지린성 : 자동차 및 부품, 화학공업, 첨단장비 제조, 현대 농업기계, 바이오 의약, 현대 농업 및 식품 가공업

– 헤이룽장성 : 특색있는 농상품 및 우수 브랜드 개발, 관련 산업구 건설, 징진지를 소비시장으로 하는 우수 농산물 공급기지 건설

– 내몽고 동부 : 츠펑 등과 비즈니스 물류/클라우드 서버/의료 위생 등

4. 육해연합의 경제력 강화

○ 해양 경제를 강화함

– 수산 양식/해양목장/수산품 정밀 가공/대외 수출/현대 어업 시스템/심해자원 탐사/ 해수 종합 이용/해상 이동 관측 플랫폼/심수(深水) 시추/해양 바이오/해양 기능식품/담수화/해양 에너지/해양관광/해운/항구 물류/빈해 관광의 발전을 지지함.

– 연해 지역의 항구 기능을 최적화하고, 물 없는 항구(無水港) 내륙항을 증설하며, 육해 복합운송 대통로 경제회랑을 조성함.

– 해양생태 보호구를 건설함.

제7장 특수지역의 발전 추진

○ 자원형 발전지역 및 민족 변경지역의 특수성을 활용한 다양한 발전을 추진함.

1. 자원형 지역의 발전

○ 자원형 도시의 산업전환, 재취업, 도시관광 기능을 확대하고, 혁신시범구를 건설하여 지역의 발전을 촉진함.

- 헤이룽장성 지시, 쐉야산, 허강, 치타이허 등 4대 광업도시의 산업전환을 가속화 하고, 재교육, 거주이주, 타지역 근무 등을 지원함.
- 광업지역의 인프라 및 공공서비스 건설 확대를 통해 대체 가능한 산업 발전 플랫폼을 구축하고, 의료 등 공공서비스 시설을 개조함.

2. 산업쇠퇴 지역 지원

○ 2020년까지 산업 쇠퇴지역에 존재하는 전통적인 문제점들을 해결하고, 지원 시스템을 갖추며, 민영기업이 산업쇠퇴 지역의 진흥동력이 되도록 추진함.

- 공업유산이 갖는 역사/문화적 가치를 보존/개발하고, 시범구를 선정하여 산업전환, 인재유치, 도시개발 등을 지원함.

3. 생태계 파괴 지역 지원

○ 석탄채굴 지역의 문제를 파악하고, 폐공업/폐광업 지역의 재건축 및 주민이전을 추진함.

4. 민족 및 변경지역 지원

○ 소수민족 집거지의 농축산 생산가공/민족의약/생태문화 관광/민족우수

자원 등을 개발하고, 민족무역과 소수민족의 전통상품 생산을 지원함.

– 인터넷을 기반으로 생태관광 산업을 지원하고, 소수민족 지역의 인프라를 개선함.

– 흥변부민(興邊富民, 변경지역의 경제를 특성에 맞게 발전시켜 지역주민을 부유하게 함) 정책을 강화함.

– 관광객 차량에 대한 혁신적인 출입경 정책을 도입하고, 국제관광협력구 및 변경지역의 관광시험구 추진 등을 통해 주변국과의 관광협력을 강화함.

제8장 지역 인프라 확대

○ 기초 인프라 건설을 강화하고, 서비스 범위와 품질을 제고하며, 서비스 사각지대를 제거함.

– 지역/성(구)/인접국가 등과의 인프라 상호연동을 강화함.

1. 종합 교통운송망 완비

○ 철도 : 하얼빈–자무스/베이징–선양 고속철도/하얼빈–베이징 고속철도 개통 등 고속철도 건설을 추진함.

○ 도로 : 국가급 고속도로/성급 고속도로의 건설과 연계를 강화하고, 한지(寒地)와 교통 낙후지역에 대한 간선도로 건설 지원을 강화함.

○ 공항 : 허브공항과 간선공항의 확장/이전을 추진함. 선양, 창춘, 다롄 공항의 허브 기능 강화 및 하얼빈 신공항 건설을 가속 추진함.

○ 수운(水運) : 랴오닝 연해 지역의 항구 효율을 제고하고, 국제 육해 복합운송을 추진함. 쑹화강 종합항공전자시스템/헤이룽장/쑹화강 항로 구축/하얼빈·자무스 내륙항 건설/ 니얼지(尼爾基)댐/다롄 다야오완(大窯灣) 항로 건설 등을 적극 추진함.

○ 종합 교통 허브 건설 : 철도/도로/민용항공/수로 등 통합 운송 시스템을 제고함.

○ 교통인프라 중점 프로젝트

— 고속철도 : ▲하얼빈—자무스/하얼빈—무단장/무단장—자무스/베이징—선양/징선—츠펑간 철도건설을 가속화 하고, ▲선양—통화—바이허—둔화/스핑—통화/무단장—둔화/허강—자무스 구간 건설을 추진함.

— 일반철도 : ▲창춘—시바옌화/창춘—바이청—울란바토르 구간을 확장하고, ▲창춘—투먼/선양—단둥/선양—지린/스핑—통화/스핑—치치하얼/▲치치하얼—자거다치/라파—하얼빈/허강—자무스/베이안—헤이허/하얼빈—자무스 구간 기존 철도를 개조하며, ▲한자위안—헤이허/▲둥닝—훈춘간 철도 계획을 추진함.

— 도로 : ▲하얼빈—지린구간 고속도로를 건설하고, ▲번시—지안, 츠펑, 쑤이중 고속도로 초기작업을 진행하며, ▲하얼빈—창춘구간/쑤이중—진저우—판산/지린 구간 국도 확장 건설을 추진함.

— 공항 : ▲하얼빈/창춘/선양/안산/차오양, ▲다칭/치치하얼/통화 등 공항을 증측하고, ▲옌지 공항을 이전함. ▲다롄,/하이라얼/무단장 공항 이전을 위한 초기 연구를 추진하고, ▲쑹위안/ 바이청/ 산장/ 우다롄츠/ 쑤이펀허 공항 건설 계획을 추진함.

○ 종합교통 : ▲창춘/선양/다롄/치치하얼/지린/잉커우/퉁랴오의 종합 교통 능력을 구축하고, ▲단둥/훈춘/쑤이펀허/헤이허/만저우리/얼롄하오터 등 변경지역 통상구의 허브 기능을 강화함.

2. 에너지 전력망 시설 건설

○ 에너지 구조 고도화

— 전통 에너지 활용률을 높이고 청정에너지와 신에너지를 점진적으로

발전시키며, 화력발전기의 증설을 엄격히 통제함.

— 배압식 열병합 발전기를 발전시키고, 낙후된 석탄전력기를 처분하며, 석탄화력기를 활용해 저배출과 에너지 효율을 개선함.

— 연해지역 원자력 사업을 추진하고 펌핑 스토리지 발전소를 건설하고, 수력발전사업을 통해 쑹화강, 우쑤리강 등 계단식 물길을 개발하며, 풍력을 통한 난방 공급 방안을 연구함.

— 대형 태양광발전기지를 만들어 바이오매스, 지열에너지, 조력 에너지 등을 통한 전력 발전 길을 모색하고, 석탄가스, 셰일가스 등 비전통석유가스 개발을 통해 지린 국가급 석유·셰일가스 종합활용기지를 건설함.

— 쑹랴오, 보하이만 분지 등 석유가스 자원 탐사를 본격화 하고, 원유 생산 안정화, 천연가스 공급을 보장하며, 에탄올 생산과 소비 진작을 위해 새로운 생산기지를 건설함.

○ 에너지 수송 네트워크 개선

— 특고압 전력 송전통로와 컨베이어 시스템 조속 건설하고, 성과 구를 잇는 전력망과 기간망 건설을 강화함. 도시 전력망 건설을 확대하고, 스마트, 고효율, 친환경 변전소를 건설하며, 선양, 다롄, 안산 등 지역을 대체 전력시범지로 지정함.

— 석유가스 송관망을 완비하고 간선 파이프망 상호연계를 실현해야 함.

○ 에너지 인프라 건설 중점사업

— 원자력발전: 랴오닝 홍옌허(紅沿河) 원자력발전 2차 건설사업 지속 추진

— 풍력발전: 내몽고 커줘중치(科左中旗), 지린 타오난 100만 KW 풍력 발전 기지 등

— 펌핑 스토리지 발전소: 랴오닝 칭위안(淸原), 츠펑즈루이(赤峰芝瑞), 지린 화뎬(樺甸) 등

— 전력망: 자루터(扎魯特)—산둥 구간 ±800 KV 특고압 직류 송전망,

자루터(扎魯特)에서 성(省) 구간 500KV 변전망, 치난—싱안 구간 500KV 변전망, 랴오닝콴방 500KV 변전망 건설 사업

— 석유가스: 중·러 원유 파이프 건설, 아무얼(阿穆兒)—헤이허 변경 석유제품 운송 및 정제 복합체 건실, 톄따센(鐵大線) 원유파이프 안전개조, 중·러 동선천연가스 파이프 건설, 동북지역 컨베이어 시스템 건설, 잉커우 LPG 충전소 실행 연구 등

3. 수리(水利) 인프라 건설

○ 홍수방지 체제 개선

— 큰 강, 하천 등을 종합 관리하고, 홍수빈번발생지역 안전을 강화하며, 농경지 수리시설을 제고함

○ 수리 인프라 중점사업

— 따훠팡 저수고 2차 송수작업, 지린 중부지역 쑹화강 급수, 니얼지(尼兒基)—넌강 구간 물길 확충 1차 공사, 하다산 수도허브 공사, 지린 쑹위안 관개구역 등 저수고 건설 사업을 추진함.

4. 정보 인프라 건설

○ 정보 인프라 건설 강화

— 농민 거주지역에 광섬유네트워크와 무선 인터넷 네트워크를 구축하고, 4G 이동통신망 보급률을 확대하며, 빅데이터 센터를 설립함.

○ 스마트 도시 건설

— 사물인터넷, 클라우드, 빅데이터 등 차세대 정보기술을 보급하고, 스마트 교통/단지/의료/관광 시스템을 발전시키며, 정부와 민간 데이터를 결합하여 공공서비스의 효율성을 제고함.

제9장 북방 생태계 보호

○ 북방지역의 생태계보호를 강화함.

1. 자연 생태계 보호

○ 산림 보호 강화

- 상업 목적의 벌목을 금하고, 헤이룽장성 싱안링(興安嶺)과 지린성 백두산(長白山) 등 중점 산림구역을 보호하며, 동북 산림벨트/북방 사막 방지 벨트 등을 건설함.

○ 초원 보호 강화

- 후룬베이얼(呼倫貝兒), 미얼친(秘兒溱)를 보호하고 사막화에 적극 대처하며, 유목 행위를 금지함.

○ 습지 보호 강화

- 산장평원(三江), 쑹랴오평원, 쑹넌평원 등 주요 습지를 보호하고, 습지 개간를 금지하며, 일부 습지를 자연보호구 또는 수산 품종 보호구역 등으로 활용함.

○ 흑토구역 보호 강화

- 흑토지의 유실을 막고, 토양 오염에 대응함.
- 후룬베이얼(呼倫貝兒), 미얼친(秘兒溱) 등의 사막화를 방지하고, 치치하얼, 퉁랴오, 바이청 등 지역의 운하 사업을 지원하며, 알칼리 토지를 방지함.

○ 자연보호구 건설

- 야생동물/생물/자연생태 보호를 위한 조치를 시행하고, 동북호랑이 등 멸종 희귀동물과 식물을 특별 보호함. 쑹화강과 넌강 등 큰 물줄기를 보호하고, 싱안링(興安嶺) 등을 자연보호구로 지정함.

2. 건강한 생태문화 조성

○ 주체적 기능구역 전략 시행

– 자원절약/환경보호/농경지 보호를 엄격히 시행하고, 합리적으로 개발하며, 건실용토지 사용을 최소화함.

– 중점 개발구에 산업과 인구의 유입을 유도하고, 발전과 생태계 보호를 함께 추진함.

○ 공간 사용규획 체제 개혁

– 지린성에 시범구를 설립하고, 과학적 생태계 발전을 추진함.

○ 생태계 보호와 보상체제 수립

– 산림/초원/습지/물줄기/경작지 등 생태계 보호와 관련한 보상체계를 수립하고, 투자/이전/단지건설/인재육성 등을 통한 방식으로 생태계를 보호/개발하며, 보상 체계를 완비함.

– 에너지 사용권리/수자원 이용 권리/이산화탄소 배출 권리 등 세분화된 관리 방침을 규정하고, 자원 유료활용제도를 정착함.

○ 환경보호제도 개혁

– 연합 관리 감독제를 강화하고, 규정에 따른 오염 허가제와 징벌제를 추진함.

3. 친환경 라이프 제창

○ 친환경 생산 방식 홍보

– 공업 이산화탄소 배출량을 통제하고, 철강/유색/화학공업/건자재/경공업/인쇄 등 전통 제조업을 친환경 방식으로 전환하며, 친환경 생산라인을 구축함.

○ 순환 경제와 자원절약

– 기업의 순환식(재활용) 산업을 적극 발전시키고, 재활용 범위를 광물 슬러지(sludge)와 고체 폐기물까지 확대함.

— 효율성이 낮은 토지는 재개발 또는 광산물 폐기장 등으로 활용하고, 버려진 농가는 경작지로 활용함.

4. 오염 방지 강화

○ 대기오염 개선

— 스모그 방지를 최선의 목표로 삼고, 탈유황/탈질 등의 공업오염원 기준치를 엄격히 적용하며, 석탄 난방 시스템을 개조함.

— 다롄 등 시범지를 선정하여 전기난방을 시행함.

○ 수질오염 방지

— 랴오허, 쑹화강 등 주요 유역의 수질을 개선하고, 싱카이후(興凱湖), 후룬후(呼倫湖), 차간후(査干湖), 다훠팡(大伙房)수자원보호구 등의 생태계 훼손 활동을 전개함.

— 변경지역의 국경간 수자원 생태계 보호에 힘쓰고, 수질측정을 실시간으로 하며, 국제사회와 협력하여 환경 보호를 강화함.

○ 토양오염 방지

— 농업 생산과정을 엄격히 관리/감독하고, 경작물 쓰레기를 비료로 재활용하는 방안을 마련하며, 토지 환경 리스크 평가관리를 통해 토지 오염을 최소화함.

○ 위험성 폐기물의 환경오염 방지

— 하얼빈 등에 위험용 폐기물 활용 산업단지를 조성하고, 원자력, 방사능 대비 관측 시설도 함께 건설함.

제10장 개방발전 — 북쪽을 향한 중요 창구 건설

○ 일대일로 건설을 적극 추진하고, 동북지역을 동북아지역의 협력 중심지로 육성함.

1. 일대일로 건설

○ 중·몽·러 경제회랑을 건설하고, 러시아의 유럽–아시아 대통로와 몽골 '초원의 길'을 접목한 상호연계를 추진함.

– 중,러,몽 3국의 국제운송과 변경 인프라의 협력을 강화하고, 국제컨테이너운송열차를 지속 발전시키며, 에너지 광산자원, 첨단기술, 제조업, 농림목업 등 분야에서의 협력을 강화함.

– AIIB, 실크로드 펀드 등 금융기관과의 교류를 확대하고, 역외 관광노선을 개발함.

– 후룬베이얼(呼倫貝兒) 중·러·몽 협력 선도구 건설을 추진하고, 양자 및 다자간 해관과 통상구 협력 메커니즘을 활용하며, 지식재산권 보호를 강화함.

○ 대러시아 협력 심화

– 동북진흥전략과 러시아 극동지역 개발 전략을 접목하고 중러 지역간의 협력 체제를 완비함.

– 빈해(濱海), 중러 국제운송통로, 자유항을 건설하고, 항공/철도/전력/현대농업/임업/ 광산업/과학기술/환경보호 분양의 산업교류를 확대 추진함.

– 헤이즈샤다오(黑瞎子島)를 보호/개발하고, 중러국제합작시범구를 공동건설하며, 하얼빈을 대러시아 협력 중심도시로, 무단장을 중러 우호협력 시범도시로 건설함.

– 해관간 협력을 강화하고, 신용녹색통로를 확대함.

○ 대몽골 협력 심화

– 중몽 양국의 공동 발전규획을 제정하고, 중대 프로젝트/산업단지 건설/통관간소/생태보호 등을 협력하여 추진함.

– 얼롄하오터(二連浩特) 등의 통상구 기능을 확대하고, 중몽 철도 개조방안을 모색하며, 에너지/가공/농목업/보건/변경관광/스포츠 등의

협력을 확대함.

2. 장비제조업 협력 추진

○ 국제 생산능력 협력 강화

– 일대일로 전략의 일환으로 친환경 토지투자, 공동 투자를 장려하고, 자원개발/유색금속/건자재/석유화학/장비제조/농산품 가공 등 분야의 국제협력을 추진하며, 생산 집결구역을 조성함.

– 선진국과의 협력확대로 제3 시장을 개척하고 재무/세금/보험/투자금융 플랫폼/위험관리 등 금융서비스 시스템을 완비함.

○ 국제장비 제조업 협력 강화

– 투자/건설/원조/수출입 등 방식으로 발전소/농기계/석유석화/궤도교통/승용차/원자력/항공 분야 등 경쟁력있는 동북 장비제조업을 해외에 수출함.

– 해외에 제품연구개발센터를 설립해 기업이 직접 장비 제조업의 디자인/연구/마케팅 등 업무에 참여하여 경쟁력 있는 제품을 생산을 지원함.

3. 대외개방 확대

○ 해변, 변경지역의 개방을 확대함.

– 랴오닝 연해지역 경제벨트와 동북 변경지역의 개방을 확대함. 교통로/해변항구/변경 통상구를 거점으로 대외개방을 확대함.

– 다롄동북아국제항운센터, 국제물류센터 건설을 통해 역내금융개혁개방을 추진하고, 만저우리/얼롄하오터/수이펀허/둥닝 등을 주요 시범구로 삼으며, 훈춘국제협력구를 건설함.

– 변민호시무역 정책을 완비하고, 변민호시거점을 건설함. 내륙통상구와 인프라 건설을 통해 다자간의 연합교통로를 개척함.

○ 개방형 경제 발전

– 대외무역, 첨단기술 핵심부품, 에너지원자재 등의 수입비중을 제고하고, 국제전자상거래 활성화를 통한 온라인 실크로드를 건설함.

– 외국자본/인재/관리노하우기 제조업 기술/환경/서비스 산업 등에 다양하게 투입 되도록 하고, 건강한 사업환경을 조성하며, 외자 관리체제를 완비함.

○ 해변, 변경도시의 역할을 강화

– 단둥 : 변경지역의 특수성을 활용하여 동북아 국가들과의 협력을 강화하고, 상품생산, 물류, 수출가공기지 등을 건설하며, 변경관광을 발전시킴.

– 훈춘 : 두만강 훈춘국제합작시범구 건설을 통해 가공/수출/해외자원개발/생산 서비스/국제물류/국제관광의 기능이 통합된 기능구역을 조성함.

– 수이펀허–둥닝 : 수이펀허–둥닝 중점개발개방시험구를 건설하고, 주변 국가와의 인프라 연계를 추진하며 투자무역 협력을 심화함. 중러간 전략적 협력 및 동북아 개방협력의 중요한 플랫폼을 구축함.

– 헤이허 : 중러간 헤이허–블라고베셴스크 도시군을 건설해 관광/물류/문화/교육의 협력을 강화하고, 친환경 중러 우호시범도시를 육성함.

– 만저우리 : 만저우리 중점개발개방시범구와 통상구의 기능을 강화함. 러시아와의 무역/가공산업/레저관광을 발전시켜, 유라시아 중요 허브역할을 강화함.

– 얼롄하오터 : 얼롄하오터 중점개발개방시범구 건설 및 몽골과의 협력을 강화함. 북방지역의 국제무역/물류/수출입 가공기지와 관광기지를 육성함.

4. 다원화적 협력 플랫폼 구축

○ 개방형 경제협력 플랫폼 구축

— 선양 중국—독일 첨단장비 제조산업단지를 건설하고, 중독(선양) 기업합작기지 건설을 지속적으로 추진함.

— 다롄 한·중·일 순환경제 시범기지와 국제 전자상거래 종합시범구를 건설함. 랴오닝성 자유무역시범구 건설을 확대하고, 구조조정과 체제개혁을 통해 동북노후공업기지의 종합 경쟁력과 대외개방수준을 제고함.

— 중국—동북아 박람회/중러박람회/중몽박람회/중러몽 경제무역합작상담회 등 대형 행사를 확대하고, 통상구의 인프라와 공공 시스템을 완비함.

○ 변경과 역외 경제협력 플랫폼 구축

— 변경과 역외 경제협력 플랫폼을 구축함. 얼렌하오터, 만저우리, 수이펀허, 헤이허, 훈춘, 허룽, 단둥 등 변경 경제협력구가 보다 발전할 수 있도록 지원함.

— 조건에 맞는 새로운 변경 경제협력구를 건설하고, 얼렌하오터—자먼우더(札門烏德)간 역외경제협력구를 건설하며, 역외 산업라인을 협력구에 집결함.

— 역외산업협력 플랫폼 구축에 있어 다양한 방식을 추진하고, 지주/주주/경영 등의 새로운 협력 방식을 도모함.

제11장 공공발전과 민생 확대

○ 민생을 위한 복지시설과 공공 인프라를 확대함. 빈곤지역을 탈피하고, 삶의 질을 제고하며, 동북진흥의 성과를 주민이 향유할 수 있도록 함.

1. 일자리 확대와 소득 증가

○ 취업 지원정책을 마련해 특별히 어려운 사람들의 취업을 도움. 1가구

최소 1인 취업을 목표로 지원함.

— 석탄 도시와 산림구 등 빈곤지역의 산업 전환을 하루빨리 추진해 주민들에게 일자리를 제공함.

— 고등교육 졸업생 중심의 청년취업을 돕고, 과잉 농업 노동력을 인력이 필요한 지역으로 분배함.

— 취업 서비스 시스템을 완비해 다수 주민의 취업을 지원함.

○ 주민 소득 증가

— 과학적인 임금 책정 체계를 수립하고, 연차에 따라 임금 상승 구조를 보장함.

— 재정 증가 환경을 조성하여, 전국 평균소득과의 격차를 좁혀나감.

— 최저임금제를 점진적으로 상향 조정하고, 저소득층과 중소득층의 격차를 줄임.

2. 공공서비스 제공 확대

○ 학교경영과 교육의 질

— 취학 전 교육 수준을 제고하고, 도농간 동등한 의무교육을 추진하며, 교사의 균등한 기회를 지원함.

○ 의료 보건 서비스 시스템

— 의료 보건 자원을 합리적으로 분배하고, 공립병원종합개혁을 시행하며, 지역간 의료 시설을 평균화함.

○ 사회보험 확대

— 전국민이 보험에 가입할 수 있도록 장려하고, 사회보험 체제를 개선함. 노동자 퇴직 연금, 의료보험이 일하는 지역에서 혜택을 받을 수 있도록 함.

○ 긴급 협조 시스템

— 도시와 농촌에서 건강이나 긴급 상황이 발생했을 경우 긴급 지원 요

청이 가능한 시스템을 수립함.

3. 판자촌 개조 추진

○ 판자촌 지역 적극적 개조

– 자원고갈도시/공업광산구/노후공업도시/산림구/개간지 지역 판자촌에 대한 인프라를 강화하고 국가재정을 확대함.

– 정부와 사회자본이 협력하여 판자촌을 개조하는 프로젝트를 추진함.

4. 맞춤형 빈곤퇴치 정책

○ 빈곤 퇴치

– 특별 빈곤지역과 특수고난지역으로 분리하여, 소수민족 거주구/혁명노후구/변경지역, 유목지역 등을 중심으로 실정에 맞는 빈곤 퇴치 정책을 실시하여, 2020년까지 탈빈곤을 실현함.

– 노동력 분배/교육/보건/산업/취업/최저임금 정책 등을 통해 지역 경제를 활성화시키고, 인프라건설과 토지개발을 확대함.

○ 탈빈곤 주요 지역

– 지린성 : 징위현, 전펀현, 퉁위현, 따안시, 룽징시, 허룽시, 왕칭현, 안투현

– 헤이룽장성 : 옌서우현, 친라이현, 간난현, 바이취안현, 수이빈현, 라오허현, 린뎬현, 화난현, 화촨현, 탕위안현, 푸위안시, 퉁장시, 란시현, 하이룬시, 커둥현, 룽장현, 푸위현, 칭강현, 밍수이현, 왕구이현.

– 내몽고동부 : 멍둥지역: 쿠룬기, 나이만기, 커얼친쥐이중기, 커얼친쥐이후기, 어룬춘자치기, 모리다와다간얼족자치기, 커얼친유이중기, 아얼산시, 커일친유이전기, 투취안현, 타이푸스기, 쑤니터우기, 정상바이치.

제12장 목표 실현

○ 정부가 책임주체가 되어 목표를 실현함.

1. 시행 강화

○ 계획과 관리의 강화

– 동북3성과 내몽고자치구 정부는 책임주체를 인식하고, 경제발전/산업환경을 조성함.

○ 추진 체제 수립

– 국가재정 추진계획과 중대사업을 유관부처와 지방정부에 배분하고 책임 주체를 명확히 하며, 관리감독을 강화함.

– 초기에는 정부 주도의 토지선정/융자/계획안 제정 등을 추진하고, 점진적으로 시장의 기능을 확대함.

2. 정책 지원

○ 정책지원 체제 강화

– 장단기별 정책실행 계획을 수립하고, 중앙정부의 재정은 초기 활성화에 투입하며, 민간자금을 추가적으로 확대함.

– 정부가 우선적으로 기업들의 투자, 융자를 주도하고 금융기관의 신용대출, 보험지원규모 등을 확대함.

– 정부, 은행, 기업, 보험의 협력체재를 구축해 각종 채권, 주식 등 다양한 형식으로 각 금융기관의 협력을 도모함.

– PPP 등 방식을 통한 사회자본 유입 및 기업과 금융기관들의 역외 금융활동을 지원함.

3. 계획실행 관리방안

○ 실행 상황 점검 및 평가

– 국무원 유관부처와 동북3성, 내몽고 지방정부는 상호간의 협조를 강화하고 실시간으로 계획 추진상황을 평가/대처하며, 발전개혁위원회는 업무 추진 상황을 지속적으로 점검함.

○ 홍보 강화

– 언론을 통해 추진과정/모범사례/노하우를 적극 홍보하고, 정부/기업/단체/민중간의 소통 루트를 개통함.

– 동북지역 주민들이 진정한 주민의식을 갖고, 동북 진흥에 힘쓰는 분위기를 조성함.

박종상(朴鍾相, Park, Jongsang)

중국 다롄동북재경대학(大連東北財經大學) 국제경제 학사, 랴오닝대학교 법학대학원 경제법 석사 및 박사를 마치고, 법학박사 학위를 취득하였으며, 현재 주선양총영사관에서 전문연구원으로 근무 중이다. 주요 연구 분야는 중국 토지제도 및 부동산 분야이며, 주요 저서와 논문으로는 CEO들이 챙겨보는 중국토지법 이얼싼, 동북3성 투자 및 생활법률 길라잡이(공저), 한중(韓中) 농경지이용제도 비교연구, 외자기업 시각에서 보는 중국부동산 법률분석 등이 있다.

김준영(金俊永, Kim Junyoung)

서울대 사회복지학과 학부, 중국 칭화대 국제관계학 석사를 마쳤다. 대외경제정책연구원 통일국제협력팀에서 북·중관계, 중국 동북지역, AIIB, 위안화국제화 등을 연구하였고, 지린대, 연변대에 파견 근무했었다. 현재는 중국 관련 연구서비스 기업인 (주)탄탄글로벌네트워크를 운영하면서, 중국 인민대 재정금융학원 박사과정 중으로 위안화국제화, AIIB를 비롯한 중국의 국제금융을 함께 연구하고 있다. 저서와 논문으로는 "13 · 5 규획 시기 한국의 중국 동북지역 경제협력 과제와 전략"(공저) 등이 있다. 이메일 : tantan_global@naver.com

중국을 움직이는 기업들 1

중국 동북3성 편 –동북의 새로운 부흥 동북진흥전략–

2018년 3월 30일 초판 1쇄 발행

저　자 : 박종상 · 김준영
펴낸이 : 김병환
펴낸곳 : 학자원
주　소 : 서울시 강동구 천호대로 1121
전　화 : 02) 6403-1000
팩　스 : 02) 6338-1001
E-mail : hakjaone@daum.net
등　록 : 2011년 3월 24일 제2011-14호

ISBN 979-11-6247-037-4 04320
979-11-6247-036-7 (세트)

값 19,000원